# संक्षिप्त आत्मकथा

# सत्य के प्रयोग

गांधीजी की आत्म-कथा का
युवकोपयोगी संस्करण



## मोहनदास करमचंद गांधी

संपावक
महादेव देसाई
हरिभाऊ उपाध्याय

डायमंड बुक्स

www.diamondbooks.in

**प्रकाशक : डायमंड पॉकेट बुक्स (प्रा.) लि.**
X-30 ओखला इंडस्ट्रियल एरिया, फेज-II
नई दिल्ली-110020
फोन : 011-40712200
ई-मेल : wecare@diamondbooks.in
वेबसाइट : www.diamondbooks.in
संस्करण : 2025
मुद्रक : रेप्रो (इंडिया)

---

**GANDHIJI KI SANKCHIPT ATAM KATHA**
*by : Mohandas Karamchand Ghandi*

# प्रकाशकीय

जिन पुस्तकों ने संसार में सबसे अधिक ख़याति प्राप्त की है, उनमें गांधीजी की 'आत्मकथा' का प्रमुख स्थान है। विश्व की शायद ही कोई ऐसी महत्त्वपूर्ण भाषा बची हो, जिसमें इस मूल्यवान पुस्तक का अनुवाद न हुआ हो।

आज से कई वर्ष पूर्व अनुभव किया गया कि ऐसी जीवनोपयोगी पुस्तक का लाभ हमारे विद्यार्थियों को भी मिलना चाहिए। विस्तृत 'आत्मकथा' में से बालोपयोगी अंश चुनकर तथा कुछ 'दक्षिण अफ्रीका का सत्याग्रह का इतिहास' में से लेकर यह संस्करण तैयार किया गया। हमें यह सूचना देते हुए हर्ष होता है कि विद्यार्थियों के लिए यह पुस्तक बहुत ही उपयोगी पाई गई और इतनी लोकप्रिय हुई है कि इसके अनेक संस्करण अब तक निकल चुके हैं।

गांधीजी के प्रयोग और उनके विचार मानव-जीवन को उदात्त बनाने वाले हैं। अत: इनकी उपयोगिता सर्वकालिक और सार्वदेशिक है। हमारे बाल और युवक विद्यार्थियों के लिए तो यह और भी महत्त्व की है; क्योंकि भारत के नवनिर्माण की जिम्मेदारी उन्हीं पर है और उन्हें इस भारी दायित्व के योग्य अपने को बनाना है।

पुस्तक की भाषा इतनी सरल और विषय इतने रोचक हैं कि बालक और युवा सब आसानी से समझ सकते हैं।

—मंत्री

# संपादकीय

अर्से से यह अनुभव किया जा रहा था कि 'आत्मकथा' का एक संक्षिप्त संस्करण निकले, जिसमें गांधीजी के जीवन की मुख्य-मुख्य घटनाएं आ जाएं और इसकी स्फूर्ति तथा शिक्षा में किसी प्रकार की कमी न हो।

इस संस्करण के तैयार करने में मुख्य ध्यान इस बात पर रखा गया है कि यह विद्यार्थियों के लिए उपयोगी हो। इसलिए बहुत-से लंबे विवरण और चर्चाएं जो स्कूल-जीवन में विशेष उपयोगी नहीं हो सकतीं, 'आत्मकथा' में से कम कर दी गई हैं। दक्षिण अफ्रीका का सत्याग्रह-संबंधी कुछ भाग, जो मूल 'आत्मकथा' में विस्तार-भय से छोड़ दिया गया था, दक्षिण अफ्रीका के सत्याग्रह के आधार पर इस संस्करण में जोड़ दिया गया है।

भाषा, जहां तक संभव हुआ है, मूल हिंदी संस्करण की ही रखी गई है। जहां नया अनुवाद करना पड़ा है, वहां भी भाषा को सरल और सुबोध बनाने का प्रयत्न किया गया है। गांधीजी का जीवन इतना महान, इतना खुला और ऐसा व्यापक है कि उसको जाने और उससे स्फूर्ति पाये बिना हिंदुस्तान का मनुष्य कैसे रह सकता है? जिस महापुरुष के कार्यों ने भारतीय राष्ट्र के प्रत्येक अंग को छुआ है–छुआ ही नहीं, उसको प्रभावित भी किया है–उसके ज्ञान से भला हिंदुस्तानी विद्यार्थी कैसे अछूता रखा जा सकता है, क्योंकि गांधीजी की बालकोचित सरलता पारदर्शी निष्कपटता, दुर्दमनीय उत्साह, असीम कार्यशक्ति और सबसे बढ़कर हरेक पर अपनी छाप डालने वाला उनका प्रेम-भाव, ये ऐसे गुण हैं, जिनकी छाप 'आत्मकथा' के पाठक पर पड़े बिना नहीं रह सकती। इन गुणों का उदाहरण एक विद्यार्थी के जीवन को बनाने के लिए बहुत आवश्यक है। इस दृष्टि से यह 'आत्मकथा' विद्यार्थियों तथा नवयुवकों के बड़े काम की चीज है। हमें आशा है कि भारत के विद्यार्थीगण और नवयुवक, जिनके कंधों पर कल के हिंदुस्तान का बोझ पड़ने वाला है, अपने लिए इस संस्करण को बहुत उपयोगी पायेंगे।

दिल्ली,
6.7.39

**–महादेव ह. देसाई**
**हरिभाऊ उपाध्याय**

# विषय-सूची

# 1. बचपन

मेरे पिता कबा गांधी को धन जोड़ने का लोभ न था। इससे हम भाइयों के लिए वह बहुत थोड़ी संपत्ति छोड़ गये थे।

पिताजी ने शिक्षा केवल अनुभव से प्राप्त की थी। स्कूली शिक्षा उन्होंने उतनी ही पाई रही होगी, जिसे आज हम अपर प्राइमरी कहते हैं। इतिहास-भूगोल का ज्ञान उन्हें बिल्कुल न था, मगर व्यावहारिक ज्ञान इतने ऊंचे दर्जे का था कि सूक्ष्म-से-सूक्ष्म प्रश्नों को सुलझाने में या हजारों आदमियों से काम लेने में उन्हें कठिनाई नहीं होती थी। धार्मिक शिक्षा नहीं के बराबर थी, परंतु मंदिरों में जाने से, कथा-पुराण सुनने से, जो धर्म-ज्ञान असंख्य हिंदुओं को सहज में मिल जाता है, वह उन्हें मिला था। अपने अंतिम-दिनों में एक विद्वान ब्राह्मण की सलाह से, जो कि हमारे कुटुंब के मित्र थे, उन्होंने गीता-पाठ शुरू किया था, और वह नित्य पूजा के समय कुछ श्लोक ऊंचे स्वर में पाठ किया करते थे।

वह कुटुंब-प्रेमी, सत्य-प्रिय, शूर और उदार, परंतु क्रोधी थे। रिश्वत से सदा दूर भागते थे, और इसी कारण अच्छा न्याय करते थे। उनकी ऐसी प्रसिद्धि हमारे कुटुंब में तथा बाहर भी थी। वह राजकोट में कुछ समय तक प्रधान-मंत्री रहे थे और राज्य के बड़े भक्त थे। एक बार जब असिस्टेंट पोलिटिकल एजेंट ने राजकोट के ठाकुर साहब की शान के खिलाफ कुछ शब्द कहे, तब उन्होंने उसका विरोध किया। साहब बिगड़ पड़े और कबा गांधी को माफी मांगने का हुक्म दिया। माफी मांगने से इंकार कर देने पर कबा गांधी कुछ घंटों हवालात में भी रहे, पर वह डिगे नहीं, इससे अंत में साहब ने उन्हें छोड़ देने की आज्ञा दी।

मेरे मन पर ऐसे संस्कार हैं कि मेरी माताजी साध्वी स्त्री थीं। वह बहुत भावुक थीं। पूजा-पाठ किये बिना कभी भोजन न करतीं, वैष्णव-मंदिर रोज जातीं। मैंने जब से होश संभाला, याद नहीं पड़ता कि उन्होंने चातुर्मास का व्रत कभी छोड़ा हो। कठिन-से-कठिन व्रत वह लेतीं और उन्हें पूरा करतीं। बीमार पड़ जाने पर भी वह लिये हुए व्रतों को न छोड़तीं। ऐसा एक समय मुझे याद है, जब उन्होंने चंद्रायण व्रत किया था। उसमें वह बीमार पड़ गईं, पर व्रत न छोड़ा। चातुर्मास में एक समय के भोजन का व्रत तो उनके लिए मामूली बात थी। इतने से संतोष न पाकर एक बार, चातुर्मास में उन्होंने हर तीसरे दिन उपवास का व्रत किया। लगातार दो-तीन उपवास उनके लिए मामूली बात थी। एक चातुर्मास में उन्होंने सूर्यनारायण के दर्शन के बाद ही भोजन करने का नियम लिया। इस चौमासे में हम बच्चे बड़ी उत्सुकता से बादलों

की ओर देखा करते कि कब सूर्य निकलने की खबर मां को दें और वह कब भोजन करें। चौमासे में बहुत बार सूर्य-दर्शन दुर्लभ होते हैं। मुझे ऐसे दिन याद हैं, जब हम सूर्य को देखते और चिल्लाते हैं–"मां, मां, सूरज निकला!" और मां जल्दी-जल्दी आतीं, तब तक सूर्य छिप जाता। वह यह कहती हुई लौट जातीं-"कोई बात नहीं, भगवान की मरजी नहीं है कि आज भोजन मिले।" और जाकर अपने कामों में लग जातीं।

वह व्यवहार-कुशला भी थीं और राज-दरबार की सब बातें जानती थीं। रनवास में वह बुद्धिमती समझी जाती थीं। बचपन में मैं मां के साथ दरबारगढ़ जाया करता था, और मांजी साहबा (ठाकुर साहब की विधवा माता)से उनकी जो बातचीत होती, वह कुछ-कुछ मुझे अब तक याद है।

इन माता-पिता के यहां आश्विन बदी 12, संवत 1925 (अर्थात 2 अक्टूबर, 1869 ईस्वी) को पोरबंदर अथवा सुदामापुरी में मेरा जन्म हुआ।

बचपन पोरबंदर में ही बीता। ऐसा याद पड़ता है कि मैं किसी पाठशाला में पढ़ने बैठाया गया था। मुश्किल से कुछ पहाड़े सीखे होंगे, बाकी तो और लड़कों के साथ गुरुजी को गाली देना सीखने के अतिरिक्त और कुछ सीखा, याद नहीं है; इससे यह अनुमान करता हूं कि मेरी बुद्धि मंद रही होगी और स्मरण-शक्ति कच्ची।

## 2. स्कूल में

पोरबंदर से पिताजी 'राजस्थानिक कोर्ट' के सदस्य होकर जब राजकोट गये तब मेरी उम्र कोई सात साल की रही होगी। राजकोट की देहाती पाठशाला में भर्ती कराया गया। उन दिनों का मुझे भली-भांति स्मरण है। मास्टरों के नाम-धाम भी याद हैं। पोरबंदर की तरह वहां की पढ़ाई के संबंध में कोई खास बात जानने लायक नहीं। मेरी गिनती साधारण श्रेणी के विद्यार्थियों में रही होगी। पाठशाला से ऊपर के स्कूल में और वहां से हाईस्कूल तक पहुंचने में मेरा बारहवां वर्ष बीत गया। तब तक मैं कभी शिक्षक आदि से झूठ बोला होऊं, ऐसी याद नहीं पड़ती। न किसी को दोस्त बनाने का स्मरण है। मैं बहुत संकोची लड़का था, मदरसे में अपने काम से काम रखता था। घंटी बजते-बजते पहुंच जाता और स्कूल बंद होते ही घर भाग आता। 'भाग आता' शब्द का प्रयोग जानबूझ कर किया है; क्योंकि मुझे किसी के साथ बातें करना नहीं रुचता था। मुझे यह डर भी बना रहता था कि कोई मेरा मजाक न उड़ाये।

हाईस्कूल के पहले वर्ष की परीक्षा के समय की एक घटना उल्लेखनीय है। शिक्षा-विभाग के इंस्पेक्टर, जाइल्स साहब, जांच के लिए आये। उन्होंने पहले दर्जे के विद्यार्थियों से पांच शब्द लिखवाये। उनमें से एक शब्द था 'केटल' (kettle)। उसके हिज्जे मैंने गलत लिखे। मास्टर ने मुझे अपने बूट से ठोकर देकर चेताया, पर

मैं कहां समझने वाला था! मेरे दिमाग में यह बात नहीं आई कि मास्टर साहब मुझे सामने के लड़के की स्लेट देख कर हिज्जे दुरुस्त करने का संकेत कर रहे हैं। मैंने यह मान रखा था कि मास्टर तो इसके लिए तैनात है कि कोई लड़का दूसरे की नकल न कर सके। सब लड़कों के पांचों शब्द सही निकले, अकेला मैं ही बेवकूफ बच गया। मेरी बेवकूफी को बाद में मास्टर ने बतलाई। पर मेरे मन पर उसका कोई असर न हुआ। मुझे दूसरे लड़कों से नकल करना कभी न आया।

ऐसा होते हुए भी मास्टर साहब के प्रति मेरा आदर कभी न घटा। बड़े-बूढ़ों के दोष न देखने का गुण मुझमें स्वाभाविक था। बाद को तो इन मास्टर साहब के दूसरे दोष भी मेरी नजर में आये। फिर भी उनके प्रति मेरा आदर ज्यों-का-त्यों बना रहा। मैं इतना जानता था कि बड़े-बूढ़ों की आज्ञा का पालन करना चाहिए, जो वे कहें करना चाहिए, वे जो कुछ करें, उसका हमें काजी न बनना चाहिए।

इसी बीच दूसरी दो घटनाएं हुईं, जो मुझे सदा याद रही हैं। मामूली तौर पर मुझे कोर्स की पुस्तकों के अलावा कुछ भी पढ़ने का शौक न था। पाठ पूरा करना चाहिए, डांट सही नहीं जाती थी, मास्टर से छल-कपट करना नहीं था, इन कारणों से मैं पाठ पढ़ता। पर मन न लगा करता। इससे पाठ बहुत बार कच्चा रह जाता। ऐसी हालत में दूसरी पुस्तक पढ़ने को जी कैसे चाहता? परंतु पिताजी की खरीदी एक पुस्तक 'श्रवण-पितृ-भक्ति' नाटक पर मेरी नजर पड़ी। इसे पढ़ने को दिल चाहा। बड़े अनुराग और चाव से मैंने उसे पढ़ा। इन्हीं दिनों काठ के बक्स में शीशों से तस्वीर दिखाने वाले भी फिरा करते। उनमें मैंने श्रवण का अपने माता-पिता को कांवर में बैठा कर यात्रा के लिए ले जाने वाला चित्र देखा। दोनों चीजों का मुझ पर दुहरा असर पड़ा। मन में श्रवण के समान होने के विचार उठने लगे। श्रवण की मृत्यु पर उसके माता-पिता का विलाप मुझे अब भी याद है। उस ललित छंद को मैंने बजाना सीख लिया था। मुझे बाजा सीखने का शौक था और पिताजी ने एक बाजा ला भी दिया था।

इसी समय कोई नाटक-कंपनी आई और मुझे उसका नाटक देखने की छुट्टी मिली। इसमें हरिश्चंद्र की कथा थी। यह नाटक देखने से मेरी तृप्ति नहीं होती थी। बार-बार उसे देखने को मन हुआ करता, पर बार-बार जाने कौन देता! पर अपने मन में मैंने हरिश्चंद्र का नाटक सैकड़ों बार खेला होगा। हरिश्चंद्र के सपने आया करते। यही धुन लगी रहती कि हरिश्चंद्र की तरह सत्यावादी सब क्यों न हों? यही धारणा होती कि हरिश्चंद्र के जैसी विपत्तियां भोगना और सत्य का पालन करना ही सच्चा सत्य है। मैंने तो यही मान रखा था कि नाटकों में जैसी विपत्तियां हरिश्चंद्र पर पड़ी हैं, वैसी ही वास्तव में उस पर पड़ी होंगी। हरिश्चंद्र के दुःखों को देख कर और उन्हें याद करके मैं खूब रोया। आज मेरी बुद्धि कहती है कि संभव है, हरिश्चंद्र कोई ऐतिहासिक व्यक्ति न हों, पर मेरे हृदय में तो हरिश्चंद्र और श्रवण आज भी जीवित हैं। मैं मानता हूं कि आज भी यदि मैं उन नाटकों को पढ़ूं तो आंसू आये बिना न रहेंगे।

# 3. हाईस्कूल में

जब मेरा विवाह हुआ तब मैं हाईस्कूल में पढ़ता था। हाईस्कूल में मैं मंद-बुद्धि विद्यार्थी नहीं माना जाता था। शिक्षकों का प्रेम तो मैंने सदा प्राप्त किया था। हर साल माता-पिता को विद्यार्थी की पढ़ाई तथा चाल-चलन के संबंध में प्रमाण-पत्र भेजे जाते। इनमें किसी दिन मेरी पढ़ाई या चाल-चलन की शिकायत नहीं की गई। दूसरे दर्जे के बाद मैंने इनाम भी पाये और पांचवें तथा छठे दर्जे में तो मुझे क्रमशः चार और दस रुपये की मासिक छात्रवृत्तियां भी मिली थीं। इस सफलता में मेरी योग्यता की अपेक्षा भाग्य का ज्यादा जोर था। ये छात्रवृत्तियां सब लड़कों के लिए नहीं, सौराष्ट्र प्रांत के विद्यार्थियों के ही लिए थीं और उस समय चालीस-पचास विद्यार्थियों के दर्जे में सौराष्ट्र-काठियावाड़ के विद्यार्थी हो कितने सकते थे!

मेरी याद के अनुसार अपनी होशियारी पर मुझे गर्व न था। इनाम अथवा छात्रवृत्ति मिलती तो मुझे आश्चर्य होता, परंतु हां, अपने चरित्र का मुझे बड़ा ख़याल रहता था। सदाचार में यदि चूक होती तो मुझे रुलाई आ जाती। यह मेरे लिए बरदाश्त से बाहर था कि मेरे हाथों कोई ऐसी बात हो कि शिक्षक को शिकायत का मौका मिले या वह मन में भी ऐसी सोचें। मुझे याद है कि एक बार मुझे मार खानी पड़ी थी। इस अवसर पर मार खाने का तो दुःख न था पर इस बात का बड़ा पछतावा था कि मैं दण्ड का पात्र समझा गया था। मैं खूब रोया। यह घटना पहले या दूसरे दर्जे की है। दूसरा प्रसंग सातवें दर्जे का है। उस समय दोराबजी एदलजी गीमी हेडमास्टर थे। उनका अनुशासन कठोर था, फिर भी वह विद्यार्थियों में प्रिय थे। वह बाकायदा काम करते और काम लेते और पढ़ाते भी अच्छा थे। उन्होंने ऊंचे दर्जे के विद्यार्थियों के लिए कसरत, क्रिकेट अनिवार्य कर दी। मेरा मन उसमें न लगता था। अनिवार्य होने के पहले तो मैं कसरत, क्रिकेट य. फुटबाल में कभी जाता ही न था। न जाने में मेरा संकोची स्वभाव भी एक कारण था। अब मैं देखता हूं कि कसरत की यह अरुचि मेरी भूल थी। उस समय मेरे ऐसे गलत विचार थे कि व्यायाम का शिक्षा के साथ कोई संबंध नहीं है। बाद में मेरी समझ में आया कि विद्याभ्यास में व्यायाम का अर्थात शारीरिक शिक्षा का मानसिक शिक्षा के समान ही स्थान होना चाहिए।

फिर भी मैं कहना चाहता हूं कि व्यायाम न करने से मुझे हानि नहीं हुई। कारण, मैंने पुस्तकों में खुली हवा में घूमने के संबंध में पढ़ा था। यह बात मुझे पसंद आई और तभी से घूमने जाने की आदत मुझे पड़ गई, जो अब तक है। घूमना भी व्यायाम तो है ही और इससे मेरा शरीर ठीक-ठीक गठीला हो गया।

व्यायाम की जगह घूमना जारी रखने की वजह से शरीर से व्यायाम न करने की भूल के लिए तो मुझे तो सजा नहीं भोगनी पड़ी, पर दूसरी एक भूल की सजा मैं आज तक भोग रहा हूं। पता नहीं कहां से यह गलत ख़याल मुझे मिल गया था कि पढ़ाई में सुलेख की आवश्यकता नहीं है। यह विलायत जाने तक बना रहा। बाद में तो मैं पछताया और शरमाया। मैंने समझा कि अक्षरों का खराब होना अधूरी शिक्षा की निशानी है। अत: हरेक नवयुवक या युवती मेरे इस उदाहरण से सबक ले और समझे कि सुंदर अक्षर शिक्षा का आवश्यक अंग है।

इस समय के मेरे विद्यार्थी-जीवन की दो बातें उल्लेखनीय हैं। चौथे दर्जे से कुछ विषयों की शिक्षा अंग्रेजी में दी जाती थी, पर मैं कुछ समझ नहीं पाता था। रेखागणित में मैं यों भी पीछे था, और फिर अंग्रेजी में पढ़ाये जाने के कारण यह और भी समझ में न आता था। शिक्षक समझाते तो अच्छा थे, पर मेरी समझ में ही कुछ न आता था, मैं बहुत बार निराश हो जाता। परिश्रम करते-करते जब रेखागणित के तेरहवें प्रमेय पर पहुंचा तब मुझे एकाएक लगा कि रेखागणित तो सबसे आसान विषय है। जिस बात में केवल बुद्धि का सीधा और सरल प्रयोग ही करना है, उसमें मुश्किल क्या है? इसके बाद से रेखागणित मेरे लिए सहज और रोचक विषय हो गया।

संस्कृत मुझे रेखागणित से भी अधिक कठिन मालूम पड़ी। रेखागणित में तो रटने की कोई बात न थी; परंतु संस्कृत में मेरी दृष्टि से अधिक काम रटने का ही था। यह विषय भी चौथी कक्षा से शुरू होता था। छठी कक्षा में जाकर तो मेरा दिल बैठ गया। संस्कृत-शिक्षक बड़े सख्त थे। विद्यार्थियों को बहुतेरा पढ़ा देने का उन्हें लोभ था। संस्कृत और फारसी के दर्जे में एक प्रकार की होड़-सी लगी रहती थी। फारसी के मौलवी साहब नरम आदमी थे। विद्यार्थी आपस में बातें करते कि फारसी तो बहुत सरल है, फारसी के अध्यापक भी बड़े मुलायम हैं। विद्यार्थी जितना काम कर लाते हैं, उतने से ही वह निभा लेते हैं। सहज होने की बात से मैं ललचाया और एक दिन फारसी के दर्जे में जाकर बैठा। संस्कृत-शिक्षक को इससे दु:ख हुआ और उन्होंने मुझे बुलाकर कहा—"तुम सोचो तो कि तुम किसके लड़के हो? अपनी धार्मिक भाषा न सीखोगे? अपनी कठिनाई मुझे बताओ। मेरी तो इच्छा रहती है। कि सब विद्यार्थी अच्छी संस्कृत सीखें। आगे चलकर उसमें रस-ही-रस मिलेगा। तुमको इस तरह निराश न होना चाहिए। तुम फिर मेरे दर्जे में आ जाओ।"

मैं शरमाया। शिक्षक के प्रेम की अवहेलना न कर सका। आज मेरी आत्मा कृष्णशंकर पंड्या की कृतज्ञ है; क्योंकि जितनी संस्कृत मैंने उस समय पढ़ी थी, यदि उतनी भी न पढ़ी होती तो आज में संस्कृत-शास्त्रों का जो रसास्वादन कर पाता हूं, वह न कर पाता। बल्कि अधिक संस्कृत न पढ़ सका, इसका पछतावा होता है, क्योंकि आगे चल कर मैंने समझा कि किसी भी हिंदू बालक को संस्कृत के अध्ययन से वंचित नहीं रहना चाहिए।

अब तो मैं यह जानता हूं कि भारतवर्ष के उच्च-शिक्षण-क्रम में अपनी भाषा के

अतिरिक्त राष्ट्र-भाषा हिंदी, संस्कृत, फारसी, अरबी और अंग्रेजी को स्थान मिलना चाहिए। इतनी भाषाओं की गिनती से किसी को घबराने की जरूरत नहीं है। यदि भाषाएं ढंग से सिखाई जाएं और सब विषय अंग्रेजी के द्वारा ही पढ़ने-समझने का बोझ हम पर न हो, तो उपर्युक्त भाषाओं की शिक्षा भार-रूप न होगी; बल्कि उसमें बड़ा रस आने लगेगा। फिर जो एक भाषा शास्त्रीय पद्धति से सीख लेता है, उसे दूसरी भाषाओं का ज्ञान सुलभ हो जाता है।

वास्तव में हिंदी, गुजराती, संस्कृत को एक ही भाषा मानना चाहिए। यही बात फारसी और अरबी के लिए भी कह सकते हैं। फारसी यद्यपि संस्कृत-जैसी है, और अरबी हिब्रू जैसी, तथापि दोनों भाषाएं इस्लाम के जन्म के पश्चात फूली-फली हैं, इसलिए दोनों में निकट संबंध है। उर्दू को मैंने अलग भाषा नहीं माना, क्योंकि उसके व्याकरण का समावेश हिंदी में होता है। उसके शब्द फारसी और अरबी के ही हैं। ऊंचे दर्जे की उर्दू जानने वालों के लिए अरबी और फारसी जानना आवश्यक होता है, जैसा कि उच्चकोटि के गुजराती, हिंदी, बंगला और मराठी जानने वाले के लिए संस्कृत जानना जरूरी है।

## 4. विवाह और मांस-भक्षण

यह लिखते हुए मेरे हृदय को बड़ी व्यथा होती है कि 13 वर्ष की उम्र में मेरा विवाह हुआ। आज मैं अपनी आंखों के सामने 12-13 वर्ष के बच्चों को देखता हूं और जब मुझे अपने विवाह का स्मरण हो आता है, तब मुझे अपने ऊपर तरस आता है और उन बच्चों को इस बात के लिए बधाई देने की इच्छा होती है कि मेरी-सी हालत से बच गये। तेरह साल की उम्र मेरे विवाह के समर्थन में एक भी नैतिक दलील मुझे नहीं सूझती। यह मैं पहले कह आया हूं कि जब मेरी शादी हुई तब मैं हाईस्कूल में ही पढ़ता था। हमारे वर्तमान हिंदू-समाज में ही एक ओर पढ़ाई और दूसरी ओर शादी दोनों साथ-साथ चल सकते हैं।

एक और दु:खद प्रसंग यहां लिखना है, वह है मेरा एक बुरे आदमी की संगत में पड़ जाना। यह मेरे जीवन का एक दु:खद प्रकरण है। उस व्यक्ति की मित्रता पहले मेरे मझले भाई के साथ थी। वह उनका सहपाठी था। मैं उसके कई दोषों को जानता था। परंतु मैंने उसे अपना सच्चा साथ मान लिया था। मेरी माताजी, बड़े भाई, पत्नी तीनों को यह संगत बुरी लगती थी। पत्नी की चेतावनी की तो मुझ-जैसा अभिमानी पति परवा ही क्या करता। हां, माता की आज्ञा का उल्लंघन करना मेरे लिए कठिन था। बड़े भाई की बात भी टाल नहीं सकता था; परंतु मैं उन्हें यों समझा देता कि आप जो उसकी बुराइयां बताते हैं, उन्हें तो मैं जानता हूं। पर उसके गुणों को आप नहीं जानते। मुझे वह गलत रास्ते पर नहीं ले जा सकता, क्योंकि मैंने उसका साथ उसे सुधारने की नीयत से किया है। मेरा विश्वास है कि यदि वह सुधर जाए तो वह अच्छा

आदमी साबित होगा। यह तो मैं नहीं मानता कि इन बातों से उन्हें संतोष हो जाता था, पर उन्होंने मुझ पर विश्वास रखा और मुझे अपनी राह चलने दिया।

आगे चलकर मुझे यह मालूम हुआ कि मेरा यह अनुमान सही नहीं था। सुधार करने के लिए भी मनुष्यों को गहरे पानी में नहीं उतर जाना चाहिए। जिनका सुधार हमें करना हो, उनके साथ मित्रता संभव नहीं है। मित्रता में अद्वैत-भावना होती है। ऐसी मित्रता संसार में बहुत कम ही पाई जाती है। समान गुण और शीलवालों में ही मित्रता शोभती और निभती है। मित्र का एक-दूसरे पर असर पड़े बिना नहीं रह सकता, इस कारण मित्रता में सुधार की गुंजायश बहुत कम होती है। मेरा मत यह है कि अंतरंग मित्रता अनिष्टकारक है क्योंकि मनुष्य दोष को बहुत जल्दी अपनाता है। गुण-ग्रहण करने में प्रयास की आवश्यकता है। आत्मा और ईश्वर की मित्रता चाहने वाले को एकाकी रहना चाहिए, या फिर सारे जगत के साथ मैत्री करना उचित है। ये विचार सही हों या गलत, परंतु इसमें शक नहीं कि मेरा अंतरंग मित्रता का प्रयास निष्फल रहा।

जिन दिनों इस मित्र से मेरा संबंध हुआ था, राजकोट में सुधार की लहर ऊंची उठ रही थी। इस मित्र ने खबर दी कि बहुतेरे हिंदू शिक्षक छिपे-छिपे मद्य-मांस का सेवन करते हैं। राजकोट के दूसरे प्रसिद्ध व्यक्तियों के नाम भी उसने बताये। हाईस्कूल के कितने ही विद्यार्थियों के नाम भी मेरे पास आये। यह देख कर मुझे तो आश्चर्य हुआ और दुःख भी। जब मैंने इसका कारण पूछा तब यह बताया गया कि हम मांस नहीं खाते, इसलिये हमारा राष्ट्र कमजोर है। अंग्रेज जो हम पर हुकूमत कर रहे हैं, इसका कारण उनका मांसाहार है। मैं कितना हट्टा-कट्टा और मजबूत हूं और कितना दौड़ सकता हूं, यह तो तुम्हें मालूम है ही। इसका कारण भी मेरा मांसाहार ही है। मांसाहारी को फोड़े-फुंसी नहीं होते, और हुए तो जल्दी अच्छे हो जाते हैं। हमारे अध्यापक मांस खाते हैं, इतने-इतने मशहूर आदमी खाते हैं, सो क्या बिना सोचे-समझे ही? तुम्हें भी जरूर खाना चाहिए। खाकर तो देखो कि तुम्हारे बदन में कितनी ताकत आ जाती है।

ये सारी दलीलें कोई एक दिन में ही सामने नहीं आईं। अनेक उदाहरणों से सजाकर ये कई बार पेश की गईं। मझले भाई तो फिसल चुके थे। उन्होंने भी इन बातों का समर्थन किया। अपने भाई और इस मित्र के मुकाबले में मैं दुर्बल था। उनका बदन अधिक गठीला और शरीर-बल मुझसे बहुत अधिक था। वे साहसी थे। इस मित्र के पराक्रम के काम मुझे मोह लेते थे। वह जितना चाहे दौड़ सकता था। चाल भी बहुत तेज थी। लंबी और ऊंची कुदान में उसे कमाल हासिल था। मार सहने की शक्ति भी वैसी ही थी। इस शक्ति का प्रदर्शन भी वह समय-समय पर करता था। अपने अंदर जिस शक्ति का अभाव होता है, उसे दूसरे में देख कर मनुष्य का आश्चर्यान्वित होना स्वाभाविक है। यही मेरे विषय में हुआ। आश्चर्य से यह मोह पैदा हुआ। मुझमें दौड़ने की शक्ति नहीं के बराबर थी। मेरे मन ने कहा-"मैं भी इस मित्र के समान

बलवान हो जाऊं तो क्या ही अच्छा हो!''

दूसरे, मैं बड़ा डरपोक था। चोर, भूत, सांप आदि के भय से भयभीत बना रहता था। रात को अकेले कहीं जाने कि हिम्मत नहीं पड़ती थी। अंधेरे में कहीं न जा सकता था। रोशनी के बिना सोना भी प्राय: असंभव-सा था। उधर से भूत आ जाए, उधर से चोर आ जाय और कहीं से सांप निकल आया तो? यह डर बना रहता। इसलिए रोशनी का होना तो आवश्यक था। इधर अपनी पत्नी के सामने भी, जो कि पास ही सोती और अब कुछ-कुछ युवती हो चली थी, ये भय की बातें करते हुए संकोच होता, क्योंकि मैं इतना जान गया था कि वह मुझसे अधिक साहसी है, इस कारण मैं उससे कुछ शरमाता भी था। उसने सांप वगैरह का डर तो कभी जाना ही नहीं था। अंधेरे में अकेली चली जाती। मेरी इन कमजोरियों का उस मित्र को पता था। वह तो मुझे कहता कि मैं तो जीते सांप को भी हाथ से पकड़ लेता हूं। चोर से नहीं डरता, भूत-प्रेत को मानता ही नहीं, और इन सबका कारण मांसाहार ही है। यह उसने मेरे मन में जमा दिया।

इन्हीं दिनों कवि नर्मद का यह कविता पाठशालाओं में गाया जाता :

**अंग्रेजी राज करे, देशी रहे दबाई,**
**देशी रहे दबाई, जोने बेनां शरीर भाई,**
**पेलो पांच हाथ पूरो, पूरो पांचसेने॥**

इन सब का मेरे मन पर पूरा असर हुआ। मैं मानने लगा कि कि मांसाहारी अच्छी चीज है। उससे मुझमें बल और साहस आयेगा। यदि सारा देश मांसाहार करने लगे तो अंग्रेजों को हटाया जा सकता है।

मेरे माता-पिता वैष्णव थे और मैं उनका परम-भक्त था। मैं जानता था कि उन्हे मेरे मांसाहार का पता चला जाए तो वे बिना मौत के तुरंत ही प्राण छोड़ देंगे। सत्य का जाने-अनंजाने सेवक तो मैं था ही। यह नहीं कह सकता कि मांसाहार करने पर माता-पिता से झूठ बोलना पड़ेगा, यह ज्ञान मुझे उस समय नहीं था। लेकिन मेरा मन तो सुधार के रंग में रंगा हुआ था। मांसाहार का शौक नहीं था। स्वाद के खयाल से मुझे मांसाहार नहीं आरंभ करना था। मुझे तो बलवान और साहसी बनना था और दूसरों कों वैसा ही बनने को समझाना था और फिर अंग्रेजों को हरा कर भारत को आजाद कराना था। 'स्वराज्य' शब्द तो उस समय कान में भी नहीं पड़ा था। इस सुधार की धुन में मैं अपना होश खो बैठा। और जब गुप्त रूप से उसे करने का प्रबंध हो गया, तब झूठ-मूठ ही मैंने अपने मन को समझा लिया कि अपनी बात को माता-पिता से छिपाना सत्य से भटकना नहीं है।

नियत दिन आया। उस दिन की अपनी हालत का वर्णन करना कठिन है। एक तरफ था 'सुधार' का उत्साह और जीवन में एक महत्वपूर्ण परिवर्तन करने की नवीनता

और दूसरी ओर चोर की भांति छिप कर काम करने की शर्म। मैं नहीं कह सकता कि इसमे किसकी प्रधानता थी। हम लोग नदी-किनारे एकांत की खोज में चले। फिर जाकर ऐसा कोना तलाश किया, जहां कोई सहसा देख न सके, और वहां मैंने पहले-पहल मांस देखा। साथ भटियारे के यहां की डबल रोटी थी। दो में से एक भी चीज न भाई। मांस चमड़े-सा लग रहा था। खाना असंभव हो गया, मुझे कै आने लगी। खाना बीच में छोड़ देना पड़ा।

मेरी वह रात बड़ी कठिनाई से कटी। नींद किसी तरह न आती थी। सपने में ऐसा मालूम होता था मानो बकरा मेरे शरीर के भीतर जिंदा है और मैं-मैं करता है। मैं चौंक-चौंक उठता, पछताता, पर फिर सोचता कि मांसाहार के बिना तो गति ही नहीं, यों हिम्मत नहीं हारनी है। मांसाहार एक कर्त्तव्य है और मुझे हिम्मत से काम लेना चाहिए।

## 5. आंखें खुलीं

मेरे मित्र हार मानने वाले न थे। उन्होंने अब मांस को भांति-भांति से पका कर रुचिकार बनाना तथा सजाकर रखना शुरू किया। नदी-किनारे के बजाय किसी बाबरची से साठ-गांठ करके गुप्त रूप से राज्य के एक भवन में ले जाने का प्रबंध किया। वहां के भोजन-भवन तथा मेज-कुर्सी के ठाट-बाट ने मुझे लुभा लिया।

इसका ठीक असर पड़ा। रोटी से जो नफरत थी, ढीली पड़ गई। बकरे पर की दया गायब हो गई और मांस का तो नहीं, पर मांसवाले पदार्थों का जीभ को चस्का लग गया। यों एक साल बीता होगा, और इतने समय में पांच-छः बार मांसाहार का मौका मिला होगा, क्योंकि बार-बार दरबार-भवन का प्रबंध होना कठिन था और न सादा मांस के स्वादिष्ट उत्तम पदार्थ तैयार हो सकते थे। इसके सिवा ऐसे भोजनों पर खर्च खासा बैठता था। मेरे पास तो कानी कौड़ी भी न थी। मैं देता क्या? इस खर्च का इंतजाम तो उस मित्र के जिम्मे होता था। मुझे आज तक पता नहीं कि उसने क्या इंतजाम किया था। उसका इरादा तो था मुझे मांस की चाट लगा देना, मुझे फंसा देना। इसलिए खर्च का भार भी वह खुद उठता था, पर उसके पास कोई कारूं का खजाना तो था ही नहीं। इस कारण ऐसे खाने तो कभी-कभी ही संभव थे।

जब-जब ऐसे खानों में मैं शरीक होता, तब-तब घर खाना न खाया जाता। जब मां खाने को बुलातीं तो बहाना बनाना पड़ता-'आज भूख नहीं है। खाना पचा नहीं।' हर बहाने के वक्त मेरे दिल को चोट लगती। यह झूठ और सो भी मां के सामने! फिर यदि मां-बाप जान जाएं कि लड़का मांसाहारी हो गया है, तब तो उन पर वज्रपात हो जायगा। ये विचार मेरे हृदय को कुतर रहे थे। इस कारण मैंने निश्चय किया कि यद्यपि मांस खाना आवश्यक है, उसका प्रचार हिंदुस्तान में करके भोजन-सुधार करना है, पर माता-पिता से झूठ-कपट मांसाहार से भी बदतर है। अतः माता-पिता के

जीते-जी मांस न खाऊंगा, और तब तक के लिए मांसाहार छूटा सो छूटा ही। माता-पिता ने कभी न जाना कि उनके दो पुत्र मांसाहार कर चुके हैं।

माता-पिता से झूठ-कपट न करने के शुभ विचार से मैंने मांसाहार तो छोड़ा, परंतु उस मित्र की मित्रता न छोड़ी। मैं दूसरों को सुधारने चला था और स्वयं ही गड्ढे में गिर गया और इस पतन का मुझे भान तक न रहा।

उसी की सोहबत के कारण मैं व्याभिचार में फंस गया होता। एक बार यह मित्र मुझे चकले में ले गया। मैं मकान में घुसा तो जरूर, पर जिसे भगवान बचाता है, वह गिरना चाहते हुए भी पवित्र बना रह सकता है। मगर मेरी आंखें इतने से भी न खुलीं। मुझे अब तक इस बात का भान ही न हुआ कि इस मित्र की मित्रता अनिष्ट है। अभी और कटु अनुभव होना बाकी था। यह तो मुझे तभी मालूम हुआ, जब मैंने उसमें वे प्रत्यक्ष दोष देखे, जिनसे मैं उसे अलिप्त मानता था।

इस समय की एक बात कह देना जरूरी जान पड़ता है। हम दंपती के बीच होने वाले मतभेद और कलह का कारण यह मित्रता भी थी। मैं जितना प्रेमी पति था, उतना ही वहमी पति था। मेरा वहम बढ़ाने वाली यह मित्रता थी, क्योंकि मित्र की सच्चाई पर मुझे जरा भी अविश्वास न था। इस मित्र की बातें मान कर मैंने अपनी पत्नी को कितने ही कष्ट दिये। उस हिंसा के लिए मैंने कभी अपने को क्षमा नहीं किया। हिंदू स्त्री ही ऐसे दु:खों को सहन कर सकती है और इसीलिए मैंने स्त्री को सदा सहनशीलता की मूर्ति माना है। नौकर पर यदि झूठा शक किया जाय तो वह नौकरी छोड़ जाता है; पुत्र पर किया जाय तो वह बाप का घर छोड़ कर चला जाता है, मित्रों में परस्पर संदेह उत्पन्न होने पर मित्रता टूट जाती है; पत्नी को यदि पति पर शक हो तो उसे मन मसोस कर बैठ रहना पड़ता है, पर यदि पति का पत्नी पर संदेह हो जाए तो बेचारी के भाग्य ही फूटे समझने चाहिए। वह कहां जाए? उच्च माने जाने वाले वर्ण की हिंदू स्त्री अदालत में जाकर तलाक नहीं दे सकती। उसके लिए एक-तरफा न्याय रखा गया है। मेरा यह सलूक ऐसा था कि इसका दु:ख मैं कभी नहीं भूल सकता।

इस संदेह का सर्वथा नाश तो तभी हुआ, जब मुझे अहिंसा का सूक्ष्म ज्ञान हुआ या कहिये तब, जब मैंने ब्रह्मचर्य की महिमा समझी और समझा कि पत्नी पति की दासी नहीं, बल्कि सहधर्मिणी है। दोनों एक-दूसरे के सुख-दु:ख के समान भागीदार है और जितनी स्वतंत्रता पति को बुरा-भला करने की है, उतनी ही पत्नी को भी है। इस संदेहकाल की जब मुझे याद आती है, तब मुझे अपनी मूर्खता और विषयांध निर्दयता पर क्रोध और मित्र-विषयक अपनी अंधता पर दया उपजती है।

# 6. चोरी और प्रायश्चित

मांसाहार के समय के और उसके पहले के अपने कुछ दूषणों का वर्णन करना अभी बाकी है। वे या तो विवाह के पहले के हैं, या कुछ ही बाद के हैं।

अपने एक रिश्तेदार की सोहबत में मुझे सिगरेट पीने का शौक हुआ। पैसे तो हमारे पास थे नहीं। सिगरेट पीने के किसी फायदे या उसकी गंध के मजे से हम दोनों में से कोई भी परिचित नहीं था, पर धुआं उड़ाने में ही कुछ मजा आता था। मेरे चाचाजी को सिगरेट की आदत थी, और उन्हें तथा और को धुआं उड़ाते हुए देख कर हमें भी 'फूंक लेने' का शौक हुआ। पैसे पास न होने के कारण हमने चाचा जी की सिगरेटों के फेंके जूठे हिस्सों को चुराना शुरू किया।

परंतु ये टुकड़े कुछ हमेशा नहीं मिल पाते थे, और उसमें से ज्यादा धुआं भी नहीं निकल सकता था। इसलिए नौकरों की जेबों में पड़े दो-चार पैसों में से एकाध हम बीच-बीच में चुराने लगे और उससे सिगरेट पीने लगे, पर छिपाकर रखने की समस्या सामने आई। इतना ख़याल था कि बड़े-बूढ़ों के सामने सिगरेट पीना संभव नहीं है। ज्यों-त्यों दो-चार पाई-पैसे चुरा कर कुछ हफ्ते काम चलाया। इसी बीच सुना कि एक पौधा (जिसका नाम भूल गया) होता है, जिसका डंठल सिगरेट की तरह जलता है और वह पिया जा सकता है। हमने उसे लाकर धुआं उड़ाना शुरू किया।

पर हमें संतोष न हुआ। अपनी पराधीनता हमें खलने लगी। यह बड़ा कष्टदायक जान पड़ता कि बड़ों की आज्ञा के बिना कुछ भी न हो सके। हम बहुत परेशान हो गए और अंत को आत्महत्या करने का निश्चय किया।

परंतु आत्महत्या कैसे करें? जहर कहां से लायें? हमने सुना कि धतूरे के बीज से मृत्यु होती है। जंगल में घूम-फिर कर बीज लाये। खाने का समय शाम को रखा। केदार जी के मंदिर की दीपमाला में घी चढ़ाया, दर्शन किये और फिर एकांत में चले गए, पर जहर खाने की हिम्मत न हुई। तत्काल मृत्यु न हो तो? मरने से लाभ क्या होगा? पराधीनता में ही क्यों न पड़े रहे?? ये विचार मन में आने लगे। फिर भी दो-चार बीज खा ही डाले, पर ज्यादा खाने की हिम्मत न हुई, दोनों मौत से डर गये। निश्चय किया कि चल कर रामजी के मंदिर में दर्शन करें, और शांति से बैठें एवं आत्महत्या की बात मन से भुला दें।

तब मैंने समझा लियाँ कि आत्महत्या का विचार करना सरल है, पर आत्महत्या करना नहीं। इससे जब कोई आत्महत्या करने की धमकी देता है, तब मुझ पर बहुत कम असर होता है या यह भी कह सकता हूं कि बिल्कुल नहीं होता।

आत्महत्या के निश्चय का एक परिणाम यह हुआ कि हमारी जूठी सिगरेट पीने की, नौकरों के पैसे चुराने की और उससे सिगरेट खरीद कर पीने की आदत ही जाती रही। बड़ा होने पर मुझे कभी सिगरेट पीने की इच्छा तक नहीं हुई, और मैं सदा इस आदत को जंगली, हानिकारक और गंदी मानता आया हूं। अब तक मैं यह समझ ही नहीं पाया कि सिगरेट-बीड़ी का इतना जबरदस्त शौक दुनिया में क्यों है? रेल के जिस डिब्बे में बीड़ी-सिगरेट का धुआं उड़ता है, वहां बैठना मेरे लिए कठिन हो जाता है और उसके धुएं से मेरा दम घुटने लगता है।

सिगरेट के टुकड़े और उसके लिए नौकरों के पैसे चुराने के अपराध के सिवाय चोरी का एक और जो अपराध मुझसे बन पड़ा, उसे मैं अधिक गंभीर मानता हूं। सिगरेट के अपराध के दिनों तो मेरी उम्र 12-13 वर्ष की होगी, शायद इससे भी कम हो। दूसरी चोरी के समय पंद्रह साल की रही होगी। यह चोरी थी मेरे मांसाहारी भाई के सोने के कड़े से सोना चुराने की। उन्होंने 25रु. के लगभग कर्ज लिया था। हम दोनों भाई इसे चुकाने के चक्कर में थे। मेरे भाई के हाथ में सोने का एक ठोस कड़ा था। उसमें से तोला-भर काट लेना कठिन न था।

कड़ा कटा और कर्ज पट गया, पर मेरे लिए यह बात असह्य हो गई। आगे चोरी न करने का मैंने निश्चय किया। यह भी सोचा कि पिताजी के सामने इसे कबूलना चाहिए, पर जबान खुलनी कठिन थी। यह डर तो नहीं था कि पिताजी मुझे पीटेंगे, क्योंकि याद नहीं पड़ता कि उन्होंने हम भाइयों में से किसी को कभी पीटा हो; पर यह डर जरूर था कि वह खुद बड़े दुखी होंगे और शायद अपना सिर भी धुन डालें। पर सोचा कि यह खतरा उठा कर भी अपना दोष स्वीकार करना ही उचित है। ऐसा लगा कि इसके बिना शुद्धि नहीं होगी।

अंत में मैंने पत्र लिख कर अपना दोष स्वीकार करते हुए माफी मांगने का निश्चय किया। मैंने पत्र लिखकर अपने हाथ से उन्हें दिया। पत्र में सब दोष स्वीकार किया था और दण्ड मांगा था। विनय की थी कि मेरे अपराध के लिए अपने को कष्ट में न डालें और प्रतिज्ञा की थी कि भविष्य में ऐसा अपराध फिर न करूंगा।

मैंने कांपते हाथों से यह पत्र पिताजी के हाथ में दिया है। मैं उनके तख्त के सामने बैठ गया। इन दिनों उन्हें भगंदर रोग उभरा हुआ था, इसलिए वह बिस्तरे पर ही पड़े रहते थे। खाट के बदले तख्त काम में लाते थे।

उन्होंने पत्र पढ़ा था। आंखों से मोती की बूंदें टपकीं, पत्र भीग गया। तनिक देर के लिए उन्होंने आंखें मूंदी और पत्र फाड़ डाला, और पत्र पढ़ने को बैठे हुए थे सो फिर लेट गए।

मैं भी रोया। पिताजी की पीड़ा का मैंने अनुभव किया। यदि मैं चितेरा होता तो आज भी वह चित्र हूबहू खींच कर रख देता। मेरी आंखों के सामने आज भी वह दृश्य नाच रहा है।

इस मुक्ता-बिंदुओं के प्रेम-बाण ने मुझे बींध दिया। मैं शुद्ध हो गया इस प्रेम को

तो वही जान सकता है, जिसे उसका अनुभव हुआ है।

**राम-बाण वाग्यां रे होय ते जाणे।**

मेरे लिए यह अहिंसा का पदार्थ-पाठ था। उस समय तो मुझे इसमें पितृ-प्रेम ही अनुभव हुआ था, पर आज मैं इसे शुद्ध अहिंसा का नाम दे सकता हूं। ऐसी अहिंसा के व्यापक रूप धारण करने पर उससे कौन अछूता रह सकता है? ऐसी व्यापक अहिंसा की शक्ति का अनुमान करना चाहिए परे है।

ऐसी शांतिमय पिताजी के स्वभाव के प्रतिकूल थी। मैंने सोचा था कि वह गुस्सा होंगे, फटकारेंगे, शायद अपना सिर भी धुन लें, पर उन्होंने तो असीम शांति का परिचय दिया। मैं समझता हूं कि वह दोष की शुद्ध हृदय से की गई स्वीकृति का परिणाम था। जो मनुष्य अधिकारी व्यक्ति के सामने स्वेच्छापूर्वक अपने दोष शुद्ध हृदय से कह देता है और फिर कभी न करने की प्रतिज्ञा करता है, वह मानो शुद्धतम प्रायश्चित करता है। मैं जानता हूं कि मेरे इस इकरार से पिताजी मेरे संबंध में निर्भय हो गए और उनका प्रेम मेरे प्रति और भी बढ़ गया है।

## 7. धर्म की झलक

राजकोट में मुझे सब संप्रदायों के प्रति समान भाव रखने की शिक्षा अनायास मिली। मैंने हिंदू-धर्म के प्रत्येक संप्रदाय के प्रति आदर-भाव रखने की तालीम पाई, क्योंकि माता-पिता वैष्णव-मंदिर जाते, शिवालय जाते तथा राम-मंदिर भी जाते और हम भाइयों को भी ले जाते अथवा भेज देते थे।

इसके सिवा पिताजी के पास जैन-धर्माचार्यों में से कोई-न-कोई सदैव आते रहते। पिताजी भिक्षा देकर उनका आदर-सत्कार भी करते। वे पिताजी के साथ धर्म तथा व्यवहार-चर्चा किया करते। इसके सिवा पिताजी के मुसलमान तथा पारसी मित्र भी थे। बहुत बार ये अपने-अपने धर्म की बात सुनाया करते और पिताजी आदर व प्रेम के साथ उनकी बातें सुनते। ऐसी चर्चा के समय मैं उनका शुश्रूषक होने के कारण प्रायः ही उपस्थित रहता था। इस सारे वातावरण के प्रभाव से मेरे मन में सब धर्मों के प्रति समभाव पैदा हुआ।

इस प्रकार मेरे मन में अन्य धर्मों के प्रति समभाव आया। यह नहीं कह सकता कि उस समय ईश्वर के प्रति मेरे मन में कुछ आस्था थी, लेकिन एक बात ने मेरे मन में जड़ जमा ली। वह यह कि संसार नीति पर स्थिर है, नीति-मात्र का समावेश सत्य में है, पर सत्य की खोज अभी बाकी है। दिन-दिन सतगुरु की महिमा मेरी दृष्टि के सामने बढ़ती गई, सत्य की व्याख्या विस्तार पाती गई और अब भी पाती जा रही है:

उस समय नीति-विषयक एक छप्पय ने मेरे हृदय में घर कर दिया। अपकार का

बदला अपकार नहीं वरन उपकार ही होना चाहिए, यह वस्तु जीवन-सूत्र बन गई। उसने मेरे मन पर अपनी सत्ता जमानी शुरू कर दी। अपकारी का भला चाहना और करना इसका मैं अनुरागी बन गया। उसके अगणित प्रयोग किये। वह चमत्कारी छप्पय यह है:

**पाणी आपने पाय, भलुं भोजन तो दीजे;**
**आवी नमावे शीश, दण्डवत कोड़े कीजे।**
**आपण घासे दाम, काम महोरोनुं करीए;**
**आप उगारे प्राण, ते तणा दुःखमां मरीए।**
**गुण केडे तो गुण दश गणो, मन वाचा कर्मे करी;**
**अवगुण केडे जे गुण करे, ते जगमां जीत्यो सही।**[1]

## 8. तीन प्रतिज्ञाएं

मैंने 1887 ईस्वी में मैट्रिक की परीक्षा पास की। उस समय बंबई और अहमदाबाद दो परीक्षा-केंद्र थे। देश की और हमारे कुटुंब की गरीबी का यह हाल था कि मेरी स्थिति के काठियावाड़ी को नजदीकी और सस्ते अहमदाबाद को पसंद करना स्वभाविक था। राजकोट से अहमदाबाद मैंने यह पहली बार यात्रा की।

बड़ों की यह इच्छा थी कि पास होने पर कालेज में आगे पढ़ूं। कालेज बंबई में भी था और भावनगर में भी; लेकिन कमखर्ची के ख़याल से भावनगर के शामलदास कालेज में पढ़ने का निश्चय हुआ। वहां सब-कुछ मुझे मुश्किल लगने लगा। अध्यापक के व्याख्यानों में मुझे रस न आता, न वे समझ में ही आते। अध्यापकों का दोष न था, बल्कि मेरी पढ़ाई ही कच्ची थी। उस समय के शामलदास कालेज के अध्यापक तो प्रथम श्रेणी के समझे जाते थे। पहला टर्म (सत्र) पूरा करके घर आया।

हमारे कुटुंब के पुराने मित्र और सलाहकार एक विद्वान व्यवहार-कुशल ब्राह्मण-मावजी दवे थे। उन्होनें हमें सलाह दी-"अब समय बदल गया है तुम भाइयों में से यदि कोई कबा गांधी की गद्दी लेना चाहे तो वह बिना पढ़ाई

1. इसका हिंदी अनुवाद इस प्रकार है:

जो हमको जलपान करावे, उसको भोजन दीजे;
अपने को जो शीशे नवावे, उसे दंडवत कीजे।
पैसे जो दे हमें, उसे मोहर दे देना;
और बचावे प्राण, दुःख में उसके मरना।
गुण के बदले दसगुना, जो मन वाचा कर्म से;
अवगुण करते गुण करे, जग जीता इस धर्म से।

के संभव नहीं है। मेरी राय है कि मोहनदास को आप इसी साल विलायत भेज दें। वहां तीन साल रह कर बैरिस्टर बन जायगा।'' और मेरी ओर देख कर पूछा-''तुम्हें विलायत जाना पसंद है या यहीं पढ़ते रहना?''

'जो भावे वही वैद बतावे!' मैं कालेज की कठिनाइयों से यों ही तंग आ गया था। मैंने कहा-''विलायत भेजें तो बहुत ही अच्छा।'' पर बड़े भाई उलझन में पड़े। पैसों का क्या प्रबंध हो? फिर इस उम्र में इतनी दूर कैसे भेज दें?

माताजी को कुछ न सूझ पड़ा। दूर भेजने की बात ही उन्हें नहीं रुची। उन्होंने विलायत-जीवन के संबंध में पूछ-ताछ शुरू की। कोई कहता था, नवयुवक विलायत जाकर बिगड़ जाते हैं। कोई कहता था, मांस खाते हैं। कोई कहता, वहां शराब के बिना काम ही नहीं चलता। माता ने यह सब मुझे सुनाया। मैंने समझाया-''तुम मुझ पर विश्वास रखो, मैं विश्वासघात नहीं करूंगा। मैं सौगंध खाकर कहता हूं कि मैं इन तीनों से बचूंगा। और अगर ऐसा जोखिम होता तो जोशीजी क्यों जाने की सलाह देते?''

मां बोली-''मुझे तो विश्वास है, पर दूर देश में तेरा कैसे क्या होगा? मेरी तो अकल काम नहीं करती। मैं बेचरजी स्वामी से पूछूंगी।''

बेचरजी स्वामी मोढ़ बनिये थे, जो जैन साधु हो गए थे। जोशीजी की तरह वह भी हमारे सलाहकार थे। उन्होंने मेरी मदद की। उन्होंने कहा-''मैं इससे तीन चीजों के बारे में प्रतिज्ञा करा लूंगा। फिर उसे जाने देने में कोई हर्ज नहीं।'' तदनुसार मैंने मांस, मदिरा और स्त्री से दूर रहने की प्रतिज्ञा की। तब माता ने जाने की आज्ञा दे दी।

मेरे विलायत जाने के उपलक्ष्य में हाईस्कूल के विद्यार्थियों की सभा हुई। राजकोट का एक युवक विलायत जा रहा है, इस पर सबको आश्चर्य हो रहा था। जवाब में कुछ लिख कर ले गया था। पर उसे मुश्किल से पढ़ सका। इतना मुझे याद है कि सिर चकरा रहा था और बदन कांप रहा था।

## 9. पहला अनुभव

4 सितंबर सन 1888 को मैंने बंबई बंदर छोड़ा। जहाज में मुझे सामुद्रिक कष्ट तो कुछ भी न उठाना पड़ा। पर ज्यों-ज्यों दिन जाते, मैं परेशान हो रहा था। स्टूअर्ट (जहाज के भोजन परिचारक) के साथ बोलते हुए झेंपता, क्योंकि अंग्रेजी में बातचीत करने की आदत न थी। मेरे एक साथी मजूमदार को छोड़कर, जो राजकोट के वकील थे और बैरिस्टर होने विलायत जा रहे थे, बाकी सब यात्री अंग्रेज थे। उनके सामने बोलते न बनता था। वे मुझसे बोलने की चेष्टा करते, तो उनकी बात मेरी समझ में न आती और यदि समझ भी लेता तो जवाब देना नहीं सूझता। हर वाक्य बोलने के पहले मन में जमाना पड़ता था। छुरी-कांटे से खाना न आता था, और पूछने का साहस ही न होता कि इसमें बिना मांस की चीजें क्या-क्या हैं? इस कारण मैं भोजन की

मेज पर तो कभी गया ही नहीं। केबिन–कोठरी–में ही खा लेता था। अपने साथ जो मिठाइयां वगैराह ले गया था, उन्हीं पर गुजर किया। मजूमदार को तो कोई झिझक न थी। वह सब के साथ हिल–मिल गए। डेक पर भी जहां जी चाहे घूमते–फिरते। मैं तो दिन भर केबिन में पड़ता रहता। डेक पर जब लोगों की भीड़ कम देखता, तब थोड़ी देर के लिए जा कर वहां बैठ जाता। मजूमदार मुझे समझाते कि सब के साथ मिला–जुला करो। कहते कि वकील को तो बातूनी होना चाहिए। वकील की हैसियत से वह अपना अनुभव भी सुनाते। कहते–''अंग्रेजी हमारी मातृभाषा नहीं है। इसलिए बोलने में भूलें होंगी ही। बोलने में सकुचाना नहीं चाहिए।'' परंतु मैं अपनी भीरुता नहीं छोड़ पाता था।

मुझ पर तरस खा कर एक भले अंग्रेज ने मुझसे बातचीत करना शुरू किया। मैं क्या खाता हूं, कौन हूं, कहां जा रहा हूं, क्यों किसी के साथ बातचीत नहीं करता, इत्यादि सवाल पूछे। मुझे खाने में साथ आने को कहा। मांस न खाने के मेरे आग्रह की बात सुन कर वह हँसे और मुझ पर रहम खा कर बोले–''यहां तो (पोर्ट सईद पहुंचने के पहले) सब ठीक–ठाक है, परंतु बिस्के के खाड़ी में पहुंचने पर तुम्हें अपने विचार बदलने पड़ेंगे। इंग्लैण्ड में तो इतनी ठंड पड़ती है कि मांस के बिना काम नहीं चल सकता।''

मैंने कहा–''मैंने तो सुना है कि वहां लोग बिना मांसाहार के  रह सकते हैं।''

वह बोले–''यह झूठ है। मेरी जान–पहचान वालों में कोई निरामिषभोजी नहीं है। मैं शराब पीने के लिए तुमसे नहीं कहता, पर मैं समझता हूं मांस तो तुम्हें अवश्य खाना चाहिए।''

मैंने कहा–''आपकी सलाह के लिए मैं आपका आभारी हूं, पर मांसाहार न करने की अपनी माता से प्रतिज्ञा कर चुका हूं। यदि उसके बिना निर्वाह हो ही न सका तो मैं वापस हिंदुस्तान लौट जाऊंगा, पर मांस तो हरगिज नहीं खाऊंगा।''

बिस्के की खाड़ी आई। वहां भी मुझे न तो मांस खाने की आवश्यकता मालूम हुई न मदिरा की ही।

दुःख–सुख सहते यात्रा पूरी करते साउदेम्पटन बंदर पर आ पहुंचे। मुझे याद पड़ता है उस दिन शनिवार था। मैं जहाज पर काले कपड़े पहनता था। मित्रों ने मेरे लिए सफेद फलालैन का सूट भी बनवा दिया था। विलायत में उतरने पर उसे पहनने का निश्चय किया। यह समझ कर कि सफेद कपड़े ज्यादा अच्छे लगेंगे, यह सूट पहन कर मैं जहाज से उतरा। सितंबर के अंतिम दिन थे। ऐसे कपड़ों में मैंने अकेले अपने को ही वहां पाया। मेरे संदूक और उनकी कुंजियां ग्रिंडले कंपनी का एजेंट ले गया था। जैसा और लोग करते हैं, वैसा मुझे भी  करना चाहिए, यह समझ कर मैंने अपनी तालियां भी उन्हें दे दी थीं।

मेरे पास चार परिचय–पत्र थे–एक डॉक्टर प्राणजीवन मेहता के नाम, दूसरा दलपतराय शुक्ल के नाम, तीसरा प्रिंस रणजीतसिंह जी के नाम और चौथा दादाभाई

नौरोजी के नाम। किसी ने सलाह दी थी विक्टोरिया होटल में ठहरना ठीक होगा। इसलिए मजूमदार और मैं वहां गये। मैं तो अपनी सफेद कपड़ों की शर्म से ही दबा जा रहा था। फिर होटल में जाकर खबर लगी कि कल रविवार होने के कारण सोमवार तक ग्रिंडले के यहां से सामान नहीं आयेगा। इससे मैं बड़ी परेशानी में पड़ गया।

मैंने साउदेम्पटन से ही डॉक्टर मेहता को तार दे दिया था। वह सात-आठ बजे आये। उन्होंने प्रेम-पूर्ण विनोद किया। बातों-बातों में मैंने अनजाने उनकी रेशमी रोयेंदार टोपी देखने के लिए उठा ली और उस पर उल्टा हाथ फेरने लगा। टोपी के रोयें सीधे हो गये। मेहता ने देखा। तुरंत मुझे रोका, पर अपराध तो हो ही चुका था। उनके रोकने का इतना ही नतीजा हुआ कि भविष्य में ऐसा अपराध न हो।

यहीं से यूरोपियन रीति-रिवाज की शिक्षा का श्रीगणेश हुआ। डॉक्टर मेहता हंस-हंस कर बहुतेरी बातें समझाते जाते थे। किसी की चीज नहीं छूनी चाहिए, किसी से जान-पहचान होते ही जो बातें हिंदुस्तान में सहज ही पूछी जा सकती हैं वे यहां नहीं पूछनी चाहिए। बातें करते हुए जोर से नहीं बोला जाता। हिंदुस्तान में साहबों के साथ बातें करते हुए 'सर' कहने का जो रिवाज है, वह अनावश्यक है। यहां 'सर' तो नौकर अपने मालिक को अथवा अपने अफसरों को कहता है, आदि। फिर उन्होंने होटल में रहने के खर्च पर भी बातें की और बताया कि किसी कुटुंब के साथ रहना ठीक होगा। इस संबंध में अधिक विचार सोमवार तक के लिए स्थगित रहा।

होटल तो हम दोनों को सांसत-घर-सा लगा। यह होटल था भी महंगा। माल्टा से एक सिंधी सज्जन सवार हुए थे। उनसे मजूमदार की अच्छी पट गई थी। सिंधी यात्री लंदन के अच्छे जानकार थे। उन्होंने हमारे लिये किराये पर दो कमरे ले लेने का भार उठाया। हमने स्वीकृति दी और सोमवार को सामान मिलते ही होटल का बिल चुका कर उन कमरों में चले गए। मुझे याद है कि होटल का बिल लगभग तीन पौंड देकर भी भूखा ही रहा! वहां का कोई खाना न रुचा। एक चीज ली, नहीं रुची, दूसरी ली। पर पैसे तो दोनों के ही चुकाने पड़े। मैं तभी तक प्रायः बंबई से लाये अपने खाने के सामान पर ही दिन काट रहा था।

उस कमरें में भी बड़ा परेशान रहा। देश बहुत याद आता था। माता का प्रेम आंखों के सामने नाचता था। रात होते ही रोना शुरू होता। घर की अनेक प्रकार की बातें याद आतीं। उनसे नींद भला कहां आ पाती? अपनी यह दुःख-गाथा किसी से कह भी तो नहीं सकता था। कहने से लाभ भी क्या था? मैं खुद न जानता था कि मुझे काहे से संतोष मिलेगा। लोग निराले, रहन-सहन निराली, मकान भी निराले और घरों में रहने का तौर-तरीका भी निराला। फिर यह भी अच्छी तरह नहीं मालूम कि क्या बोलने से अथवा क्या करने से यहां के शिष्टाचार का भंग होता है। इसके अलावा खान-पान के परहेज अलग और जिन चीजों को मैं खा सकता था, वे रूखी-सूखी मालूम होती थीं। इस कारण मेरी हालत सांप-छछूंदर जैसी हो गई। इधर विलायत में अच्छा नहीं लगता था,

उधर देश भी वापस नहीं लौट सकता था। विलायत आया तो था तीन साल बिताने का इरादा रख कर ही।

## 10. प्रतिज्ञा ने रक्षा की

डॉक्टर मेहता सोमवार को विक्टोरिया होटल में मुझसे मिलने गये। वहां उन्हें हमारे नये मकान का पता लगा। वह वहां आये। हमारा कमरा आदि देखा और गर्दन हिलाई–"यह जगह काम की नहीं है। इस देश में आकर महज पुस्तकें पढ़ने की अपेक्षा यहां का अनुभव प्राप्त करना ज्यादा जरूरी है। इसके लिए किसी कुटुंब में रहने की जरूरत है, पर फिलहाल कुछ बात सीखने के लिए बतौर उम्मीदवार के... के यहां रहने की बात मैंने ठीक की है। मैं तुम्हें उनके यहां ले चलूंगा।"

मैंने सधन्यवाद उनकी बात मान ली और डॉक्टर मेहता के साथ उन मित्र के यहां गया। उन्होंने मेरी खातिर-तवाजा में किसी बात की कसर न रखी। मुझे भाई की तरह रखा, अंग्रेजी रीति-रिवाज सिखाये। अंग्रेजी में बातचीत करने की आदत भी उन्होंने ही डलवाई।

परंतु मेरे भोजन का सवाल बड़ा विकट हो गया। बिना नमक, मिर्च और मसाले का साग भाता नहीं था। मालकिन बेचारी मेरे लिए पकाती भी क्या? सवेरे जई का दलिया बनाती, उससे तो मेरा पेट भर जाता, पर दोपहर को और शाम को हमेशा भूखा रहता। मित्र मांसाहार करने को रोज समझाते। मैं प्रतिज्ञा की बाधा बताकर चुप ही रहता। वह रोज दलीलें दिया करते। सौ दुःखों को हरने वाली एक दवा, 'नहीं' मेरे पास थी। मित्र ज्यों-ज्यों मुझे समझाते, त्यों-त्यों मेरी दृढ़ता बढ़ती जाती। रोज मैं ईश्वर से रक्षा की प्रार्थना करता और रोज वह पूरी होती। मैं यह तो नहीं जानता था कि ईश्वर क्या चीज है, पर श्रद्धा अपना काम कर रही थी।

एक दिन उस मित्र ने मेरे सामने बेंथम की पुस्तक पढ़नी शुरू की। उपयोगितावाद का विषय पढ़ा। मैं घबराया। भाषा ऊंची थी। मैं बड़ी कठिनाई से समझता था। उन्होंने उसका विवेचन किया। मैंने उत्तर दिया–"क्षमा चाहता हूं। मैं इतनी बातें नहीं समझ सकता। मैं मांस खाने की उपयोगिता स्वीकार करता हूं, परंतु प्रतिज्ञा के बंधन को मैं नहीं तोड़ सकता। इसके संबंध में वाद-विवाद भी नहीं करना चाहता। मैं जानता हूं कि तर्क में भी आपसे नहीं जीत सकता, पर मुझे मूर्ख समझ कर, या हठी समझ कर ही इस बारे में क्षमा कीजिए। आपके प्रेम का मैं कायल हूं। आपका उद्‌देश्य समझता हूं और आपको मैं अपना परम हितेच्छु मानता हूं। यह भी देखता हूं कि आपको मेरी हालत पर दुःख होता है, पर मैं विवश हूं। प्रतिज्ञा नहीं टूट सकती।"

मित्र देखते रह गए। उन्होंने पुस्तक बंद कर दी। "बस, अब मैं दलील नहीं करूंगा"–कहकर वह चुप हो गए। मैं खुश हुआ। इसके बाद उन्होंने बहस करना छोड़ दिया।

पर मेरे विषय में उनकी चिंता दूर न हुई। वह सिगरेट पीते थे, शराब पीते थे,

पर इनमें से एक के लिए भी मुझसे नहीं कहा। उलटे उसे न करने की हिदायत दी। पर उनकी सारी चिंता यह थी कि मांसाहार के बिना मैं कमजोर हो जाऊंगा और इंग्लैण्ड में आजादी से न रह सकूंगा।

यों महीना-भर मैं नौसिखिया बनकर रहा।

## 11. सभ्य बनने के प्रयत्न में

अब तक मेरे विषय में मित्रों की चिंता दूर नहीं हुई थी। उन्होंने प्रेमवश यह मान लिया था कि मांसाहार न करने से मैं कमजोर हो जाऊंगा, इतना ही नहीं बल्कि भोंदू रह जाऊंगा, क्योंकि मांसाहार न करने से अंग्रेज समाज में मिल-जुल न सकूंगा। मेरे अन्नाहार-संबंधी पुस्तकें पढ़ने का उनको पता था। उन्हें शंका हुई कि इन विषयों को पढ़कर मैं सनक जाऊंगा और प्रयोग में मेरा जन्म व्यर्थ जाएगा। मैं कर्त्तव्य-च्युत हो जाऊंगा और एक पढ़ा-लिखा मूर्ख ही रहूंगा।

पर अब मेरे मन में यह आया कि मुझे उनकी परेशानी दूर कर देनी चाहिए। मैंने निश्चय किया कि मैं अपने को जंगली न कहलाने दूंगा, सभ्यों के लक्षण सीखूंगा और दूसरी तरह से समाज में सम्मिलित होने के योग्य बनकर अपने अन्नाहार की विचित्रता पर पर्दा डालूंगा। इसीलिए अब मैंने 'अंग्रेजी-सभ्यता' सीखने का मार्ग पकड़ा।

मेरे कपड़े थे तो विलायती, परंतु बंबई-काट के थे। वे उच्च अंग्रेजी-समाज में न फबेंगे, इस विचार से मैंने 'आर्मी और नेवी' स्टोर में दूसरे कपड़े बनवाये। उन्नीस शिलिंग की 'चिम' की हैट (टोपी) ली। इससे भी संतोष न हुआ तो बाण्ड स्ट्रीट में, जहां शौकीन लोगों के कपड़े सिलते थे, दस पौंड को दियासलाई दिखाकर शाम को पहनने के कपड़े बनवाये। सीधे और शाहदिल बड़े भाई से खासतौर पर दोनों जेबों लटकाई जाने वाली असली सोने की चेन मंगवाई। वह भी आई। तैयार बंधी टाई पहनने का रिवाज न था। इसलिए टाई बांधने की कला सीखी। देश में तो आइना सिर्फ हजामत के दिन ही देखने का काम पड़ता था, पर यहां तो बड़े आइने के सामने खड़े रह कर टाई ठीक-ठीक बांधने में और बालों की पटियां पारने और मांग काढ़ने में दस मिनट बर्बाद होते थे। फिर मेरे बाल मुलायम न थे। उन्हें ठीक-ठीक संवारे रखने के लिए ब्रुश के साथ नित्य लड़ाई होती थी और टोपी पहनते और उतारते समय हाथ तो मानो मांग संवारने के लिए सिर पर पहुंचते ही रहते थे। इसके सिवा जब कभी सभ्य समाज में बैठता, तो मांग पर हाथ फेर कर बालों को दुरुस्त रखने की सभ्य क्रिया होती रहती थी।

परंतु इतनी टीप-टाप ही बस न थी। अकेली सभ्य पोशाक से थोड़े ही कोई सभ्य हो जाता है! इसलिए सभ्यता की और भी कितनी ही ऊपरी बातें मालूम कर ली थीं। अब उनमें कुछ प्रवीणता प्राप्त करनी थी। सभ्य पुरुष को नाचना जानना चाहिए, फ्रेंच भाषा अच्छी आनी चाहिए, क्योंकि फ्रेंच एक तो इंग्लैंड के पड़ोसी फ्रांस की भाषा थी, दूसरे सारे यूरोप की राष्ट्रभाषा भी थी। फिर मुझे यूरोप-भ्रमण करने की भी इच्छा

थी। इसके सिवा सभ्य पुरुषों को लच्छेदार व्याख्यान देना भी आना चाहिए। मैंने नाचना सीख लेने का निश्चय किया और क्लास में भरती हुआ। एक तिमाही के तीन पौंड फीस के दिये। कोई तीन सप्ताह में पांच-छः पाठ पढ़े होंगे। ठीक ताल पर पांव नहीं पड़ते थे। पियानो बजाता था, पर यह न जान पड़ता था कि वह क्या कर रहा है। 'एक, दो, तीन' का क्रम चलता, पर इनके बीच का अंतर तो उस बाजे से ही मालूम होता था, जो मेरे लिए अगम्य था। तो फिर? फिर तो बाबा जी की बिल्ली वाली बात! चूहों को भगाने के लिए बिल्ली और बिल्ली के लिए गाय, होते-होते बाबा जी का परिवार बढ़ा। सोचा, वायलिन खरीदने में बिगाड़े और उसे सीखने के लिए कुछ भी दक्षिणा दी। भाषण-कला सीखने के लिए तीसरे उस्ताद का घर खोजा। उसे भी एक गिन्नी की भेंट तो चढ़ानी ही पड़ी। उसकी प्रेरणा से 'बेलका स्टैंडर्ड एलोक्युशनिस्ट' खरीदा। पिट के भाषण से श्रीगणेश हुआ।

पर इन बेल साहब ने मेरे कान में 'बेल' (घंटी) बजाई। मैं जागा।

''मुझे कहां इंग्लैंड में जिंदगी बितानी है? लच्छेदार भाषण देना सीखकर भी क्या करूंगा? नाच-नाच कर मैं सभ्य कैसे बनूंगा? वायलिन तो देश में भी सीखा जा सकता है। मैं विद्यार्थी हूं। मुझे तो विद्या-धन के संग्रह में लगना चाहिए; मुझे अपने धंधे से संबंध रखने वाली तैयारी करनी चाहिए अपने सदाचार से मैं सभ्य समझा जा सकूं तो अलबत्ता ठीक है, नहीं तो मुझे यह लोभ छोड़ देना चाहिए।''

इस धुन में उपर्युक्त आशय का पत्र मैंने भाषण-शिक्षक को लिख भेजा। उससे मैंने दो या तीन पाठ ही पढ़े थे। नृत्य-शिक्षिका को भी वैसा ही पत्र लिख भेजा। वायलिन-शिक्षिका के यहां वायलिन लेकर पहुंचा और उससे कह आया कि जो दाम मिले, लेकर बेच दो। उससे कुछ मित्रता-सी हो गई थी, इसलिए उससे मैंने मोह का भी जिक्र कर दिया-नाच इत्यादि जंजाल से छूट जाने की बात उसे पसंद आई।

सभ्य बनने की मेरी यह सनक तो कोई तीन महीने चली होगी, किंतु कपड़ों की तड़क-भड़क बरसों तक चलती रही। पर अब मैं विद्यार्थी बन गया था।

## 12. सादगी की ओर

कोई यह न समझे कि नाच आदि के मेरे प्रयोग मेरी स्वच्छंदता के युग को सूचित करते हैं। पाठकों को ध्यान से देखने पर उसमें कुछ विचारांश भी मिलेगा। परंतु इस मोह-काल में भी कुछ अंश तक मैं सावधान था। पाई-पाई का हिसाब रखता था। खर्च का अंदाज निश्चित था कि महीने में पंद्रह पौंड से अधिक खर्च न हो। बस का किराया और डाक-खर्च भी हमेशा लिखता और सोने से पहले हमेशा अपनी रोकड़ मिला लेता था। यह आदत अंत तक कायम रही और मैं समझता हूं कि इसी कारण मैं किफायतशारी से काम ले पाया और जितने आंदोलन मेरी देख-रेख में चले हैं, उनमें मुझे कर्ज नहीं लेना पड़ा। बल्कि हरेक में कुछ-न-कुछ बचत ही रही है।

मैंने खर्च आधा कर डालने का विचार किया। हिसाब को गौर से देखा तो गाड़ी-भाड़े का खर्च काफी बैठता था। फिर एक कुटुंब के साथ रहने के कारण कुछ-न-कुछ खर्च प्रति सप्ताह हो ही जाता था। इसलिए कुटुंब के साथ रहना छोड़ अलग कमरा लेकर रहने का निश्चय किया और यह भी तय किया कि काम के अनुसार तथा अनुभव प्राप्त करने के लिए अलग-अलग मुहल्लों में घर लेना चाहिए। घर ऐसी जगह पसन्द किया कि जहां से काम के स्थान पर आधे घंटे में पैदल चल कर पहुंच सकें और गाड़ी-भाड़ा बच जाए। इससे पहले जाने के लिए एक तो गाड़ी-भाड़ा खर्चना पड़ता है और दूसरे घूमने जाने के लिए अलग समय निकालना पड़ता। अब काम पर जाने में घुमाई का काम भी अधूरा पूरा होने लगा। इस तजवीज की बदौलत आठ-दस मील तो मैं सहज ही में घूम-फिर लेता था। विशेषतः इसी एक आदत के कारण मैं विलायत में शायद ही बीमार पड़ा होऊंगा, और शरीर ठीक कस गया था। कुटुंब के साथ रहना छोड़कर मैंने दो कमरे किराये पर लिये, एक सोने के लिए और एक बैठक का। यह परिवर्तन का दूसरा दौर था। तीसरा परिवर्तन अभी आगे आने वाला है।

इस तरह आधा खर्च बचा। पर समय? मैं जानता था कि बैरिस्टरी की परीक्षा के लिए बहुत पढ़ने की जरूरत नहीं होती। इसलिए मैं निश्चिंत था। पर मेरी कच्ची अंग्रेजी मुझे खला करती थी। इसलिए मैंने सोचा बैरिस्टरी होने के अतिरिक्त मुझे और अध्ययन भी करना चाहिए। आक्सफोर्ड और कैम्ब्रिज के कोर्स का पता लगाया। कितने ही मित्रों से मिला। देखा कि वहां जाने से खर्च बहुत पड़ेगा और पाठ्यक्रम भी बहुत लंबा था। मैं तीन वर्ष से ज्यादा वहां रह नहीं सकता था। एक मित्र ने कहा, ''यदि तुम्हें कोई कठिन परीक्षा ही देनी हो, तो लंदन का मैट्रिक्युलेशन पास कर लो। उसमें परिश्रम काफी करना पड़ेगा और सामान्य ज्ञान बढ़ जायगा, खर्चा बिल्कुल न बढ़ेगा।'' यह राय मुझे पसंद आई पर परीक्षा की विषय-सूची देखकर मैं घबराया। उसमें लैटिन और एक दूसरी भाषा अनिवार्य थी। लैटिन कैसे होगी? पर उस मित्र ने कहा, ''वकील के लिए लैटिन का बड़ा उपयोग होता है। फिर लैटिन जानने वाले को कानूनी पुस्तकें समझने में सहूलियत होती है। फिर रोमन लॉ की परीक्षा में एक प्रश्नपत्र तो केवल लैटिन भाषा का ही होता है और लैटिन जान लेने से अंग्रेजी भाषा पर अधिकार बढ़ता है।'' मुझ पर इन दलीलों का असर हुआ। मैंने निश्चय किया और मैट्रिक्युलेशन क्लास में भर्ती हुआ। परीक्षा हर छठे महीने होती थी। मुश्किल से पांच महीने का समय था। यह मेरे बूते के बाहर का काम था, नतीजा यह हुआ कि कहां तो मैं सभ्य बनने चला था और कहां अत्यंत उद्यमी विद्यार्थी बन गया। टाइम-टेबल बनाया। एक-एक मिनट बचाया। परंतु मेरी बुद्धि और शक्ति ऐसी न थी कि दूसरे विषयों के उपरांत लैटिन और फ्रेंच को भी संभाल सकता। इम्तहान में बैठकर लैटिन में फेल हो गया। इससे दुःख तो हुआ, पर हिम्मत न हारी। लैटिन में मजा आने लगा था। सोचा फ्रेंच ज्यादा मजबूत हो जाएगी और विज्ञान मैं नया विषय ले लूंगा।

रसायन-शास्त्र, जिसमें मैं देखता हूं कि खूब मन लगना चाहिए, प्रयोगों के अभाव में मुझे अच्छा ही न लगा। देश में यह विषय मेरे पाठ्यक्रम में रहा ही था। इसलिए लंदन-मैट्रिक के लिए भी पहली बार इसी को पसंद किया। उस बार 'प्रकाश और ऊष्मा' (Light and Heat) को लिया। यह विषय आसान समझा जाता था और मुझे भी आसान ही मालूम हुआ।

फिर परीक्षा देने की तैयारी के साथ ही रहन-सहन में और भी सादगी लाने की कोशिश शुरू की। मुझे लगा कि अभी मेरे जीवन में इतनी सादगी नहीं आई है, जो कुटुंब की गरीबी के अनुकूल हो। भाई साहब की तंगदस्ती और उदारता का ख़याल आते ही मुझे बड़ा कष्ट होता था। दस-पंद्रह पौण्ड मासिक खर्च करने वालों को तो छात्रवृत्तियां मिलती थीं। अपने से अधिक सादगी से रहने वालों को मैं देखता था। ऐसे गरीब विद्यार्थी काफी तादाद में मेरे संपर्क में आते थे। एक विद्यार्थी लंदन में गरीब मुहल्ले के प्रति सप्ताह में दो शिलिंग देकर एक कोठरी में रहता था और लोकार्ट की सस्ती कोको की दुकान में दो पेनी का कोको और रोटी खाकर गुजारा करता था। उसकी बराबरी करने की मेरी हिम्मत न हुई, पर इतना जरूर समझा कि मैं दो के बजाय एक कमरे में ही गुजर कर सकता हूं और आधी रसोई हाथ से भी पका सकता हूं। ऐसा करने से प्रतिमास चार या पांच पौण्ड में मैं रह सकता था। सादी रहन-सहन संबंधी पुस्तकें भी पढ़ी थीं। दो कमरे छोड़कर आठ शिलिंग प्रति सप्ताह पर एक कमरा लिया। एक स्टोव खरीदा और सबेरे का खाना हाथ से पकाने लगा। बीस मिनट से अधिक पकाने में नहीं लगता था। जौ का दलिया और कोको के लिए पानी उबालने में कितना समय लगता! दोपहर को बाहर कहीं खा लेता और शाम को फिर कोको बनाकर रोटी के साथ खाता। यों एक या सवा शिलिंग में रोज खाना-पीना सीख गया। मेरा यह समय अधिक-से-अधिक पढ़ाई का था। जीवन सादा हो जाने से समय ज्यादा बचने लगा। दूसरी बार इम्तहान में बैठने पर पास हो गया।

पाठक यह न समझें कि सादगी से जीवन में नीरसता आ गई हो। उलटे इन परिवर्तनों से मेरी आंतरिक और बाह्य स्थिति में एकता आ गई। कौटुंबिक स्थिति के साथ मेरे रहन-सहन का मेल सध गया। जीवन अधिक सारयुक्त हो गया; आध्यात्मिक आनंद की सीमा न रही।

## 13. प्रलोभन से बचा

जैसे-जैसे मैं जीवन के विषयों में गहरा विचार करता गया, वैसे-वैसे बाहरी और भीतरी आचार में परिवर्तन करने की आवश्यकता मालूम होती गई। जिस गति से मैंने रहन-सहन में तथा खर्च में परिवर्तन किया, उसी गति से अथवा और भी वेग से मैंने भोजन में फेर-फार करना आरंभ किया। अन्नाहार-विषयक अंग्रेजी पुस्तकें मैंने देखीं। विलायत में ऐसे विचार रखने वालों की एक संस्था थी। उसकी ओर से एक

साप्ताहिक पत्र निकलता था। मैं उसका ग्राहक बना और संस्था का सदस्य भी। थोड़े ही समय में मैं उसकी कार्यकारिणी कमेटी में ले लिया गया। यहां मेरा उन लोगों से परिचय हुआ, जो अन्नाहारियों के स्तंभ माने जाते हैं। अब मैं अपने भोजन संबंधी प्रयोगों में पड़ा।

घर से मंगाई हुई मिठाई और मसाले का व्यवहार बंद कर दिया। मन का झुकाव दूसरी ओर हो गया। मसालों का शौक जाता रहा, चाय और कॉफी छोड़ दी और ज्यादातर मैं रोटी, कोको और उबली हुई सब्जी पर ही गुजर करने लगा। मेरे इन प्रयोगों से मुझे यह अनुभव हुआ कि स्वाद का असली स्थान जीभ नहीं, बल्कि मन है।

मैंने भिन्न-भिन्न धर्मों का परिचय प्राप्त करने की कोशिश की। इस बीच दो थियोसोफिस्ट मित्रों से भेंट हुई। उन्होंने मुझे गीता पढ़ने की प्रेरणा दी। उन दिनों वे एडविन एर्नाल्ड-कृत गीता का अंग्रेजी-अनुवाद पढ़ रहे थे। पर मुझे उन्होंने अपने साथ संस्कृति में गीता पढ़ने के लिए कहा। मैं शरमाया क्योंकि मैंने तो गीता संस्कृत में तो क्या, गुजराती में भी नहीं पढ़ी थी। यह बात झेंपते हुए मुझे उनसे कहने पड़ी, पर साथ ही यह भी कहा कि मैं आपके साथ पढ़ने के लिए तैयार हूं। यों तो मेरा संस्कृत-ज्ञान नहीं के बराबर है, फिर भी इतना समझ लेता हूं कि अनुवाद में कहीं गड़बड़ हो तो वह बता सकूं। इस तरह इन भाइयों के साथ मेरा गीता-पाठ आरंभ हुआ। दूसरे अध्याय के अंतिम श्लोकों में से इन श्लोकों का गहरा असर मेरे मन पर हुआः

**ध्यायतो विषयान्पुंसः संगस्तेषूपाजायते।**
**संगात्संजायते कामः कामात्क्रोधोभिजायते।।**
**क्रोधाद् भवति सम्मोहः सम्मोहात्स्मृतिविभ्रमः।**
**स्मृतिभ्रंशाद् बुद्धिनाशो बुद्धिनाशात्प्रणश्यति।।**[1]

कानों में उनकी ध्वनि दिन-रात गूंजा करती थी। तब मुझे मालूम हुआ कि भगवद्गीता तो अमूल्य ग्रंथ है। यह धारणा दिन-दिन अधिक दृढ़ होती गई-और अब तो तत्वज्ञान के लिए मैं उसे सर्वोत्तम ग्रंथ मानता हूं। निराशा के समय इस ग्रंथ ने मेरी अपार सहायता की है।

इसी अर्से में एक अन्नाहारी-छात्रालय में मानचेस्टर के एक ईसाई सज्जन से मेरी भेंट हुई। उनकी प्रेरणा से मैंने बाइबिल पढ़ी, परंतु 'ओल्ड टेस्टामेंट' तो पढ़ ही न सका। वह मुझे कुछ जंचा नहीं। पर जब 'न्यू टेस्टामेंट' शुरू किया, तब ईसा के

1. विषय का चिंतन करने से पहले तो उसके साथ संग पैदा होता है, और संग से काम की उत्पत्ति होती है। कामना के पीछे क्रोध आता है। फिर क्रोध से सम्मोह, सम्मोह से स्मृति-भ्रम, स्मृति-भ्रम से बुद्धि का नाश होता है और अंत में पुरुष खुद ही नष्ट हो जाता है।

गिरि-प्रवचन का मन पर बहुत जबरदस्त असर हुआ। उसने दिल में घर कर लिया। बुद्धि ने गीताजी के साथ उसकी तुलना की। "जो तेरा कुरता मांगे, उसे अंगरखा दे डाल। जो तेरे दाहिने गाल पर थप्पड़ मारे, उसके आगे बायां गाल कर दे।" यह पढ़कर मुझे अपार आनंद हुआ। शामल भट्ट का वह छप्पय भी याद आया, जो पीछे दिया है।

यद्यपि मैंने हिंदू-धर्म का भी मामूली परिचय प्राप्त किया था, फिर भी खतरों और संकटों से बचाने के लिए यह काफी न था। विलायत के मेरे आखिरी वर्ष, अर्थात 1890 में पोर्टस्मथ में अन्नाहारियों का एक सम्मेलन हुआ। उसमें मुझे तथा एक और भारतीय मित्र को निमंत्रण मिला था। हम दोनों एक बहन के यहां, जिनके बारे में स्वागत-समिति को कुछ पता नहीं था, ठहराये गए। वह एक बदनाम घर था। रात को सभा से हम घर लौटे। भोजन के बाद ताश खेलने बैठे। विलायत में भले घरों में गृहिणी भी मेहमानों के साथ इस प्रकार ताश खेला करती हैं। ताश खेलते समय आमतौर पर लोग निर्दोष मजाक करते हैं, पर यहां अश्लील विनोद शुरू हुआ।

मैं नहीं जानता था कि मेरे साथी इसमें निपुण हैं। मुझे इस विनोद में रस आने लगा। धीरे-धीरे मैं भी उसमें शामिल हुआ। विनोद की वाणी से क्रिया में परिणत होने की नौबत आ गई। ताश एक ओर रखने का अवसर आ गया। पर मेरे साथी के हृदय में भगवान बैठे। वह बोले-"तुम और यह पाप? यह तुम्हारा काम नहीं। भागो यहां से।"

मैं जागा; लज्जित हुआ। हृदय में इस मित्र का उपकार माना, माता की प्रतिज्ञा याद आई। वहां से भागा। कांपता हुआ अपने कमरे में पहुंचा।

उस समय मैं 'धर्म क्या है? ईश्वर क्या चीज है? वह हमारे अंदर किस तरह काम करता है?' ये बातें नहीं जानता था। पर लौकिक अर्थ में मैंने यही समझा कि ईश्वर ने मुझे बचाया; और जीवन के विविध क्षेत्रों में मुझे ऐसा ही अनुभव हुआ है। सच पूछिये तो मुझे यह कहते हुए बड़ा आनंद आता है कि मुझे अनेक संकटों के अवसर पर ईश्वर ने बरबस बचा लिया है। जब चारों ओर से आशाएं छोड़ देने का अवसर आ जाता है, हाथ-पैर ढीले पड़ने लगते हैं, तब कहीं-न-कहीं से अचानक सहायता आ पहुंचती है। स्तुति, उपासना, प्रार्थना, ये अंधविश्वास नहीं, बल्कि उतनी ही अथवा उनसे भी अधिक सच बातें हैं, जितना कि हम खाते हैं, पीते हैं, बैठते हैं, आदि सच हैं। बल्कि यों कहने में अत्युक्ति नहीं कि यह एकमात्र सत्य है; दूसरी सब बातें असत्य हैं, मिथ्या हैं।

## 14. बैरिस्टर हुआ

इसी बीच मेरा अध्ययन जारी रहा। नौ महीने अथक परिश्रम के बाद 10 जून 1891 को मैं बैरिस्टर हुआ, और 12 जून को हिंदुस्तान लौट आने के लिए रवाना हुआ, परंतु मेरी निराशा और भीति का कोई ठिकाना न था। कानून मैंने पढ़ तो लिया,

परंतु मेरा मन कहता था कि अभी तक मुझे कानून का वह ज्ञान नहीं हुआ कि वकालत कर सकूं।

जून-जुलाई में हिंद-महासागर तूफानी रहता है। अदन से ही समुद्र का ऐसा हाल था। सब लोग बीमार थे, अकेला मैं ही मजे में था। मैं तूफान देखने के लिए डेक पर जाया करता था और भीग भी जाता। सुबह नाश्ते के समय यात्रियों में हम एक-ही-दो आदमी टेबल पर नजर आते। हमें जई के दलिये की रकाबी को गोद में रखकर खाना पड़ता था; तूफान के कारण जहाज इतना हिलता था कि दलिया गोद में ढुलक पड़ता था।

यह बाहरी तूफान मेरे अंदर के तूफान का चिह्न-मात्र था, परंतु बाहरी तूफान में मैं जिस प्रकार अपने को शांत रख सका था, वही बात आंतरिक तूफान के संबंध में भी थी।

जब हम बंबई बंदर पर पहुंचे, तब मेरे बड़े भाई वहां मौजूद थे। माताजी के स्वर्गवास के बारे में मैं बिल्कुल बेखबर था। घर पहुंचने पर यह समाचार सुनाया गया और स्नान कराया गया। यह खबर मुझे विलायत में दी जा सकती थी, पर बड़े भाई ने मेरे बंबई पहुंचने तक मुझे खबर न पहुंचाने का ही निश्चय किया-इस विचार से कि मुझे कम-से-कम आघात पहुंचे। पिताजी की मृत्यु से अधिक आघात मुझे इस समाचार से पहुंचा। मेरे कितने ही मनसूबे मिट्टी में मिल गए, पर मुझे याद है कि इस समाचार को सुनकर मैं रोया नहीं। आंसू भी नहीं गिराये और इस तरह कामकाज जारी रखा, मानो माताजी की मृत्यु ही न हुई हो।

कुछ समय तक तो मैं राजकोट में रहा, लेकिन मित्रों ने मुझे यह सलाह दी कि मैं कुछ दिन बंबई जाकर हाईकोर्ट का विशेष अनुभव प्राप्त करूं और हिंदुस्तानी कानून का अध्ययन करूं, साथ ही हो सके तो वकालत करने का भी प्रयत्न करूं। मैं बंबई गया। पर वहां चार-पांच महीने से अधिक न रह सका, क्योंकि खर्च बढ़ता जाता था और आमदनी कुछ थी नहीं। इसलिए मैं बंबई से निराश होकर वापस राजकोट आया। अलग दफ्तर खोला। कुछ सिलसिला चला। अर्जियां लिखने का काम मिलने लगा और हर महीने लगभग तीन सौ रुपये की आमदनी होने लगी। इन अर्जियों के मिलने का कारण मेरी योग्यता नहीं, बल्कि जरिया था। बड़े भाई साहब के साथी वकील की वकालत अच्छी चलती थी। जो बहुत जरूरी और महत्वपूर्ण अर्जियां आतीं अथवा जिन्हें मैं महत्वपूर्ण समझता था, वे तो बैरिस्टर के पास जातीं, मुझे तो सिर्फ उनके गरीब मवक्किलों की अर्जियां मिलती थीं।

## 15. दक्षिण अफ्रीका में

इस बीच काठियावाड़ के अंदरूनी झगड़ों का भी मुझे कुछ अनुभव हो गया। उनसे मेरा जी ऊब उठा।

इसी समय भाई साहब के पास पोरबंदर की दादा अब्दुल्ला एण्ड कंपनी नाम की एक मेमन दुकान का संदेश आया कि दक्षिण अफ्रीका में हमारा बड़ा कारोबार है। तैयब हाजीखान मुहम्मद पर हमारा चालीस हजार पौंड का बड़ा मुकदमा बहुत दिनों से चल रहा है। यदि आप अपने भाई को वहां भेज दें, तो हमें भी मदद मिलेगी और उनकी भी कुछ मदद हो जाएगी।

इस दुकान के एक हिस्सेदार ने, यदि मैं एक साल काम कर दूं तो, मुझे आने-जाने का पहले दर्जे का किराया और भोजन-खर्च के अलावा 105 पौंड देने का वादा किया। मैं राजी हो गया और अप्रैल, 1893 में हिंदुस्तान से अफ्रीका के लिए रवाना हो गया।

नेटाल का बंदर यों तो डरबन कहलाता है, पर नेटाल को भी बंदर कहते हैं। मुझे बंदर पर लिवाने स्वयं अब्दुल्ला सेठ आये थे। नेटाल के जो लोग जहाज पर अपने मित्रों को लिवाने आये थे, उनके रंग-ढंग से समझ गया कि यहां हिंदुस्तानियों का आदर नहीं है। अब्दुल्ला सेठ की जान-पहचान के लोग उनके साथ जैसा बर्ताव करते थे उसमें मुझे एक प्रकार का हल्कापन दिखाई पड़ता था, और उससे मेरे दिल को चोट पहुंची थी, पर अब्दुल्ला सेठ तो इस अपमान के आदी हो गए थे। मुझ पर जिसकी नजर पड़ती, वह आश्चर्य से देखने लगता, क्योंकि मेरा पहनावा ऐसा था कि मैं दूसरे भारतवासियों से कुछ जुदा मालूम होता था। उस समय मैं फ्राक कोट और बंगाली पगड़ी पहने था।

घर पहुंचा। अब्दुल्ला सेठ के कमरे के पास का कमरा मुझे दिया गया। अभी हमारी पूरी जान-पहचान नहीं हुई थी। अपने भाई को लिखी चिट्ठी उन्होंने पढ़ी। वह कुछ असमंजस में पड़ गए। उन्होंने समझ लिया कि भाई ने तो यह सफेद हाथी घर बंधवा दिया। मेरा साहबी ठाट-बाट उन्हें बड़ा खर्चीला मालूम हुआ, क्योंकि मेरे लिए उनके पास उस समय कोई काम तो था नहीं, मुकदमा चल रहा था ट्रांसवाल में। सो तुरंत ही मुझे वहां भेजकर क्या करते! फिर यह भी एक सवाल था कि मेरी योग्यता और ईमानदारी का विश्वास भी कहां तक किया जाए? और प्रिटोरिया में वह खुद मेरे साथ रह नहीं सकते थे। प्रतिवादी प्रिटोरिया में रहते थे। कहीं उनका असर मुझ पर होने लगे तो? और दूसरे काम भी उनके कर्मचारी मुझसे अच्छा कर सकते थे। फिर कर्मचारी से यदि भूल-चूक हो जाए, तो उसे कुछ कहा-सुना भी जा सकता है, मुझे कुछ कहने से भी रहे। काम या तो क्लर्क का था या मुकदमे का-तीसरा कोई था ही नहीं। ऐसी हालत में यदि मुकदमे का काम मुझे नहीं सौंपते हैं, तो घर बैठे मेरा खर्च उठाना पड़ता था।

अब्दुल्ला सेठ यों पढ़े-लिखे कम थे, पर उनका ज्ञान बहुत बढ़ा-चढ़ा था। उनकी बुद्धि तेज थी, और वह खुद भी इस बात को जानते थे। अंग्रेजी का इतना मुहावरा था कि बोलचाल का काम चला लेते थे। बैंक में मैनेजरों से बातें कर लेते, यूरोपियन व्यापारियों से सौदा कर लेते और वकीलों को अपना मामला समझा लेते थे।

हिंदुस्तानियों में उनका काफी मान था। उनकी दुकान उस समय हिंदुस्तानियों में सबसे बड़ी नहीं तो बड़ी दुकानों में अवश्य थी।

दूसरे या तीसरे दिन वह मुझे डरबन की अदालत दिखाने ले गये। वहां कई लोगों से परिचय कराया। अदालत में अपने वकील के पास मुझे बिठाया। मजिस्ट्रेट मेरी ओर देखता रहा। बोला–"अपनी पगड़ी उतार लो।" मैंने इंकार किया और अदालत से बाहर चला आया।

मेरे भाग्य में तो यहां भी लड़ाई लिखी थी।

पगड़ी उतरवाने का रहस्य मुझे अब्दुल्ला सेठ ने समझाया। मुसलमानी पोशाक पहनने वाला अपनी मुसलमानी पगड़ी यहां पहन सकता है। दूसरे भारतवासियों को अदालत में जाते हुए अपनी पगड़ी उतार लेनी चाहिए।

ऐसी हालत में पगड़ी पहनने का प्रश्न विकट हो गया। पगड़ी उतार देने का अर्थ था, अपमान सहन करना। सो मैंने यह तरकीब निकाली कि हिंदुस्तानी पगड़ी के बजाय अंग्रेजी टोप पहना जाए, जिससे उसे उतारने में अपमान का भी सवाल न रहे, और मैं इस झगड़े से भी बच जाऊं।

पर अब्दुल्ला सेठ को यह बात पसंद न आई। उन्होंने कहा–"यदि आप इस समय ऐसा करेंगे, तो उलटा अर्थ होगा। जो लोग देशी पगड़ी पहले पहने रहना चाहते होंगे, उनकी स्थिति विषम हो जाएगी। फिर आपके सिर पर अपने ही देश की पगड़ी शोभा देती है। आप यदि अंग्रेजी टोपी लगायेंगे तो लोग आपको 'वेटर' समझेंगे।'

इन वचनों में व्यावहारिकता थी, देशाभिमान था और कुछ संकुचितता भी थी। पर सब मिलाकर अब्दुल्ला सेठ की बात मुझे अच्छी लगी। मैंने पगड़ी वाली घटना पर अखबारों में लिखा और पगड़ी का तथा अपने पक्ष का समर्थन किया अखबारों में उस पर खूब चर्चा चली। 'अनवेलकम विज़िटर'–अनिमंत्रित अतिथि– के नाम से मेरा नाम अखबारों में आया। तीन–चार दिन के अंदर अनायास ही दक्षिण अफ्रीका में मेरी प्रसिद्धि हो गई। किसी ने मेरे पक्ष का समर्थन किया, किसी ने मेरी उद्दण्डता की निंदा की।

अब्दुल्ला सेठ को मेरे लिए काम खोजने में ज्यादा वक्त न लगा। उनके मुकदमे के लिए मेरा प्रिटोरिया मे रहना जरूरी था।

सातवें या आठवें दिन मैं डरबन से रवाना हुआ। मेरे लिए पहले दर्जे का टिकट लिया गया। सोने के लिए वहां पांच शिलिंग का एक अलहदा टिकट लेना पड़ता था। अब्दुल्ला सेठ ने आग्रह के साथ कहा कि सोने का टिकट ले लो, पर मैंने कुछ तो हठ में, कुछ मद में और कुछ पैसे बचाने के लोभ से इंकार कर दिया।

अब्दुल्ला सेठ ने मुझे सावधान किया–"देखो, यह मुल्क और है, हिंदुस्तान नहीं। खुदा की मेहरबानी है, आप पैसे का ख़याल न करें। अपने आराम का सब इंतजाम कर लेना।"

मैंने उन्हें धन्यवाद दिया और कहा कि आप मेरी चिंता न कीजिए। नेटाल की

राजधानी मेरित्सबर्ग में ट्रेन रात के कोई नौ बजे पहुंची। यहां सोने वालों को बिछौने दिये जाते थे। रेलवे के नौकरों ने आकर कहा–"आप बिछौना चाहते हैं?'

मैंने कहा–"मेरे पास बिछौना है।"

वह चला गया। इस बीच एक यात्री आया। उसने मेरी ओर देखा। मुझे हिंदुस्तानी देखकर वह चकराया। बाहर गया और एक-दो कर्मचारियों को लेकर आया। किसी ने मुझसे कुछ न कहा। अंत में एक अफसर आया। उसने कहा–"उतरो, तुमको दूसरे डिब्बे में जाना होगा।"

मैंने कहा–"पर मेरे पास पहले दर्जे का टिकट है।"

उसने उत्तर दिया–"कोई बात नहीं। मैं तुमसे कहता हूं, तुम्हें आखिरी डिब्बे में बैठना होगा।"

"मैं कहता हूं कि डरबन से इसी डिब्बे में बिठाया गया हूं और इसी में जाना चाहता हूं।"

अफसर बोला–"यह नहीं हो सकता, तुम्हें उतरना होगा नहीं तो सिपाही आकर उतार देगा।"

मैंने कहा–"तो ठीक है। सिपाही आकर भले ही मुझे उतारे, मैं अपने-आप न उतरूंगा।"

सिपाही आया। उसने हाथ पकड़ा और धक्का मारकर मुझे नीचे गिरा दिया। मेरा समान नीचे उतार दिया गया। मैंने दूसरे डिब्बे में जाने से इंकार किया। गाड़ी चल दी। मैं वेटिंग रूम में जा बैठा। हैंडबेग अपने साथ रखा। दूसरे सामान को मैंने हाथ न लगाया। रेलवालों ने सामान कहीं रखवा दिया।

जाड़े का मौसम था। दक्षिण अफ्रीका में ऊंची जगहों पर बड़े जोर का जाड़ा पड़ता है। मेरित्सबर्ग ऊंचाई पर था–इससे खूब जाड़ा लगा। मेरा ओवरकोट मेरे सामान में रह गया था। सामान मांगने की हिम्मत न पड़ी, कहीं फिर बेइज्जती न हो। जाड़े में सिकुड़ता और ठिठुरता रहा। कमरे में रोशनी न थी। आधी रात के समय एक मुसाफिर आया। ऐसा जान पड़ा, मानो वह कुछ बात करना चाहता हो, पर मेरे मन की हालत ऐसी न थी कि मैं बातें करता।

मैं सोचने लगा–"मेरा कर्तव्य क्या है? मुझे अपने हकों के लिए लड़ना चाहिए या वापस लौट जाना चाहिए? या जो अपमान हो रहा है, उसे सहन करके प्रिटोरिया पहुंचूं और मुकदमे का काम खत्म करके देश चला जाऊं? मुकदमे को अधूरा छोड़ कर भाग जाना तो कायरता होगी। मुझ पर जो कुछ बीत रही है, वह तो रंगद्वेष रूपी महारोग के ऊपरी लक्षण हैं। यदि इस महारोग को उखाड़ फेंकने का सामर्थ्य अपने अंदर हो, तो उसका उपयोग करना चाहिए। उसके लिए जो कुछ कष्ट और दुःख आ पड़े, सहना चाहिए। इन अन्यायों का विरोध उसी हद तक करना चाहिए जिस हद तक उसका संबंध रंगद्वेष दूर करने से हो।"

ऐसा संकल्प करके जिस तरह भी हो, दूसरी गाड़ी से आगे जाने का निश्चय किया।

सुबह मैंने जनरल मैनेजर को तार द्वार एक लंबी शिकायत लिख भेजी। दादा अब्दुल्ला को भी समाचार भेजे। अब्दुल्ला सेठ तुरंत जनरल मैनेजर से मिले। जनरल मैनेजर ने अपने आदमियों का पक्ष तो लिया, पर कहा कि स्टेशन मास्टर को लिख दिया है कि गांधी को सकुशल अपने मुकाम पर पहुंचा दो। अब्दुल्ला सेठ ने मेरित्सबर्ग के हिंदुस्तानी व्यापारियों को भी मुझसे मिलने तथा मेरा प्रबंध करने के लिए तार दिया तथा दूसरे स्टेशन पर भी ऐसे ही तार दे दिये। इससे व्यापारी लोग स्टेशन पर मुझे मिलने आएं। उन्होंने अपने ऊपर होने वाले अन्यायों का मुझसे जिक्र किया और कहा कि आप पर जो कुछ बीती है, वह कोई नई बात नहीं। पहले-दूसरे दर्जे में जो हिंदुस्तानी सफर करते हैं, उन्हें क्या रेल-कर्मचारी और क्या मुसाफिर, दोनों सताते हैं। सारा दिन इन्हीं बातों के सुनने में गया। रात हुई, गाड़ी आई। मेरे लिए जगह तैयार थी। डरबन में सोने के लिए जिस टिकट को लेने से इंकार किया था, वही मेरित्सबर्ग में लिया। ट्रेन मुझे चार्ल्सटाउन ले चली। आगे मुझे घोड़ा-गाड़ी में तो और भी कष्टों का सामना करना पड़ा और अंत में मैं जोहान्सबर्ग पहुंचा और वहां से फिर रेल से प्रिटोरिया गया।

## 16. सेवा का श्रीगणेश

1893 में दक्षिण अफ्रीका-निवासी हिंदुस्तानियों की स्थिति का पूरा-पूरा ज्ञान मुझे हो गया था, लेकिन प्रिटोरिया में हिंदुस्तानियों से इस विषय में कभी-कभी बातचीत कर लेने के अलावा मैंने कोई प्रत्यक्ष कार्य अब तक नहीं किया था। मैंने देखा कि एक ओर मुकदमे की कार्रवाई और दूसरी ओर दक्षिण अफ्रीका के भारतवासियों के कष्टों को दूर करने का प्रयत्न, दोनों बातें एक साथ नहीं की जा सकतीं। मैं समझ गया था कि दोनों काम एक साथ करने के मानी दोनों को नुकसान पहुंचाना होगा। यह 1894 की बात है। जिस मुकदमे के लिए मैं दक्षिण अफ्रीका आया, वह अच्छी तरह तय हो गया। इसलिए मैं डरबन लौट आया और वहां से हिंदुस्तान जाने की तैयारी करने लगा। जब मुझे दादा अब्दुल्ला के यहां से विदाई दी जा रही थी, उसी समय किसी ने 'नेटाल मर्करी' अखबार की एक प्रति मुझे लाकर दी। उसमें नेटाल धारा सभा की कार्रवाई की संक्षिप्त रिपोर्ट थी, जिसमें कुछ सतरें भारतीय मताधिकार के सिलसिले में भी थीं। नेटाल-सरकार एक ऐसा बिल पेश करना चाहती थी, जिससे हिंदुस्तानियों के मताधिकार छिनते थे। यों ही उन्हें अधिकार बहुत कम थे, फिर भी जो कुछ थे, उन्हें छीन लेने की यह शुरुआत थी। यह देखकर मैंने अपना हिंदुस्तान जाना स्थगित कर दिया। उसी रात को बैठकर मैंने धारा-सभा में पेश करने के लिए एक दरख्वास्त तैयार की। सरकार से भी तार द्वारा प्रार्थना की कि वह धारा-सभा की कार्रवाई जल्दी शुरू न करे। तुरंत सेठ अब्दुल्ला के सभापतित्व में एक कमेटी बनाई गई और उन्हीं के नाम से तार भेजा गया। इसका फल यह हुआ कि दो दिन के लिए बिल की कार्रवाई रोक दी गई। दक्षिण अफ्रीका

की धारा-सभा को हिंदुस्तानियों की तरफ से इस प्रकार अर्जी भेजने का यह पहले मौका था। इसका कुछ असर तो जरूर हुआ, मगर बिल का पास होना उससे नहीं रुक सका। ऐसे आंदोलन करने का दक्षिण अफ्रीका के प्रवासी भारतीयों का यह पहला ही अवसर था। इससे सारे समाज में उत्साह की एक नई लहर फैल गई। हर रोज सभाएं होतीं और लोग अधिक संख्या में आते। जरूरत से ज्यादा पैसा भी इकट्ठा हो गया। कितने ही लोग स्वेच्छा से बिना किसी मेहनताने के काम करने को तैयार हो गये। वे लिखने का काम करते, घूम-घूमकर लोगों से दस्तखत कराते, और भी अन्य कई काम करते। ऐसे भी लोग थे, जो खुद काम भी करते थे और पैसा भी देते थे। पुराने गिरमिटिया कुलियों की जो संतान वहां थी, उन्होंने बड़ी तत्परता से इस आंदोलन में योग दिया। वे अंग्रेजी जानते थे और सुंदर अक्षर लिखते थे। दिन-रात उन्होंने नकलें करने का तथा दूसरा काम बड़े उत्साह से किया। एक महीने के अंदर की लार्ड रिपन के नाम, जो उस समय उपनिवेश-मंत्री थे, दस हजार दस्तखतों के साथ दरख्वास्त भेज दी गई। इस प्रकार मेरे सामने का तात्कालिक काम तो पूरा हो गया।

तब मैंने फिर हिंदुस्तान जाने की इजाजत चाही, लेकिन आंदोलन में हिन्दुस्तानियों की इतनी ज्यादा दिलचस्पी हो गई थी उन्होंने मुझसे न जाने का आग्रह किया। उन्होंने कहा-"खुद आप ही ने तो हमें यह बताया कि यह तो सरकार का पहला कदम है, इसको न रोका गया तो अंत में हमारा अस्तित्व ही मिट जाएगा। कौन जाने उपनिवेश-मंत्री हमारे मेमोरियल (प्रार्थनापत्र) का क्या जवाब देंगे। हमारे उत्साह को तो आपने देख ही लिया है। हम काम करने और रुपया खर्च करने के लिए तैयार हैं, मगर बिना किसी राह बतानेवाले के यह सब किया-कराया चौपट हो जाएगा। इसलिए हमारा तो यही ख़याल है कि इस समय आपका फर्ज यही है कि आप यहां ठहरें।" उनकी यह दलील मुझे जंची और मुझे लगा कि हिंदुस्तानियों के हितों की रक्षा के लिए कोई एक स्थायी संगठन बना लिया जाए तो अच्छा होगा। इस कारण मैं फिर रुक गया और इस प्रकार मई, 1894 के लगभग 'नेटाल इण्डियन कांग्रेस' का जन्म हुआ। ईश्वर ने मेरे दक्षिणी अफ्रीका के जीवन की बुनियाद डाली तथा भारतीयों के आत्म-सम्मान की लड़ाई का बीज बोया।

यहां के काम का इतिहास जानने के लिए पाठकों को 'दक्षिण अफ्रीका का सत्याग्रह"[1] पढ़ने की सिफारिश करता हूं। उससे पता चलेगा कि हमें किन-किन कठिनाइयों का सामना करना पड़ा, सरकारी अधिकारियों ने कैसे-कैसे हमले कांग्रेस पर किये और वह उनसे कैसे बाल-बाल बच गई। लेकिन एक बात का उल्लेख यहां जरूरी करना चाहता हूं। वह यह कि अतिशयोक्ति करने की आदत से भारतीय समाज को बचाने की पूरी-पूरी कोशिश की गई। उन्हें खुद अपने दोषों की तरफ भी ध्यान

---

1. सस्ता साहित्य मण्डल, नई दिल्ली से प्रकाशित

दिलाने का पूरा यत्न किया गया। यूरोपियन लोगों की दलीलों में जो बात अच्छी और उचित मालूम पड़ती थी, उसकी कद्र की जाती थी। कई ऐसे अवसर आते, जिनमें यूरोपियन लोगों के साथ बराबरी के नाते और इज्जत के साथ सहयोग करने का मौका आता, तो सच्चे दिल से ऐसा किया जाता। हमारे आंदोलन की पूरी खबरें अखबारों को भेजी जातीं और जब कभी अखबारों में हिंदुस्तानियों पर हमला होता, तो उन अखबारों को उनके जवाब भी भेजे जाते।

## 17. तूफान के चिह्न

दक्षिण अफ्रीका में रहते मुझे अब तीन साल हो चुके थे। मैं लोगों के परिचय में आ गया था। मेरी वकालत मामूली तौर पर अच्छी जम गई थी और मैं समझने लगा था कि लोगों को वहां मेरी जरूरत है। इसलिए मैंने इरादा किया कि घर जाकर अपने परिवार को ले आऊं और यहां जमकर बैठूं। इसलिए 1896 में मैं वहां से छुट्टी लेकर छः महीने के लिए भारत आया। मैं देश में छः महीने बिता भी न पाया था कि नेटाल से मुझे तार मिला कि फौरन लौट आओ। इसलिए मैं फिर जल्दी ही लौट गया। दादा अब्दुल्ला ने उसी समय 'कुरलैण्ड' नामक एक स्टीमर खरीदा था। उन्होंने मुझसे अनुरोध किया कि मैं उसी जहाज से अपने कुटुंब के साथ बिना किराया दिये ही यात्रा करूं। मैंने कृतज्ञतापूर्वक उनकी इच्छा का स्वागत किया और दिसंबर महीने के शुरू में बंबई से दुबारा नेटाल के लिए जहाज में बैठा। इस बार मेरे साथ मेरी पत्नी और मेरे दो पुत्र भी थे। दूसरा स्टीमर 'नादरी' भी उन्हीं दिनों डरबन के लिए छूटा। दोनों जहाजों में कुल मिलाकर आठ सौ मुसाफिर रहे होंगे, जिनमें से आधे ट्रांसवाल जाने-वाले थे।

जहाज दूसरे बंदरों पर ठहरे बिना ही नेटाल पहुंचने वाला था। इसलिए सिर्फ अठारह दिन की यात्रा थी। मानो नेटाल में हमारे पहुंचते ही होने वाले किसी भावी तूफान की चेतावनी देने के लिए तीन-चार दिन पहले समुद्र में भारी तूफान आया। इस दक्षिण प्रदेश में दिसंबर का महीना गरमी और बरसात का मौसम होता है। इस कारण दक्षिण समुद्र में इन दिनों छोटे-बड़े तूफान अक्सर आया करते हैं। तूफान इतने जोर का था और इतने दिनों रहा कि मुसाफिर घबरा गए।

यह एक भव्य दृश्य था। दुःख में सब एक हो गये। सारा भेदभाव भूल गये। ईश्वर को सच्चे हृदय से स्मरण करने लगे। हिंदू-मुसलमान सब साथ मिलकर ईश्वर को याद करने लगे। कितनों ने मिन्नतें मानीं। कप्तान भी यात्रियों को आश्वासन देने लगा कि यद्यपि तूफान जोर का है, फिर भी इससे बड़े-बड़े तूफानों का अनुभव मुझे है। जहाज यदि मजबूत हो, तो एकाएक डूबता नहीं, आदि। इस तरह उसने मुसाफिरों को बहुत समझाया, पर उन्हें किसी तरह की तसल्ली न होती थी। जहाज में ऐसी आवाजें होतीं, मानो जहाज के अभी कहीं-न-कहीं से टुकड़े होते हैं, या अभी कहीं छेद होता

है। वह इधर-उधर इतना हिलता कि ऐसा जान पड़ता, मानो अभी उलट जाएगा। डेक पर खड़ा रहना ही मुश्किल था। 'ईश्वर जो करे सो सही' इसके सिवा दूसरी बात किसी के मुंह पर न थी।

मुझे जहां तक याद है, ऐसी चिंता में चौबीस घण्टे बीते होंगे। अंत में बादल बिखरे, सूर्य ने दर्शन दिए। कप्तान ने कहा-"अब तूफान जाता रहा।"

लोगों के चेहरे से चिंता दूर हुई, और उसके साथ ही ईश्वर भी। मौत का डर दूर होते ही फिर गान-तान, खान-पान शुरू हो गया; फिर वही माया का राज्य छा गया। अब भी नमाज पढ़ी जाती, भजन होते, परंतु तूफान के अवसर पर उसमें जो हार्दिकता दिखाई देती थी, वह न थी।

परंतु इस तूफान की बदौलत मैं यात्रियों में हिल-मिल गया था। यह कह सकते हैं कि मुझे तूफान का भय न था। अथवा कम-से-कम था। प्रायः इसी तरह के तूफान मैं पहले देख चुका था। जहाज में मेरा जी नहीं मिचलाता, चक्कर भी नहीं आते, इसलिए लोगों में मैं निर्भय होकर घूम-फिर सकता था, उन्हें आश्वासन दे सकता था और कप्तान के संदेश उन तक पहुंचाता था। वह स्नेह-गांठ मेरे लिए बहुत उपयोगी साबित हुई। हमारे जहाज ने अठारह या उन्नीस दिसंबर को डरबन बंदर पर लंगर डाला और 'नादरी' भी उसी दिन पहुंचा। पर सच्चे तूफान का अनुभव तो अभी होना बाकी ही था।

## 18. कसौटी

दक्षिण अफ्रीका के बंदरों पर यात्रियों की पूरी-पूरी डॉक्टरी जांच होती है। यदि रास्ते में किसी को कोई संक्रामक रोग हो गया हो, तो जहाज सूतक में-क्वारंटीन में-रखा जाता है। हमने जब बंबई छोड़ा, तब वहां प्लेग फैल रहा था। इसलिए हमें सूतक बाधा होने का कुछ तो भय था ही। बंदर में लंगर डालने के बाद सबसे पहले जहाज पीला झंडा फहराता है। डॉक्टरी जांच के बाद जब डॉक्टर छुट्टी देता है, पीला झंडा उतार दिया जाता है, फिर मुसाफिरों के रिश्तेदारों को जहाज पर आने की छुट्टी मिलती है।

इसके मुताबिक हमारे जहाज पर भी पीला झंडा लगा दिया गया था। डॉक्टर आये। जांच करके पांच दिन के सूतक का हुक्म दिया गया, क्योंकि उनकी यह धारणा थी कि प्लेग के जंतु तेईस दिन तक कायम रहते हैं। इसलिए उन्होंने यह तय किया कि बंबई छोड़ने के बाद तेईस दिन तक यात्रियों को सूतक में रखना चाहिए।

परंतु इस सूतक के हुक्म का हेतु केवल आरोग्य न था। डरबन के गोरे हमें वापस लौटा देने का आंदोलन कर रहे थे। इस हुक्म में यह बात भी मद्देनजर थी।

दादा अब्दुल्ला की ओर से हमें शहर की इस हलचल की खबरें मिला करती थीं। गोरों की बड़ी-बड़ी सभाएं होती थीं। दादा अब्दुल्ला को धमकियां भेजी जाती

थीं और उन्हें लालच भी दिये जाते थे। यदि दादा अब्दुल्ला दोनों जहाजों को वापस लौटा दें, तो उन्हें सारा हरजाना देने को तैयार थे। दादा अब्दुल्ला किसी की धमकियों से डरनेवालों न थे। इस समय वहां सेठ अब्दुल करीम हाजी आदम दुकान पर थे। उन्होंने प्रतिज्ञा कर रखी थी कि चाहे कितना नुकसान हो, मैं जहाज को बंदर पर लाकर मुसाफिरों को उतरवा कर रहूंगा। मुझे हमेशा वह सविस्तार पत्र लिखा करते। सद्‌भाग्य से इस बार स्वर्गीय मनसुखलाल हीरालाल नाजर मुझसे मिलने डरबन से आ पहुंचे थे। वह बड़े चतुर और जवां मर्द आदमी थे। उन्होंने लोगों को उतरने की सलाह दी। उनके वकील मि. लाटन थे। वह भी वैसे ही बहादुर थे। उन्होंने गोरों के काम की खूब निंदा की और लोगों को जो सलाह दी, वह केवल वकील की हैसियत से फीस लेने के लिए नहीं, बल्कि एक सच्चे मित्र के तौर पर दी थी।

गोरों के इस आंदोलन का मध्यबिंदु मैं ही था। मुझ पर दो इलजाम थे:–

1. हिंदुस्तान में मैंने नेटाल के गोरों की अनुचित निंदा की है; और

2. मैं नेटाल को हिंदुस्तानियों से भर देना चाहता हूं। इसलिए 'कुरलैण्ड' और 'नादरी' में, खास तौर पर नेटाल में बसाने के लिए हिंदुस्तानियों को भर लाया हूं।

मुझे अपनी जिम्मेदारी का ख़याल था। मेरे कारण दादा अब्दुल्ला ने बड़ी जोखिम अपने सिर ले ली थी। मुसाफिरों की भी जान जोखिम में थी। मैंने अपने बाल-बच्चों को साथ लाकर उन्हें भी दु:ख में डाल दिया था। फिर भी मैं था सब तरह निर्दोष। मैंने किसी को नेटाल जाने के लिए ललचाया न था।

अंत में तेईसवें दिन अर्थात तेरह जनवरी को जहाज को इजाजत मिली और मुसाफिरों को उतरने देने की आज्ञा प्रकाशित हो गई। जहाज धक्के पर आया। मुसाफिर उतरे, परंतु मेरे लिए दक्षिण अफ्रीका की सरकार के एक सदस्य मि. एस्कंब ने कप्तान से कहला दिया था कि गांधी को तथा उनके बाल बच्चों को शाम को उतारिएगा। गोरे उनके खिलाफ बहुत उभरे हुए हैं और उनकी जान खतरे में है। धक्के के सुपरिण्टेण्डेण्ट मि. टैटम उन्हें शाम को लिवा ले जाएंगे।

कप्तान ने मुझे यह संदेश सुनाया। मैंने उनके अनुसार शाम को उतरना स्वीकार किया, परंतु इस संदेश को मिले अभी आधा घण्टा भी न हुआ होगा कि मि. लाटन आये और कप्तान से मिलकर कहा–"यदि मि. गांधी मेरे साथ आना चाहें, तो मैं अपनी जिम्मेदारी पर ले जाना चाहता हूं। जहाज के एजेंट के वकील की हैसियत से मैं आपसे कहता हूं कि मि. गांधी के संबंध में जो आदेश मिला है, उससे आप अपने को बरी समझें।" इस तरह कप्तान से बातचीत करके वह मेरे पास आये और कुछ इस प्रकार कहा–"यदि आपको जिंदगी का डर न हो, तो मैं चाहता हूं कि श्रीमती गांधी और बच्चे गाड़ी में रुस्तमजी सेठ क़े यहां चले जाएं और मैं और आप आम रास्ते से होकर पैदल चलें। रात में अंधेरा हो जाने पर चुपके-चुपके शहर से जाना मुझे बिल्कुल अच्छा नहीं लगता। अब तो चारों ओर शांति है। गोरे सब इधर-उधर बिखर गये हैं और मेरा तो यही मत है कि आपका इस तरह छिपकर जाना ठीक नहीं।"

मैं सहमत हुआ। पत्नी और बच्चे रुस्तमजी सेठ के यहां गाड़ी में गये और सही-सलामत जा पहुंचे। मैं कप्तान से विदा मांग कर मि. लाटन के साथ जहाज से उतरा। रुस्तमजी सेठ का घर कोई दो मील दूर था।

जैसे ही हम जहाज से उतरे, कुछ गोरे लड़कों ने मुझे पहचान लिया और वे 'गांधी-गांधी' चिल्लाये। तत्काल दो-चार आदमी इकठ्ठे हो गये और मेरा नाम लेकर जोर से चिल्लाने लगे। मि. लाटन ने देखा कि भीड़ बढ़ जाएगी, इससे उन्होंने रिक्शा मंगाया। मुझे रिक्शा में बैठना कभी अच्छा न मालूम होता था। मुझे उसका यह पहला ही अनुभव होने वाला था। पर छोकरे क्यों बैठने देने लगे? उन्होंने रिक्शावाले को धमका कर भगा दिया।

हम आगे बढ़े। भीड़ भी बढ़ती जाती थी। काफी मजमा हो गया। सबसे पहले तो भीड़ ने मुझे मि. लाटन से अलग कर दिया। फिर मुझ पर पत्थर और सड़े अण्डे बरसने लगे। किसी ने मेरी पगड़ी भी उड़ा दी और मुझ पर लातें जमानी शुरू हुईं।

मुझे गश आ गया। नजदीक के घर की जाली पकड़ कर मैंने सहारा लिया। खड़ा रहना तो असंभव ही था। अब थप्पड़ घूंसे भी पड़ने लगे।

इतने में ही पुलिस-सुपरिण्टेण्डेण्ट की पत्नी, जो मुझे जानती थीं, उधर से होकर निकलीं। मुझे देखते ही वह मेरे पास आ खड़ी हुईं, और धूप के न रहते हुए भी अपना छाता मुझ पर तान दिया। इससे भीड़ कुछ दबी। अब वे अगर चोट करते, तो भी मिसेज अलेक्जेण्डर को बचा कर ही कर सकते थे। इसी बीच कोई हिंदुस्तानी मुझ पर हमला होता हुआ देख, पुलिस-थाने दौड़ गया। सुपरिटेण्डेण्ट अलेक्जेण्डर ने पुलिस की एक टुकड़ी मुझे बचाने के लिए भेजी। वह समय पर आ पहुंची। मेरा रास्ता पुलिस-चौकी से ही गुजरता था। सुपरिण्टेण्डेण्ट ने थाने में ठहर जाने को कहा। मैंने इंकार कर दिया, कहा-"जब लोग अपनी भूल समझ लेंगे, तब शांत हो जायेंगे। मुझे उनकी न्याय-बुद्धि पर विश्वास है।"

पुलिस की रक्षा में मैं सही-सलामत पारसी रुस्तमजी के घर पहुंचा। पीठ पर मुझे भीतरी चोट आई थी। जख्म सिर्फ एक ही जगह हुआ था। जहाज के डॉक्टर दादी बरजोरजी वहीं मौजूद थे। उन्होंने मेरी अच्छी सेवा-सुश्रूषा की।

इस तरह जहां अंदर शांति थी, वहां बाहर से गोरों ने घर को घेर लिया। शाम हो गई थी। अंधेरा हो गया था। हजारों लोग बाहर शोर मचा रहे थे और चिल्ला रहे थे कि गांधी को हमारे हवाले कर दो। मौका नाजुक देखकर सुपरिण्टेण्डेण्ट अलेक्जेण्डर स्वयं वहां पहुंच गये थे और भीड़ को डरा-धमका कर नहीं, बल्कि हंसी-मजाक करते हुए काबू में रख रहे थे।

फिर भी वह चिंतामुक्त न थे। उन्होंने मुझे इस आशय का संदेश दिया-"यदि आप अपने मित्र के जान-माल को, मकान को तथा अपने बाल-बच्चों को बचाना चाहते हैं, तो मैं जिस तरह बताऊं आपको छिप कर इस घर से निकल जाना चाहिए।" सुपरिण्टेण्डेण्ट की तजबीज के मुताबिक मैंने हिंदुस्तानी सिपाही की वर्दी पहनी। कहीं

सिर पर चोट न लगे, इस अंदेशे से सिर पर एक पीतल की तश्तरी रख ली और उस पर मद्रासियों का-सा लंबा साफा लपेटा। साथ में दो जासूस थे, जिनमें एक ने हिंदुस्तानी व्यापारी का रूप बनाया था, अपना मुंह हिंदुस्तानी के रंग का रंग लिया था। दूसरे ने क्या स्वांग बनाया था यह मैं भूल गया। हम नजदीक की गली से होकर पड़ोस की एक दुकान में पहुंचे और गोदाम में रखे बोरों के ढेर के अंधेरे में बचते हुए दुकान के दरवाजे से निकल भीड़ में होकर बाहर चले गये। गली के मुंह पर गाड़ी खड़ी थी, उसमें बैठकर हम उसी थाने पर पहुंचे, जहां ठहरने के लिए सुपरिण्टेण्डेण्ट अलेक्जेण्डर ने पहले कहा था। मैंने सुपरिण्टेण्डेण्ट तथा खुफिया पुलिस के अफसर का एहसान माना।

इस तरह एक ओर जब मैं दूसरी जगह ले जाया जा रहा था, तब दूसरी ओर सुपरिण्टेण्डेण्ट भीड़ को गीत सुना रहा था:

**''चलो इस गांधी को हम उस इमली के पेड़ पर फांसी लटका दें।''**

जब सुपरिण्टेण्डेण्ट को खबर मिल गई कि मैं सही-सलामत मुकाम पर पहुंच गया, तब उन्होंने भीड़ से कहा-''लो, तुम्हारा शिकार तो इस दुकान से होकर सही-सलामत सटक गया!'' यह सुनकर भीड़ में से कुछ लोग बिगड़े, हँसे और बहुतेरों ने तो उनकी बात ही ना मानी।

''तो तुममें से कोई जाकर अंदर देख लो। अगर गांधी यहां मिल जाएं, तो उसे मैं तुम्हारे हवाले कर दूंगा। न मिले, तो तुमको अपने घर चले जाना चाहिए। मुझे इतना तो विश्वास है कि तुम रुस्तमजी के मकान को न जलाओगे ओर गांधी के बाल-बच्चों को नुकसान न पहुंचाओगे!'' सुपरिण्टेण्डेण्ट ने कहा।

भीड़ ने प्रतिनिधि चुने। उन्होंने भीड़ को निराशाजनक समाचार सुनाये सब सुपरिण्टेण्डेण्ट अलेक्जेण्डर की समय-सूचकता और चतुराई की स्तुति करते हुए और कुछ लोग मन-ही-मन कुढ़ते हुए, अपने-अपने घर चले गए।

बाद में स्वर्गीय मि. चैंबरलेन ने दक्षिण अफ्रीका के अधिकारियों को तार दिया कि गांधी पर हमला करने वालों पर मुकदमा चलाया जाए और ऐसा किया जाए कि जिसमें गांधी को इंसाफ मिले। मि. एस्कंब ने मुझे बुलाया। मुझ पर जो हमला हुआ, उसके लिए दुःख प्रदर्शित किया और कहा-''आप यह तो अवश्य मानेंगे कि आपको जरा भी कष्ट पहुंचने से मुझे खुशी नहीं हो सकती। मि. लाटन की सलाह मान कर आपने तुरंत उतर जाने का साहस किया, उसका आपको हक था। पर यदि मेरे संदेश के अनुसार आपने किया होता, तो यह दुःखद घटना न हुई होती। अब यदि आक्रमणकारियों को पहचान सकें, तो मैं उन्हें गिरफ्तार करके मुकदमा चलाने के लिए तैयार हूं। मि. चैंबरलेन भी ऐसा ही चाहते हैं।''

''मैं किसी पर मुकदमा चलाना नहीं चाहता। आक्रमणकारियों में से एक-दो को

मैं पहचान भी लूं, तो उन्हें सजा कराने से क्या लाभ? फिर मैं तो उन्हें दोषी भी नहीं मानता, क्योंकि उन बेचारों को तो यह कहा गया कि मैंने हिंदुस्तान में नेटाल के गोरों की भरपेट और बढ़ा-चढ़ा कर निंदा की है। इस बात पर यदि वे विश्वास कर लें और मुझ पर बिगड़ पड़ें, तो इसमें आश्चर्य की कौन बात है? कुसूर तो ऊपर के लोगों का, और मुझे कहने दें, तो आपका माना जा सकता है। आप लोगों को ठीक सलाह दे सकते थे, पर आपने रायटर के तार पर विश्वास किया और कल्पना कर ली कि मैंने सचमुच ही अत्युक्ति से काम लिया था। मैं किसी पर मुकदमा चलाना नहीं चाहता। जब असली और सच्ची बात लोगों पर प्रगट हो जाएगी और लोग जान जायेंगे तब अपने-आप पछतायेंगे।''

''तो आप मुझे यह बात लिखकर दे देंगे? मुझे मि. चैंबरलेन को इस आशय का तार देना पड़ेगा। मैं नहीं चाहता कि आप जल्दी में कोई बात लिख दें। मि. लाटन से तथा अपने दूसरे मित्रों से सलाह करके जो उचित लगे वही करें। यह बात मैं जानता हूं कि यदि आप आक्रमणकारियों पर मामला न चलायेंगे तो सब बातों को शांत करने में मुझे बहुत मदद मिलेगी और आपकी प्रतिष्ठा तो बहुत ही बढ़ जाएगी।''

मैंने उत्तर दिया–''इस संबंध में मेरे विचार निश्चित हो चुके हैं। यह तय है कि मैं किसी पर मुकदमा चलाना नहीं चाहता। इसलिए मैं आपको लिखे देता हूं।''

यह कहकर मैंने वह आवश्यक पत्र लिख दिया।

हमले के दो-एक दिन बाद जब मैं मि. एस्कंब से मिला, तब मैं पुलिस-थाने में ही था। मेरे साथ मेरी रक्षा के लिए एक-दो सिपाही रहते थे। पर जब मैं मि. एस्कंब के पास ले जाया गया था, तब इस तरह रक्षा की जरूरत ही नहीं रह गई थी।

जिस दिन मैं जहाज से उतरा, उसी दिन अर्थात् पीला झंडा उतरते ही तुरंत, ''नेटाल एडवरटाइजर' का प्रतिनिधि मुझसे आकर मिला था। उसने कितनी ही बातें पूछी थीं और उसके प्रश्नों के उत्तर में मैंने एक-एक बात का पूरा-पूरा जवाब दिया था। सर फीरोजशाह की नेक सलाह के अनुसार उस समय मैंने भारत में एक भी भाषण बगैर लिखा नहीं दिया था। अपने इन तमाम लेखों और भाषणों का संग्रह मेरे पास था ही। वे सब मैंने उसे दे दिये और यह साबित कर दिया कि भारत में मैंने ऐसी एक भी बात नहीं कही थी, जो उससे कड़े शब्दों में दक्षिण अफ्रीका में न कहीं हो। मैंने यह भी स्पष्ट कर दिया था कि 'कुरलैण्ड' तथा 'नादरी' के मुसाफिरों को लाने में मेरा हाथ बिल्कुल नहीं है। उनमें से बहुतेरे तो नेटाल के ही बाशिंदे थे और शेष नेटाल जाने वाले नहीं, बल्कि ट्रांसवाल जाने वाले थे। उस समय नेटाल में रोजगार मंदा था। ट्रांसवाल में काम-धन्धा खूब चल रहा था और आमदनी भी अच्छी होती थी। इसलिए अधिकांश हिंदुस्तानी वहीं जाना पसंद करते थे।

इसी स्पष्टीकरण का तथा आक्रमणकारियों पर मुकदमा न चलाने का प्रभाव इतना जबरदस्त हुआ कि गोरों को शर्मिंदा होना पड़ा। अखबारों ने मुझे निर्दोष बताया और हुल्लड़ करने वालों को भला-बुरा कहा। इस प्रकार अंत में मुझे इस घटना से लाभ

ही हुआ। और जो मेरा लाभ था, वह कौम का ही लाभ था। इससे हिंदुस्तानी लोगों की प्रतिष्ठा बढ़ी और मेरा 'सत्याग्रह' का रास्ता अधिक सुगम हो गया।

तीन या चार दिन में मैं घर गया और थोड़े ही दिनों में मैं अपना काम काज देखने-भालने लगा।

## 19. सेवाभाव और सादगी

मेरा काम यद्यपि ठीक चल रहा था फिर भी मुझे उससे संतोष न था। मन में ये मंथन चलता ही रहता था कि जीवन में अधिक सादगी आनी चाहिए और कुछ-न-कुछ शारीरिक सेवा-कार्य होना चाहिए।

संयोग से एक दिन एक अपंग कोढ़ी घर आ पहुंचा। पहले तो कुछ खाने को देकर हटा देने को जी चाहा, पर बाद में मैंने उसे एक कमरे में रखा, उसके जख्मों को धोया और सुश्रूषा की। किंतु यह कितने दिनों तक चल सकता था? सदा के लिए उसे घर में रखने योग्य न सुविधा थी, न हिम्मत। अतः मैंने उसे गिरमिटियों के सरकारी अस्पताल में भेज दिया।

पर इससे मुझे तृप्ति नहीं हुई। मन में यह हुआ करता कि यदि ऐसा कोई सुश्रूषा का काम सदा मिलता रहे, तो क्या ही अच्छा हो। डॉ. बूथ सेण्ट एडम्स मिशन के अधिकारी थे। जो कोई आता उसे वह हमेशा मुफ्त दवा देते थे। बड़े भले आदमी थे, हृदय स्नेहपूर्ण था। उनकी देख-रेख में पारसी रुस्तमजी के दान से एक छोटा-सा अस्पताल खोला गया था। इसमें सुश्रूषा के तौर पर काम करने की मुझे बड़ी इच्छा हुई। एक-दो घण्टे तक उसमें दवा देने का काम रहता था। दवा बनाने वाले किसी अवैतनिक या स्वयंसेवक की वहां जरूरत थी। मैंने इतना समय अपने काम में से निकाल कर इस काम को करने का निश्चय किया। वकालत-संबंधी मेरा काम तो इतना ही था—दफ्तर में बैठे-बैठे सलाह देना, दस्तावेज के मसविदे बनाना और झगड़े सुलझाना। मजिस्ट्रेट के इजलास में थोड़े-बहुत ही मुकदमे रहते। उनमें से अधिकांश तो अविवादास्पद होते थे। जब ऐसे मुकदमे होते, तब मेरे साथी श्री खान उनकी पैरवी कर देते। वह मेरे बाद आये थे और मेरे साथ ही रहते थे। उनके इस सहयोग के कारण मैं इस छोटे-से अस्पताल में काम करने लगा।

रोज सुबह वहां जाता। आने-जाने और काम करने में कोई दो घण्टे लगते। इस काम से मेरे मन को शांति मिली। रोगी से हाल-चाल पूछकर डॉक्टर को समझाना और डॉक्टर जो दवा बताये, वह तैयार करके दे देना, यह मेरा काम था। इस कार्य से मैं दुःखी हिंदुस्तानियों के निकट संबंध में आने लगा। उनमें ज्यादातर लोग तो तमिल और तेलुगु या उत्तर भारतीय गिरमिटिया थे।

यह अनुभव मुझे आगे जाकर बड़ा उपयोगी साबित हुआ। बोअर-युद्ध के समय घायलों की सुश्रूषा में तथा दूसरे रोगियों की सेवा-टहल में मुझे उससे बड़ी सहायता मिली।

इस प्रकार सेवा द्वारा लोगों के निकट परिचय में आना शुरू हुआ। उसके साथ ही सादगी की ओर भी झुकाव बढ़ा।

यद्यपि मेरा रहन-सहन शुरू में कुछ ठाट-बाट का था, परंतु उसका मोह मुझे नहीं हुआ। इसलिए घर-गृहस्थी जमाते ही मैंने खर्च कम करने की शुरुआत की। धुलाई का खर्च कुछ ज्यादा मालूम हुआ। धोबी नियमित रूप से कपड़े भी न लाता, इस कारण दो-तीन दर्जन कमीज और इतने ही कॉलर से काम न चलता। कॉलर रोज बदलता था, कमीज रोज नहीं तो तीसरे दिन जरूर बदलता। इस तरह दोहरा खर्च लगता। यह मुझे व्यर्थ मालूम हुआ। इसलिए घर पर ही कपड़े धोने की शुरुआत की। धुलाई-विद्या की पुस्तक पढ़कर धोना सीख लिया और पत्नी को भी सिखा दिया। इससे काम का कुछ भार बढ़ा तो, पर एक नई चीज थी, इसलिए मनोरंजन भी होता।

पहले-पहल जो कॉलर मैंने धोया, उसे मैं भी कभी न भूल सकूंगा। उसमें कलफ ज्यादा था और इस्त्री पूरी गरम न थी। फिर कॉलर के जल जाने के भय से इस्त्री ठीक-ठीक दबाई नहीं गई थी। इस कारण कॉलर कड़ा तो हो गया, पर उसमें से कलफ झरता रहता था।

इसी कॉलर को लगा कर मैं अदालत में गया और बैरिस्टरों के मजाक का साधन बन गया, परंतु ऐसी हंसी-दिल्लगी को सहन करने की क्षमता मुझमें उस समय भी कम न थी।

"कॉलर हाथ से धोने का यह पहला प्रयोग है, इसलिए उसमें से कलफ झर रहा है। पर मेरा इसमें कुछ हर्ज नहीं होता। फिर आप सब लोगों के इतने विनोद का कारण हुआ, यह विशेष बात है।" मैंने स्पष्टीकरण दिया।

"पर धोबी क्या नहीं मिलते?" एक मित्र ने पूछा।

"यहां धोबी का खर्च मुझे नागवार मालूम हो रहा है। कॉलर की कीमत के बराबर धुलाई का खर्च-और फिर भी धोबी की गुलामी बर्दाश्त करनी पड़ती है, सो अलग। इसकी बनिस्बत तो मैं घर पर हाथ से धो लेना ही ज्यादा पसंद करता हूं।"

पर स्वावलंबन की यह खूबी मैं अपने मित्रों को न समझा सका।

मुझे कहना चाहिए कि अंत में मैंने अपने काम के लायक कपड़े धोने की कुशलता प्राप्त कर ली थी और कहना होगा कि धोबी की धुलाई से घर की धुलाई किसी तरह घटिया न रहती थी। कॉलर का कड़ापन और चमक धोबी के धोये कालर से किसी तरह कम न थी।

गोखले के पास स्व. महादेव गोविंद रानाडे का प्रसाद-स्वरूप एक दुपट्टा था। गोखले उसे बड़े जतन से रखते और प्रसंग-विशेष पर ही उसका इस्तेमाल करते। जोहांसबर्ग में उनके स्वागत के उपलक्ष में जो भोज हुआ था, वह अवसर बड़े महत्व का था। दक्षिण अफ्रीका में यह उनका सबसे महत्वपूर्ण भाषण था। इसलिए इस अवसर पर अपना वह दुपट्टा डालना चाहते थे। उसमें सिलवटें पड़ गई थीं और इस्त्री करने की जरूरत थी। धोबी के यहां भेज कर तुरंत इस्त्री लेना संभव न था। मैंने

कहा–"जरा मेरी विद्या को भी आजमा लीजिये।"

"तुम्हारी वकालत पर मैं विश्वास कर सकता हूं पर इस दुपट्टे पर तुम्हारी भलाई धुलाई–कला का प्रयोग न होने दूंगा। तुम इसे जला डालो तो? जानते हो यह कितना अमूल्य है?" यह कहकर उन्होंने बड़े उल्लास से उस प्रसादी की कथा कह सुनाई।

मैंने नम्रता के साथ दाग न पड़ने देने की जिम्मेदारी ली और मुझे इस्त्री करने की इजाजत मिल गई। बाद में अपनी कुशलता का प्रमाणपत्र भी मुझे मिला। अब यदि दुनिया मुझे प्रमाणपत्र न दे तो इससे क्या?

## 20. एक पुण्य-स्मरण और प्रायश्चित्त

डरबन और जोहान्सबर्ग में मेरे साथ कई मित्र और बहुत बार मेरे कारकुन भी रहते थे। वे आमतौर पर हिंदू और ईसाई होते थे, अथवा प्रांतों के हिसाब से कहें, तो गुजराती और मद्रासी। मुझे याद नहीं आता कि कभी उनके विषय में मेरे मन में कोई भेद–भाव पैदा हुआ हो। मैं उन्हें बिल्कुल घर के जैसा समझता। यह मेरा कोई विशेष गुण नहीं बल्कि स्वभाव ही है। मेरा एक क्लर्क ईसाई था। उसके मां–बाप पंचम जाति के थे। कमरों में पेशाब के लिए एक अलग बर्तन होता था। उसे साफ करने का काम हम दोनों–दम्पत्ति–का था, नौकरों का नहीं। हां, जो कारकुन लोग अपने को हमारा कुटुंबी–सा मानने लगते थे, वे तो खुद ही उसे साफ कर डालते थे लेकिन यह पंचम जाति में जन्मे कारकुन नये थे। उनका बर्तन हमें ही उठाकर साफ कर देना चाहिए था। और बर्तन तो कस्तूरबाई उठाकर साफ कर देतीं, लेकिन इन भाई को बर्तन उठाना उसे असह्य मालूम हुआ। इसलिए हम दोनों में काफी विवाद हुआ। यदि मैं उठाता हूं, तो उसे अच्छा नहीं लगता था और खुद उठाना उसके लिए कठिन था। फिर भी आंखों से मोती की बूंदें टपक रही हैं, एक हाथ में बर्तन है और अपनी लाल–लाल आंखों से उलाहना देती हुई कस्तूरबाई सीढ़ियों से उतर रही है। वह चित्र मैं आज भी ज्यों–का–त्यों खींच सकता हूं।

परंतु मैं जैसा सहृदय और प्रेमी पति था, वैसा ही निष्ठुर और कठोर भी था। मैं अपने को उसका शिक्षक मानता था। इससे, अपने अंध–प्रेम के अधीन हो, मैं उसे खूब सताता था। इस कारण महज उसके बर्तन उठा ले जाने–भर से मुझे संतोष न हुआ। मैंने यह भी चाहा वह प्रसन्नतापूर्वक यह काम करे। इसके लिए मैंने उसे डांटा–डपटा भी। मैं उत्तेजित होकर यह कह गया–"देखो, यह बखेड़ा मेरे घर में न चल सकेगा।"

मेरा यह बोल कस्तूरबाई को तीर की तरह लगा। उसने भरे हुए दिल से कहा–"तो संभालो अपना घर! यह मैं चली।"

उस समय मैं ईश्वर को भूल गया था! लेश–मात्र दया मेरे हृदय में न रह गई थी। मैंने उसका हाथ पकड़ा। सीढ़ी के सामने ही बाहर निकलने का दरवाजा था। मैं

उस दीन अबला का हाथ पकड़े दरवाजे तक खींचकर ले आया। दरवाजा आधा खोला था कि आंखों में गंगा-यमुना की धार बहाती हुई कस्तूरबाई बोली–

"तुम्हें तो कुछ शरम है नहीं, पर मुझे है। जरा तो लजाओ। मैं बाहर निकल कर जाऊं, कहां? मां-बाप भी यहां नहीं कि उनके पास चली जाऊं; मैं ठहरी स्त्री। इसलिए मुझे तुम्हारी धौंस सुननी ही पड़ेगी। अब शरम करो और दरवाजा बंद कर लो। कोई देख लेगा, तो दोनों की फजीहत होगी।"

मैंने अपना चेहरा सुर्ख तो बना रखा, पर मन में शरमा जरूर गया। दरवाजा बंद कर दिया। जब पत्नी मुझे नहीं छोड़ सकती थी, तब मैं भी उसे छोड़ कर कहां जा सकता था? इस तरह हमारे आपस में कई बार लड़ाई-झगड़े हुए हैं, परंतु उनका परिणाम सदा अच्छा ही निकला है। उसमें पत्नी ने अपनी अद्भुत सहनशीलता के द्वारा हमेशा विजय प्राप्त की है।

आज मैं तब की तरह मोहांध पति नहीं हूं, न उसका शिक्षक ही हूं। हम आज एक-दूसरे के भुक्त-भोगी मित्र हैं, एक-दूसरे के प्रति निर्विकार रहकर जीवन बिता रहे हैं। कस्तूरबाई आज ऐसी सेविका बन गई है, जो मेरी बीमारियों में बिना प्रतिफल की इच्छा किये सेवा-सुश्रूषा करती है। मेरा अनुगमन करने से उसने अपने जीवन की सार्थकता मानी है और स्वच्छ जीवन बिताने के मेरे प्रयत्नों में उसने कभी बाधा नहीं डाली। इस कारण यद्यपि हम दोनों की बुद्धि और शक्ति में बहुत अंतर है, फिर भी मेरा ख़याल है कि हमारा जीवन संतोषी, सुखी और ऊर्ध्वगामी है।

## 21. बोअर-युद्ध

1897 से 99 ईसवी तक के जीवन के दूसरे कई अनुभवों को छोड़कर अब बोअर-युद्ध पर आता हूं। जब यह युद्ध छिड़ा तब मेरी सहानुभूति बिल्कुल बोअरों के पक्ष में थी, पर मैं यह मानता था कि ऐसी बातों में अपने व्यक्तिगत विचारों के अनुसार काम करने का अधिकार अभी मुझे प्राप्त नहीं हुआ है। इस संबंध में जो मंथन मेरे हृदय में हुआ, उसका सूक्ष्म निरीक्षण मैंने 'दक्षिण अफ्रीका के सत्याग्रह का इतिहास' में किया है। जिनको जानने की इच्छा हो, वे उस पुस्तक को पढ़ लें। यहां तो इतना ही कहना काफ़ी है कि ब्रिटिश राज्य के प्रति मेरी वफादारी मुझे उस युद्ध में योग देने के लिए जबरदस्ती घसीट ले गई। मैंने सोचा कि जब मैं ब्रिटिश प्रजा की हैसियत से हकों का मतालबा कर रहा हूं, तो ब्रिटिश प्रजा की हैसियत से ब्रिटिश राज्य की रक्षा में सहायक होना मेरा धर्म है। ब्रिटिश साम्राज्य में हिंदुस्तान की सब तरह उन्नति हो सकती है, यह उस समय मेरा मत था।

इसलिए जितने साथी मिले, उनको लेकर, अनेक मुसीबतों का सामना करके हमने घायलों की सेवा-सुश्रूषा करने वाली एक टुकड़ी तैयार की। अब तक अंग्रेजों की यह आम धारण थी कि यहां के हिंदुस्तानी जोखिम के कामों में नहीं पड़ते, स्वार्थ

के अलावा उन्हें और कुछ नहीं सुझता। इसलिए कितने ही अंग्रेज मित्र ने मुझे निराशाजनक उत्तर दिये। अलबत्ता डॉ. बूथ ने खूब प्रोत्साहन दिया। उन्होंने हमें घायल सिपाहियों की सुश्रूषा करने की शिक्षा दी। अपनी योग्यता के संबंध में मैंने डॉक्टर के प्रमाणपत्र प्राप्त किये।

सरकार ने इस सिलसिले में दूसरी बार प्रार्थना स्वीकार की और इस टुकड़ी में लगभग ग्यारह सौ लोग हो गये। उनमें लगभग चालीस मुखिया थे। कोई तीन सौ स्वतंत्र हिंदुस्तानी भर्ती हुए थे और शेष गिरमिटिया थे। डॉ. बूथ भी हमारे साथ थे। टुकड़ी ने अपना काम अच्छी तरह किया। यद्यपि उसका कार्य-क्षेत्र लड़ाई के मैदान के बाहर था, और रेडक्रास[1] चिह्न उनकी रक्षा के लिए लगा हुआ था, फिर भी आवश्यकता के समय प्रत्यक्ष युद्ध-क्षेत्र की हद के अंदर भी काम करने का अवसर हमें मिला। ऐसी जोखिम में न पड़ने देने का इकरार सरकार ने अपनी इच्छा से हमारे साथ किया था, परंतु स्पियांकोप की हार के बाद स्थिति बदली। इस कारण जनरल बुलर ने संदेश भेजा कि यद्यपि आप जोखिम की जगह काम करने के लिए बंधे हुए नहीं हैं, फिर भी यदि आप खतरे का सामना करके घायल सिपाहियों अथवा अफसरों को रण-क्षेत्र से उठाकर डोलियों में ले जाने के लिए तैयार हो जाएंगे, तो सरकार आपका उपकार मानेगी। इधर हम तो जोखिम उठाने के लिए तैयार ही थे। अतएव स्पियांकोप के युद्ध के बाद हम गोला-बारूद की हद के अन्दर भी काम करने लगे।

इन दिनों हम सब को कई बार बीस-पच्चीस मील की मंजिल तय करनी पड़ती थी। एक बार तो घायलों को डोली में रखकर इतनी दूर चलना भी पड़ा था। जिन घायल योद्धाओं को हम उठाकर ले जाते थे, उनमें जनरल उडगेट इत्यादि भी थे।

छः सप्ताह के बाद हमारी टुकड़ी को छुट्टी मिल गई। हमारी इस छोटी-सी सेवा की उस समय बहुत प्रशंसा हुई। उससे हिंदुस्तानियों की प्रतिष्ठा बढ़ी। 'आखिर हिंदुस्तानी हैं तो साम्राज्य के वारिस ही' ऐसे गीत गाये गए।

मनुष्य-स्वभाव दुःख के समय कैसा नम्र हो जाता है, इसकी एक मधुर स्मृति यहां दिये बिना नहीं रह सकता। हम लोम चीवली छावनी की ओर जा रहे थे। यह वही क्षेत्र है, जहां लार्ड राबर्ट्स के पुत्र लेफ्टिनेण्ट राबर्ट्स को मर्मान्तक गोली लगी थी। लेफ्टिनेण्ट राबर्ट्स के शव को ले जाने का गौरव हमारी टुकड़ी को प्राप्त हुआ था। लौटते समय दिन में धूप कड़ी थी। हम कूच कर रहे थे। सब प्यासे थे। पानी पीने के लिए रास्ते में एक छोटा-सा झरना पड़ा। सवाल उठा, पहले कौन पानी पिए? मैंने सोचा था कि 'टामियों के पी लेने के बाद हम पिएंगे।' टामियों ने हमें देखकर तुरंत कहा-"पहले आप लोग पी लें।" हमने कहा-"नहीं, पहले आप पिएं।" इस

---

1. रेडक्रास का अर्थ है लाल स्वस्तिक। युद्ध में इस चिह्न से अंकित पट्टे सुश्रूषा करने वाले के बायें हाथ में बंधे रहते हैं और ऐसे नियम हैं कि शत्रु भी उनको नुकसान नहीं पहुंचा सकते।

—संपादक

तरह बहुत देर तक हमारे और उनके बीच मधुर आग्रह की खींचातानी होती रही।

इस अध्याय को खत्म करने से पहले मुझे एक महत्वपूर्ण घटना का जिक्र करना चाहिए। जब लेडी स्मिथ पर बोअरों ने घेरा डाल रखा था, तब वहां जो लोग थे, उनमें अंग्रेजों के अलावा कुछ वहीं के निवासी हिंदुस्तानी भी थे। उनमें से कुछ-एक तो व्यापार करते थे और कुछ रेलवे में मजदूरी या यूरोपियन लोगों के यहां नौकरी करते थे। इनमें से एक प्रभुसिंह था। लेडी स्मिथ के कमांडिग आफिसर ने उस जगह के हर आदमी को कुछ-न-कुछ काम सौंप रखा था। शायद सबसे ज्यादा खतरनाक और भारी-से-भारी जिम्मेदारी का काम इस प्रभुसिंह कुली को सौंपा था। लेडी स्मिथ के पास की एक पहाड़ी पर बोअरों ने अपनी योमपोप नामक तोप लगा रखी थी, जिसके गोलों से बहुत-सी इमारतें नष्ट हो चुकी थीं, और कितने ही मनुष्य तथा पशु मारे गये थे। तोप से गोला छूटने के कम-से-कम एक या दो मिनट बाद वह अपने दूर के लक्ष्य पर पहुंचता था। अगर घेरे में पड़े लोगों को पहले से सूचना मिल जाए, तो गोला उनके बीच में गिरने के पहले वे अपने-आपको आड़ में कर सकते थे। प्रभुसिंह एक पेड़ पर छिपकर बैठा रहा करता था और जब तक तोपें चलती रहतीं, उसकी आंखें पहाड़ी की ओर लगी रहती थीं और ज्योंही वह तोप छूटने की चमक देखता, घंटी बजा देता था। घंटी बजते ही लेडी स्मिथ के निवासी सजग हो जाते थे और एकदम अपने-आपको आड़ में छिपा कर अपनी जान बचा लेते थे।

उसकी बहादुरी की चर्चा आखिरकार लार्ड कर्जन तक पहुंची जो उस समय भारत के वाइसराय थे। उन्होंने प्रभुसिंह को भेंट-स्वरूप एक कश्मीरी पोशाक भिजवाई थी।

## 22. देश-गमन तथा मेरी श्रद्धा

लड़ाई के काम से मुक्त होने के बाद मैंने सोचा कि अब मेरा काम दक्षिण अफ्रीका में नहीं, बल्कि देश में है। दक्षिण अफ्रीका में बैठे-बैठे मैं कुछ-न-कुछ सेवा तो जरूर कर पाता था, परंतु मैंने देखा कि यहां कहीं मेरा मुख्य काम धन कमाना ही न हो जाए।

देश से मित्र लोग भी देश लौट आने को आकर्षित कर रहे थे। मुझे भी जंचा कि देश जाने से मेरा अधिक उपयोग हो सकेगा। नेटाल में मि. खान और मनसुखलाल नाजर थे ही।

मैंने साथियों से छुट्टी देने का अनुरोध किया। बड़ी मुश्किल से उन्होंने एक शर्त पर छुट्टी स्वीकार की। वह यह कि एक साल के अंदर यहां के लोगों को मेरी जरूरत मालूम हो, तो मैं फिर दक्षिण अफ्रीका आ जाऊं। मुझे यह शर्त कठिन मालूम हुई, परंतु मैं तो प्रेम-पाश में बंधा हुआ था।

**काचे रे तांतणे मने हरजीए बांधी**
**जेम ताणे तेम तेमनी रे**
**मने लागी कटारी प्रेमनी।**

–अर्थात् "प्रभु जी ने मुझे कच्चे प्रेम-धागे से बांध लिया है। ज्यों-ज्यों वह उसे तानते हैं, त्यो-त्यों मैं उनकी होती जाती हूं।"

मीराबाई की यह उपमा न्यूनाधिक अंश में मुझ पर घटित होती थी। पंच भी परमेश्वर ही हैं। मित्रों की बातों को मैं टाल नहीं सकता था। मैंने वचन देकर इजाजत ली।

इस समय मेरा निकट संबंध प्राय: नेटाल के ही साथ था। नेटाल के हिंदुस्तानियों ने मुझे प्रेमामृत से नहला डाला। स्थान पर अभिनंदन-पत्र दिये गए और हर जगह से कीमती चीजें भेंट की गई।

1896 में जब मैं आया था, तब भी भेंटे मिली थीं, पर इस बार की भेंटों और सभाओं के दृश्यों से मैं घबराया। भेंट में सोने-चांदी की चीजें तो थीं ही, पर हीरे की भी थीं।

इन सब चीजों को स्वीकार करने का मुझे क्या अधिकार हो सकता है? यदि मैं मंजूर कर लूं, तो फिर अपने मन को यह कहकर कैसे मना सकता हूं कि मैं पैसा लेकर लोगों की सेवा नहीं करता था? मेरे मुवक्किलों की कुछ रकमें छोड़कर बाकी सब चीजें मेरी लोक-सेवा में उपलक्ष्य में दी गई थीं। पर मेरे मन में तो मवक्किल और दूसरे साथियों में कुछ भेद था। मुख्य-मुख्य मुवक्किल सब सार्वजनिक काम में भी सहायता देते थे।

फिर उन भेंटों में एक पचास गिन्नी का हार कस्तूरबाई के लिए था। मगर उसे जो चीज मिली थी, वह भी तो मेरी ही सेवा के फलस्वरूप न! अतएव उसे अलग नहीं मान सकते थे।

जिस शाम को इनमें से मुख्य-मुख्य भेंटे मिलीं, वह रात मैंने एक पागल की तरह जाग कर काटी। कमरे में इधर-से-उधर टहलता रहा, परंतु गुत्थी किसी तरह सुलझती न थी। सैकड़ों रुपयों की भेंट न लेना भारी पड़ रहा था, पर लेना उससे भी भारी मालूम होता था।

मैं चाहे इन भेंटों को पचा भी सकता, पर मेरे बच्चे और पत्नी? उन्हें तालीम तो सेवा की मिल रही थी। सेवा का दाम नहीं लिया जा सकता, यह हमेशा समझाया जाता था। घर में कीमती जेवर आदि मैं नहीं रखता था। सादगी बढ़ती जाती थी। ऐसी अवस्था में सोने की घड़ियां कौन रखेगा? सोने की कंठी और हीरे की अंगूठियां कौन पहनेगा? गहनों का मोह छोड़ने के लिए मैं उस समय भी औरों से कहता रहता था। अब इन गहनों और जवाहरात को लेकर मैं क्या करूंगा?

मैं इस निर्णय पर पहुंचा कि वे चीजें मैं हरगिज नहीं रख सकता था। पारसी

रुस्तमजी इत्यादि को इन गहनों का ट्रस्टी बनाकर उनके नाम एक चिट्ठी तैयार की और सुबह स्त्री-पुत्रादि से सलाह करके अपना बोझ हल्का करने का निश्चय किया।

मैं जानता था कि पत्नी को समझाना मुश्किल पड़ेगा। मुझे विश्वास था कि बालकों को समझाने में जरा भी दिक्कत न होगी। अतएव उन्हें अपना वकील बनाने का निश्चय किया।

बच्चे तो तुरंत समझ गये। वे बोले-"हमें गहनों से कुछ मतलब नहीं, ये सब चीजें हमें लौटा देनी चाहिए। और यदि जरूरत होगी, तो क्या हम खुद न बना सकेंगे?"

"मैं प्रसन्न हुआ। तो तुम बा-मां को-समझाओगे न?" मैंने पूछा। "जरूर-जरूर! वह कहां इन गहनों को पहनने चली हैं। वह रखना चाहेंगी भी तो हमारे लिए न? पर जब हमें ही इनकी जरूरत नहीं है, तब फिर वह क्यों जिद करने लगीं?"

परंतु काम अंदाज से ज्यादा मुश्किल साबित हुआ।

"तुम्हें चाहे जरूरत न हो और लड़कों को भी न हो-बच्चों को क्या, जैसा समझा दें, समझ जाते हैं। मुझे न पहनने दो, पर मेरी बहुओं को जरूरत न होगी? और कौन कह सकता है कि कल क्या होगा? जो चीज लोगों ने इतने प्रेम से दी है, उसे वापस लौटाना ठीक नहीं।" इस प्रकार वाग्धारा शुरू हुई और उसके साथ अश्रुधारा भी। लड़के दृढ़ रहे, और मैं क्यों डिगने लगा।

मैंने धीरे से कहा-"पहले लड़कों की शादी तो हो लेने दो। हम बचपन में तो इनके विवाह करना चाहते ही नहीं हैं। बड़े होने पर जो इनका जी चाहे सो करें। फिर हमें क्या गहनों- कपड़ों की शौकीन बहुएं खोजनी हैं? फिर भी अगर कुछ बनवाना होगा, तो मैं कहां चला गया हूं?"

"हां जानती हूं तुमको। वही न हो, जिन्होंने मेरे भी गहने उतरवा लिये हैं। जब मुझे ही नहीं पहनने देते हो, तो मेरी बहुओं को जरूर ला दोगे! लड़कों को तो अभी से वैरागी बना रहे हो। इन गहनों को मैं वापस नहीं होने दूंगी, और फिर मेरे हार पर तुम्हारा क्या हक?"

"पर यह हार तुम्हारी सेवा के खातिर मिला है या मेरी?"

"जैसे भी हो, तुम्हारी सेवा में क्या मेरी सेवा नहीं है। मुझसे जो दिन-रात मजूरी कराते हो, क्या वह सेवा नहीं है? मुझे रुला-रुला कर जो ऐरो-गैरों के घर में रखा और मुझसे सेवा-टहल कराई, वह कुछ भी नहीं?"

ये सब तीखे बाण थे। कितने ही तो मुझे चुभ रहे थे, पर गहने वापस लौटाने का तो मैं निश्चय ही कर चुका था। अंत को बहुतेरी बातों में जैसे-तैसे सम्मति प्राप्त कर सका। 1896 और 1901 में मिली सब भेंटें वापस लौटाई। उनका ट्रस्ट बनाया गया और लोकसेवा के लिए उनका उपयोग मेरी अथवा ट्रस्टियों की इच्छा के अनुसार होने की शर्त पर वह रकम बैंक में रखी गई। इन चीजों को बेचने के निमित्त से मैं बहुत बार रुपया एकत्र कर सका हूं। आज भी आपत्ति-कोष के रूप में वह रकम

मौजूद है और उसमें वृद्धि होती जाती है।

इस बात के लिए मुझे कभी पश्चात्ताप नहीं हुआ। आगे चलकर कस्तूरबाई को भी उसका औचित्य जंचने लगा। इस तरह हम अपने जीवन में बहुतेरे लालचों से बच गये हैं।

मेरा यह निश्चित मत हो गया है कि लोक-सेवी की जो भेंटें मिलती हैं, वे उसकी निजी चीज कदापि नहीं हो सकतीं।

जब मैं स्वदेश पहुंचा, तो उस साल कलकत्ते में होने वाली कांग्रेस के अवसर पर मुझे लोगों की सेवा करने का काफी अवसर मिला। मैंने स्वयंसेवकों को झाड़ू लगाने और कूड़ा-करकट साफ करने का यथार्थ पाठ दिया, साथ ही कांग्रेस के एक प्रधान-मंत्री श्रीयुत घोषाल के कारकुन और 'बेरा' (नौकर) का काम करने का सौभाग्य भी मुझे मिला। स्व. गोखले का मैं चिरकृतज्ञ रहूंगा, जिन्होंने मेरे स्वदेश लौट आने के बाद वे मुझे हमेशा अपना छोटा भाई माना और उन्हीं की कृपा से मुझे कांग्रेस में दक्षिण अफ्रीका के बारे में एक प्रस्ताव पेश करने का अवसर मिला, उन्होंने मेरे तमाम कामों में गहरी दिलचस्पी ली और मुझे उन सब खास-खास व्यक्तियों से परिचित कराया, जिनसे मेरा परिचित होना वह ठीक समझते थे। उन्हें काम करते देखकर खुशी तो होती थी, एक शिक्षा भी मिलती थी। जो कुछ भी वह करते, उसका देश ही से घनिष्ठ संबंध होता। उनको इस बात की बड़ी चिंता थी कि मैं बंबई में जम जाऊं और वकालत करते हुए उन्हें सार्वजनिक यानी कांग्रेस कार्य में मदद पहुंचाऊं। मैंने उनकी सलाह की कद्र की, लेकिन मुझे बैरिस्टर के रूप में अपनी कामयाबी का विश्वास नहीं होता था। मैंने राजकोट में काम चालू किया और काम ठीक चल निकला था कि हमारे परिवार के उन्हीं शुभचिंतक मित्र श्री केवलराम मावजी दवे ने, जिन्होंने मुझे इंग्लैण्ड भिजवाया था, इस बात पर आग्रह किया कि मैं बंबई में जाकर वकालत करूं।

उन्होंने कहा–"आप तो लोक-सेवा करने के लिए पैदा हुए हो। इसलिए आपको हम यहां काठियावाड़ में दफन नहीं होने देंगे। बोलो, कब जा रहे हो?"

"नेटाल से मेरे कुछ रुपये आने बाकी हैं, उनके आने पर चला जाऊंगा।"

दो-एक सप्ताह में रुपये आ गये और मैं बंबई चला गया। वहां मैंने पैन, गिलबर्ट और सयानी में आफिस में 'चैंबर' किराये पर लिये और वहीं जम गया।

आफिस के साथ ही मैंने गिरगांव में घर लिया, परंतु ईश्वर ने मुझे स्थिर नहीं रहने दिया। घर लिये बहुत दिन नहीं हुए थे कि मेरा दूसरा लड़का मणिलाल बीमार हो गया। काले ज्वर ने उसे घेर लिया था। बुखार उतरता ही नहीं था। उसे घबराहट तो थी ही, पर रात को सन्निपात के लक्षण भी दिखाई देने लगे। इससे पहले बचपन में उसे चेचक भी जोरों की निकल चुकी थी।

डॉक्टर की सलाह ली, तो उन्होंने कहा–"इसके लिए दवाई काम नहीं दे सकती, अब तो इसे अंडे और मुर्गी का शोरबा देने की जरूरत है।"

मणिलाल की उम्र दस साल की थी, उससे तो मुझे इस विषय में क्या पूछना था? उसका संरक्षक मैं ही था और मुझे ही निर्णय करना था। डॉक्टर एक पारसी सज्जन थे। मैंने कहा–"डॉक्टर, हम तो सब अन्नाहारी हैं। मेरा विचार तो इसे इनमें से एक भी वस्तु देने का नहीं है। दूसरी कोई वस्तु न बतलाएंगे?"

डॉक्टर बोला–"तुम्हारे लड़के की जान खतरे में है। दूध और पानी मिलाकर दिया जा सकता है, पर उससे पूरा संतोष नहीं हो सकता। तुम जानते हो कि मैं तो बहुत-से हिंदू-परिवारों में जाया करता हूं; पर दवा के लिए तो हम जो चाहते हैं, वही उन्हें देते हैं और वे उसे लेते भी हैं। मैं समझता हूं कि तुम भी अपने लड़के के साथ ऐसी सख्ती न करो तो अच्छा होगा।"

"आप जो कहते हैं, वह तो ठीक है, और आपको ऐसा कहना ही चाहिए, पर मेरी जिम्मेदारी बहुत बड़ी है। यदि लड़का बड़ा होता, तो जरूरी उसकी इच्छा जानने का प्रयत्न भी करता और जो वह चाहता वही उसे करने देता, पर यहां तो इसके लिए मुझे ही विचार करना पड़ा रहा है। मैं तो समझता हूं कि मनुष्य के धर्म की कसौटी ऐसे ही समय होती है। चाहे ठीक हो चाहे गलत, मैंने तो इसको धर्म माना है कि मनुष्य को मांसादि नहीं खाना चाहिए। जीवन के साधनों की भी सीमा होती है। जीने के लिए भी अमुक वस्तुओं को हमें नहीं ग्रहण करना चाहिए। मेरे धर्म की मर्यादा मुझे और मेरे परिवार के लोगों को भी ऐसे समय पर मांस इत्यादि खाने से रोकती है। इसलिए आप जिस खतरे को देखते हैं, मुझे उसे उठाना ही चाहिए; पर आपसे मैं एक बात चाहता हूं। आपका इलाज तो मैं नहीं करूंगा; पर मुझे नाड़ी और हृदय को देखना नहीं आता है। जल-चिकित्सा की मुझे थोड़ी जानकारी है। उन उपचारों को मैं करना चाहता हूं; परंतु यदि आप नियम से मणिलाल को देखने आते रहें और उसके शरीर में होने वाले परिवर्तनों से मुझे वाकिफ करते रहेंगे तो मैं आपका उपकार मानूंगा।"

सज्जन डॉक्टर मेरी कठिनाइयों को समझ गये और इच्छानुसार उन्होंने मणिलाल को देखने के लिए आना मंजूर कर लिया।

यद्यपि मणिलाल अपनी राय कायम करने लायक नहीं था, जो भी डॉक्टर के साथ मेरी बातचीत हुई थी, वह उसे मैंने सुनाई और अपने विचार प्रकट करने को कहा।

"आप बेखटके जल-चिकित्सा कीजिये। मैं शोरबा नहीं पीऊंगा और न अंडे खाऊंगा।" उसके इन वाक्यों से मैं प्रसन्न हो गया, यद्यपि मैं जानता था कि अगर मैं उसे दोनों चीजें खाने को कहता, तो वह खा भी लेता।

मैं कूने की जल-चिकित्सा को जानता था, उसका उपयोग भी किया था। बीमारी में उपवास का स्थान बड़ा है, मैं जानता था। कूने की पद्धति के अनुसार मैंने मणिलाल को कटि-स्नान कराना शुरू किया। तीन मिनट से ज्यादा उसे मैं टब में नहीं रखता। तीन दिन तो सिर्फ संतरे के रस में पानी मिलाकर देता रहा और उसी पर रखा।

बुखार दूर नहीं होता था और रात को वह कुछ-कुछ बड़बड़ाता भी था। बुखार 104 डिग्री हो जाता था। मैं घबराया। यदि बच्चे को खो बैठा, तो दुनिया में लोग मुझे क्या कहेंगे? बड़े भाई क्या कहेंगे? दूसरे डॉक्टरों को क्यों न बुलाया जाए? किसी वैद्य को क्यों न बुलाऊं? मां-बाप का अपनी अधूरी अक्ल अजमाने का क्या हक है?

ऐसे विचार उठते। पर ये विचार भी उठते-"जीव! जो तू अपने लिए करता है, वह लड़के के लिए भी करेगा तो परमेश्वर संतोष मानेंगे। तुझे जल-चिकित्सा पर श्रद्धा, दवा पर नहीं। डॉक्टर जीवनदान तो देते नहीं। उनके भी तो आखिर प्रयोग ही होते हैं न! जीवन की डोरी तो एकमात्र ईश्वर के ही हाथ में है। ईश्वर का नाम ले और उस पर श्रद्धा रख। अपने मार्ग को न छोड़।"

मन में एक तरह उथल-पुथल मचती रही। रात हुई। मैं मणिलाल को अपने पास लेकर सोया हुआ था। मैंने निश्चय किया कि उसे भीगी चादर की पट्टी में रखा जाए। मैं उठा, कपड़ा लिया, ठण्डे पानी में उसे डुबोया और निचोड़ कर उसमें पैर से लेकर सिर तक उसे लपेट दिया और ऊपर से दो कंबल ओढ़ा दिये। सिर पर भीगा हुआ तौलिया भी रख दिया। शरीर तवे की तरह तप रहा था, पसीना तो आता ही न था।

मैं खूब थक गया था। मणिलाल को उसकी मां को सौंप कर मैं आधे घंटे के लिए चौपाटी की तरफ गया कि खुली हवा में ताजगी और शांति प्राप्त करूं। रात के दस बजे होंगे। मनुष्यों की आमदोरफ्त कम हो गई थी, पर मुझे इनका ख़याल न था। मैं अपने विचार-सागर में गोते लगा रहा था। "हे ईश्वर! इस धर्म-संकट में तू मेरी लाज रखना।" मुंह से 'राम-राम' की रटन तो चल ही रही थी। कुछ देर बाद वापस लौटा। मेरा कलेजा धड़क रहा था। घर में घुसते ही मणिलाल ने आवाज दी-"बापू आ गये?"

"हां भाई!"

"इसमें से निकालिये न? मैं तो मारे आग के मरा जा रहा हूं।"

"क्यों, क्या पसीना आ रहा है?"

"अजी, मैं तो पसीने से तर हो गया। अब तो मुझे निकालिये।"

मैंने मणिलाल का सिर देखा। उस पर मोती की तरह पसीने की बूंदें चमक रही थीं। बुखार कम हो गया था, ईश्वर को धन्यवाद दिया।

"मणिलाल, घबरा मत, अब तेरा बुखार चला जाएगा, पर कुछ और पसीना आ जाए तो कैसा?" मैंने उससे कहा।

उसने कहा-"नहीं बापू, अब तो मुझे छुड़ाइये। फिर देखा जाएगा।"

मुझे धैर्य आ गया था। इसलिए बातों-ही-बातों में कुछ मिनट लगा दिये। सिर से पसीने की धारा बह चली। मैंने चादर को अलग किया और शरीर को पोंछकर सुखा दिया। बाप-बेटे दोनों सो गये और खूब सोये।

सुबह देखा, तो मणिलाल का बुखार बहुत कम हो गया था। दूध, पानी तथा फलों पर चालीस दिन तक रखा। मैं निश्चिंत हो गया था। बुखार हठीला था, पर वह काबू में

आ गया था, आज मेरे लड़कों में मणिलाल ही सबसे अधिक स्वस्थ और मजबूत है।

इसका निर्णय कौन कर सकता है कि यह राम जी की कृपा है या जल-चिकित्सा, अल्पाहार अथवा और किसी उपाय की? भले ही सबके अपनी-अपनी श्रद्धा के अनुसार मत हों, पर उस वक्त मेरी तो ईश्वर ने लाज रखी यही मैंने माना और आज भी मानता हूं।

## 23. फिर दक्षिण अफ्रीका

पर जैसे ही मैंने बंबई में स्थिर होने का निश्चय किया और कुछ स्वस्थता पर अनुभव करने लगा कि एकाएक दक्षिण अफ्रीका से तार आ पहुंचा-"चैंबरलैन यहां आ रहे हैं, तम्हें शीघ्र आना चाहिए।" मझे अपने वचन याद थे, अतः मैं अपना आफिस समेट-समाटकर रवाना हो गया।

दक्षिण अफ्रीका पहुंचते ही मुझे जैसे वहां की दुःखदायी राजनैतिक हालत मिली, पाठकों को उसके विस्तार में डालने की जरूरत नहीं। बोअर-युद्ध के समय की गई प्रवासी भारतीयों की सेवाओं को भुलाया जा चुका था। भारतीयों की हालत दिन-पर-दिन बिगड़ती जा रही थी और उन पर नई-नई मुसीबतें लादी जा रही थीं। वहां जाते ही मैंने समझ लिया कि अगर मुझे सचमुच ही वहां रहने वाले स्वदेशियों की सेवा करनी है, तो मुझे अब दक्षिण अफ्रीका में काफी अर्से तक रहना होगा। मैंने जोहांसबर्ग में दफ्तर खोलने का निश्चय किया। कुछ परिश्रम करने पर नगर के अच्छे मुहल्ले में मुझे कमरे रहने को मिल गये।

इधर तो कौम की सेवा में अपने का लगा देने का निश्चय किया और उधर गीता को नये सिरे से पढ़ने लगा, जिससे अंतर्दृष्टि बढ़ने लगी।

इस बार भी कुछ थियोसोफिस्ट मित्रों के साथ ही मैंने गीता का अध्ययन किया; लेकिन पहले से कहीं ज्यादा गहराई और मनोयोग के साथ। मैंने गीता के श्लोक याद करने का प्रयत्न किया। और मुझे याद है कि मैंने कम-से-कम तेरह अध्याय कंठस्थ कर लिये थे।

इस गीता-पाठ का असर मेरे सहाध्यायियों पर तो जो कुछ पड़ा हो वह वे ही बता सकते हैं, किंतु मेरे लिए तो गति आचार की एक अचूक मार्ग-दर्शिका बन गई है। उसे मेरा धार्मिक कोष ही कहना चाहिए। अपरिचित अंग्रेजी शब्दों के हिज्जे या अर्थ देखने के लिए जिस तरह मैं अंग्रेजी-कोश खोलता, उसी तरह आचार-संबंधी कठिनाइयों और गुत्थियों को गीता द्वारा सुलझाता। उसके 'अपरिग्रह', 'समभाव' इत्यादि शब्दों ने तो मुझे जैसे पकड़ ही लिया। यही धुन रहती थी कि समभाव प्राप्त करूं? कैसे उसका पालन करूं? हमारा अपमान करने वाला अधिकारी, रिश्वतखोर, चलते रास्ते विरोध करने वाले, कल जिनका साथ था, ऐसे साथी उनमें और उन सज्जनों में जिन्होंने हम पर भारी उपकार किया है, क्या कोई भेद नहीं है? अपरिग्रह

का पालन किस तरह संभव है? क्या यह हमारी देह ही हमारे लिए कम परिग्रह है? स्त्री-पुरुष आदि यदि परिग्रह नहीं हैं, तो फिर क्या हैं? क्या पुस्तकों से भरी इन अलमारियों में आग लगा दूं? पर यह तो घर जलाकर तीर्थ करना हुआ। अंदर से तुरंत उत्तर मिला–"हां, घरबार को खाक किए बिना तीर्थ नहीं किया जा सकता।" इसमें अंग्रेजी कानून के अध्ययन ने मेरी सहायती की। स्नेल-रचित कानून के सिद्धांतों की चर्चा याद आई। 'ट्रस्टी' शब्द का अर्थ गीता के अध्ययन की बदौलत अच्छी तरह समझ में आ गया। कानून-शास्त्र के प्रति मन में आदर बढ़ा। उसके अंदर भी मुझे धर्म का तत्त्व दिखाई पड़ा। 'ट्रस्टी' यों करोड़ों की संपत्ति रखते हैं, फिर भी उसकी एक पाई पर उनका अधिकार नहीं होता। इसी तरह मुमुक्षु को अपना आचरण रखना चाहिए–यह पाठ मैंने गीता से सीखा। अपरिग्रही होने के लिए समभाव रखने के लिए, हेतु का और हृदय का परिवर्तन आवश्यक है,यह बात मुझे दीपक की तरह स्पष्ट दिखाई देने लगी। मैंने बंबई में एक बीमा-एजेंट के समझाने में आकर अपना दस हजार का बीमा करा लिया था। जब ये विचार मेरे मन में उठे, तो तुरंत रेवाशंकर भाई को बंबई लिखा कि बीमे की पॉलिसी रद्द कर दी जाए। कुछ रुपया वापस मिल जाए तो ठीक, नहीं तो खैर। बाल-बच्चों और गृहिणी की रक्षा वह ईश्वर करेगा, जिसने उनको और हमको पैदा किया है। यह मेरे उस पत्र का आशय था। पिता के समान अपने बड़े भाई को लिखा–"आज तक मैं जो बचाता रहा, आपको अर्पण करता रहा। अब मेरी आशा छोड़ दीजिये। अब तो कुछ धन रहेगा, वह यहीं वे सार्वजनिक कामों में लगेगा।"

इसी समय (1904) मैंने 'इंडियन ओपीनियन' नामक एक साप्ताहिक पत्र के संपादन का भार अपने ऊपर ले लिया। उसमें दक्षिण अफ्रीका के प्रवासी भारतीयों के हितों से संबंध रखने वाली समस्याओं की चर्चा होती थी। थोड़े ही दिनों में मैंने यह जान लिया कि बिना आर्थिक मदद के पत्र चलना असंभव है। मैं अपनी बचत उसमें लगाता रहा। यहां तक कि ऐसा करते-करते मैं अपना सब कुछ उसी में खपाने लगा। जिस तरह आज 'यंग इंडिया', 'नवजीवन' मेरे जीवन के प्रतिबिंब हैं, उसी प्रकार 'इंडियन ओपीनियन' भी था। उसी में मैं प्रति सप्ताह अपनी आत्मा को उंडेलता और उस चीज को समझाने का प्रयत्न करता, जिसे मैं 'सत्याग्रह' के नाम से पहचानता था। जेल के दिनों को छोड़ कर दस वर्ष तक अर्थात् 1914 तक के 'इंडियन ओपीनियन' का शायद ही कोई अंक ऐसा गया हो, जिसमें मैंने एक भी शब्द बिना विचारे बिना तोले लिखा हो। यह अखबार मेरे लिए संयम की तालीम का काम देता था। मैं जानता हूं कि उसके लेखों की बदोलत टीकाकारों को भी अपनी कलम पर अंकुश रखना पड़ता था। यदि यह अखबार न होता, तो सत्याग्रह-संग्राम न चल सकता। पाठक इसे अपना पत्र समझते थे और इसमें उन्हें सत्याग्रह-संग्राम तथा दक्षिण-अफ्रीका-स्थित हिंदुस्तानियों की दशा का चित्र दिखाई पड़ता था।

इसी पत्र के स्तंभों में मैंने आहार-शास्त्र पर लेख-माला लिखी थी, जो बाद में

संकलित होकर पुस्तकाकार छपी थी और जिसके अंग्रेजी अनुवाद 'गाइड टु हैल्थ' ने पूर्व और पश्चिम के बहुतेरे पाठकों को जिंदगी को बहुत ज्यादा बदल डाला है।

## 24. एक पुस्तक का चमत्कारी प्रभाव

कुछ खास-खास किताबों का असर मेरे जीवन पर बहुत गहरा पड़ा है। लेकिन जिस पुस्तक ने मेरे जीवन में सबसे ज्यादा क्रांतिकारी परिवर्तन कर दिया है, वह रस्किन की 'अनटु दिस लास्ट' पुस्तक है।

1904 में 'इंडियन ओपीनियन' का कारोबार व्यवस्थित करने के लिए मेरा डरबन जाना हुआ। मि. एलबर्ट वेस्ट मेरे एक अंग्रेज मित्र थे। वह छापेखाने का काम करते थे। मेरे कहने से वह अपना काम छोड़ कर 'इंडियन ओपीनियन' के हिसाब-किताब को ठीक-ठीक करने के लिए डरबन गये और वहां जाकर मुझे सूचित किया कि पत्र की आर्थिक दशा बहुत चिंताजनक है।

वेस्ट का ऐसा पत्र पाकर मैं नेटाल के लिए रवाना हुआ। मिस्टर पोलक, जो मेरे साथी हो चुके थे, स्टेशन पर मुझे पहुंचाने आये और रस्किन की उपर्युक्त पुस्तक मेरे हाथ में रखकर बोले, "यह पुस्तक पढ़ने लायक है, आपको जरूर पसंद आयेगी।"

पुस्तक को मैंने जो एक बार पढ़ाना शुरू किया तो खत्म किये बिना न छोड़ सका। उसने मेरे हृदय पर अधिकार कर लिया। जोहान्सबर्ग से नेटाल चौबीस घंटे का रास्ता है। ट्रेन शाम को डरबन पहुंचती थी। पहुंचने के बाद रात भर नींद नहीं आई। इस पुस्तक के विचारों के अनुसार जीवन बनाने की धुन लग रही थी।

मेरे जीवन में यदि किसी पुस्तक ने तत्काल महत्वपूर्ण रचनात्मक परिवर्तन कर डाला है तो वह यही पुस्तक है। बाद को मैंने इसका गुजराती में अनुवाद किया और वह 'सर्वोदय'[1] के नाम से प्रकाशित हुआ।

मेरा यह विश्वास है कि जो चीज मेरे अंतर में बसी हुई थी, उसका स्पष्ट प्रतिबिंब मैंने रस्किन के इस ग्रंथ में देखा और इस कारण उसने मुझ पर अपना साम्राज्य जमा लिया एवं अपने विचारों के अनुसार मुझसे आचरण करवाया। हमारी अंतस्थ सुप्त भावनाओं को जाग्रत करने की सामर्थ्य जिसमें होती है, वह कवि है। सब कवियों का प्रभाव सब पर एक-सा नहीं होता, क्योंकि सब लोगों में सभी अच्छी भावनाएं एक मात्रा में नहीं होतीं।

'सर्वोदय' के सिद्धांतों को मैं इस प्रकार समझा:

1.सब के भले में अपना भला है।

2.वकील और नाई दोनों के काम की कीमत एक-सी होनी चाहिए; क्योंकि आजीविका का हक दोनों को एक-सा है।

---

1. हिंदी में यह इसी नाम से 'सस्ता साहित्य मण्डल' से प्रकाशित हुई है।

3.मजदूर का और किसान का, अर्थात् परिश्रम का जीवन ही सच्चा जीवन है।

पहली बात तो जानता था। दूसरी का मुझे आभास हुआ करता था; पर तीसरी तो मेरे विचार-क्षेत्र में आई तक न थी। पहली बात में पिछली दोनों बातें समाविष्ट हैं, यह बातें 'सर्वोदय' से मुझे सूर्यप्रकाश की तरह स्पष्ट दिखाई देने लगीं। सुबह होते ही मैं उसके अनुसार अपने जीवन को बनाने के लिए तैयार हो गया।

## 25. फिनिक्स की स्थापना

मैंने सबसे पहले वेस्ट से इस संबंध में बातें कीं। 'सर्वोदय' का जो प्रभाव मेरे मन पर पड़ा, वह मैंने उन्हें कह सुनाया और सुझाया कि 'इंडियन ओपीनियन' को एक खेत पर ले जाएं तो कैसा? वहां सब एक साथ रहें, एक-सा भोजन खर्च लें, अपने लिए सब खेती कर लिया करें और बचत के समय में 'इंडियन ओपीनियन' का काम करें। वेस्ट को यह बात पसंद आई। भोजन-खर्च का हिसाब लगाया गया तो कम-से-कम तीन पौंड प्रति मनुष्य आया। तुरंत ही मैंने अखबार में विज्ञापन दिया कि डरबन के नजदीक किसी भी स्टेशन के पास जमीन की आवश्यकता है। उत्तर में फिनिक्स की जमीन का संदेशा आया। वेस्ट और मैं जमीन देखने गये और सात दिन के अंदर बीस एकड़ जमीन ले ली। उसमें एक छोटा-सा पानी का झरना भी था; कुछ आम के और कुछ संतरे के पेड़ थे। पास ही 80 एकड़ का एक और टुकड़ा था। उसमें फलों के पेड़ ज्यादा थे और एक झोंपड़ा भी था। कुछ समय के बाद उसे भी खरीद लिया। दोनों के मिलकर एक हजार पौंड लगे। सेठ पारसी रुस्तमजी मेरे ऐसे तमाम साहस के कामों में साथी होते थे। उन्हें मेरी यह तजबीज पसंद आई। इसलिए उन्होंने अपने एक गोदाम में टीन वगैरा, जो उनके पास पड़े थे, मुफ्त में हमें दे दिये। कितने ही हिंदुस्तानी बढ़ई और राज जो मेरे साथ लड़ाई में थे, इसमें मदद देने के लगे और कारखाना बनने लगा। एक महीने में मकान तैयार हो गया, जो 75 फुट लंबा और 50 फुट चौड़ा था चौड़ा था। वेस्ट वगैरा अपने शरीर को खतरे में डालकर भी बढ़ई आदि के साथ रहने लगे। फिनिक्स में घास खूब थी और आबादी बिल्कुल नहीं थी। इससे सांप आदि का उपद्रव रहता था और खतरा भी था। धीरे-ध ीरे हमने वहां की सफाई की और उसे रहने लायक बना लिया। हम कोई एक सप्ताह ही में बहुतेरा सामान गाड़ियों पर लादकर फिनिक्स चले गये। डरबन और फिनिक्स में तेरह मील का फासला था। मेरे साथ जो-जो रिश्तेदार वगैरा वहां गये थे वे व्यापार आदि में लग गये थे, उन्हें फिनिक्स में दाखिल करने का प्रयास मैंने किया। कितने ही लोगों को मेरी बात जंच गई। इन सब में आज तो (अब स्वर्गस्थ) मगनलाल गांध ी का नाम मैं चुनकर पाठकों के सामने रखता हूं, क्योंकि दूसरे लोग जो राजी हुए थे, वे थोड़े बहुत समय तक फिनिक्स में रहकर फिर धन-संचय के फेर में पड़ गये। मगनलाल गांधी तो अपना काम छोड़ कर जो मेरे साथ आये, सो अब तक रह रहे

हैं और अपने बुद्धि-बल, त्याग, शक्ति एवं अनन्य भक्ति-भाव से मेरे आंतरिक प्रयोगों में मेरा साथ देते हैं एवं मेरे मूल साथियों में आज उनका स्थान सब में प्रधान है। फिर एक स्वयं-शिक्षित कारीगर के रूप में तो उनका स्थान मेरी दृष्टि में अद्वितीय है।

इस तरह सन् 1904 में फिनिक्स की स्थापना हुई और विघ्नों और कठिनाइयों में रहते हुए भी फिनिक्स-संस्था एवं 'इंडियन ओपीनियन' दोनों आज तक चल रहे हैं, परंतु इस संस्था के आरंभ काल की मुसीबतें और उस समय की आशा-निराशाएं जानने लायक हैं।

फिनिक्स में 'इंडियन ओपीनियन' का पहला अंक प्रकाशित करना आसान साबित न हुआ। यदि दो बातों में मैंने पहले ही से सावधानी न रखी होती तो अंक एक सप्ताह बंद रहता या देर में निकलता। इस संस्था में एंजिन से चलने वाले यंत्रों को मंगाने की मेरी इच्छा कम ही रही थी। मेरी भावना यही थी कि जब हम खेती भी खुद हाथों से ही करना चाहते हैं तब छापे की कल भी ऐसी क्यों न लाई जाए, जो हाथ से चल सके। पर उस समय यह अनुभव हुआ कि यह बात सध न सकेगी। इसलिए ऑयल एंजिन मंगवाया गया था, परंतु मुझे यह खटका रहा कि कहीं वहां पर यह तेल-यंत्र बंद न हो जाए, सो मैंने वेस्ट को सुझाया कि ऐसे समय के लिए कोई और काम-चलाऊ साधन भी हम अभी से जुटा रखें तो अच्छा। इसलिए उन्होंने हाथ से चलाने का भी एक चक्का मंगा रखा था और ऐसी तजबीज कर रखी थी कि मौका पड़ने पर उससे छापे की कल चलाई जा सके। 'इंडियन ओपीनियन' का आकार दैनिक पत्र के बराबर लंबा-चौड़ा था। अगर बड़ी कल कहीं अड़ जाए तो ऐसी सुविधा वहां नहीं थी कि इतने बड़े आकार का पत्र छापा जा सके। इससे पत्र के उस अंक के बंद रहने की ही अंदेशा रहता। इस दिक्कत को दूर करने के लिए अखबार का आकार छोटा कर दिया कि कठिनाई के समय छोटी कल को भी पांव से चलाकर अखबार थोड़े ही पन्ने का क्यों न हो, प्रकाशित हो सके।

आरंभ-काल में 'इंडियन ओपीनियन' की प्रकाशन-तिथि की अगली रात को सबको थोड़ा-बहुत जागरण करना ही पड़ता था। पन्नों को भांजने में छोटे-बड़े सब लोग लग जाते और रात को दस-बारह बजे यह काम खत्म होता। परंतु पहली रात तो इस प्रकार बीती, जिसे कभी भूल ही नहीं सकते। पन्नों का चौखटा तो मशीन पर कस गया, पर एंजिन अड़ गया, उसने चलने से इंकार कर दिया। एंजिन को जमाने और चलाने के लिए एक इंजीनियर बुलाया गया था। उसने और वेस्ट ने खूब सिर खपाया, पर एंजिन टस-से-मस न हुआ। सब अपना-सा मुंह लेकर बैठ गये। अंत में वेस्ट निराश होकर मेरे पास आये। उनकी आंखें आंसुओं से छलछला रही थीं। उन्होंने कहा, "अब आज तो एंजिन चलने की आशा नहीं और इस सप्ताह का अखबार हम समय पर न निकाल सकेंगे।"

"अगर यही बात है, तब तो अपना कुछ बस नहीं; पर इस तरह आंसू बहाने की आवश्यकता नहीं। और कुछ कोशिश कर सकते हों तो कर देखें। हां, वह हाथ से

चलाने का चक्का तो हमारे पास रखा है; वह किस दिन काम आयेगा?"–यह कहकर मैंने उन्हें आश्वासन दिया।

वेस्ट ने कहा, "पर उस चक्के को जलाने वाले आदमी हमारे पास कहां है? हम लोग जितने हैं, उतने से वह नहीं चल सकता। उसे चलाने के लिए बारी-बारी से चार-चार आदमियों की जरूरत है और हम लोग थक भी चुके हैं।"

बढ़ई लोगों का काम अभी पूरा नहीं हुआ था, इससे वे लोग अभी छापाखने में ही सो रहे थे। उनकी तरफ इशारा करके मैंने कहा–"ये मिस्त्री लोग मौजूद हैं, इनकी मदद क्यों न लें? और आज की रात-भर हम सब जागकर छापने की कोशिश करेंगे। बस इतना ही कर्त्तव्य हमारा भी बाकी रह जाता है।"

"मिस्त्रियों को जगाने और उनसे मदद मांगने की मेरी हिम्मत नहीं होती। हमारे जो लोग थक गये हैं, उनसे भी कैसे कहूं?"

"यह काम मेरे जिम्मे रहा।"–मैंने कहा।

"तब तो मुमकिन है कि सफलता मिल जाए।"

मैंने मिस्त्रियों को जगाया और उनकी मदद मांगी, मुझे उनकी खुशामद नहीं करनी पड़ी। उन्होंने कहा, "वाह! ऐसे वक्त यदि हम काम न आये तो हम आदमी क्या? आप आराम कीजिए, हम लोग चक्का चलाएंगे। हमें इसमें कोई मेहनत नहीं है।" और इधर छापेखाने के लोग तैयार थे ही।

अब तो वेस्ट के हर्ष का पार न रहा। वह काम करते-करते भजन गाने लगे। चक्का चलाने में मैंने भी मिस्त्रियों का साथ दिया और दूसरे लोग भी बारी-बारी से चलाने लगे। साथ ही पन्ने भी छपने लगे।

सुबह के सात बजे होंगे। मैंने देखा कि अभी बहुत काम बाकी पड़ा है। मैंने वेस्ट से कहा, "अब हम इंजीनियर को क्यों न लगा लें, अब दिन की रोशनी में वह और सिर खपा देखे। अगर एंजिन चल जाय तो अपना काम समय पर पूरा हो सकता है।"

वेस्ट ने इंजीनियर को जगाया। वह उठ खड़ा हुआ और एंजिन के कमरे में गया। शुरू करते ही एंजिन चल निकला। प्रेस हर्ष-नाद से गूंज उठा। सब कहने लगे–"यह कैसे हो गया? रात को इतनी मेहनत करने पर भी नहीं चला और अब हाथ लगते ही इस तरह चल पड़ा, मानो इसमें कुछ बिगड़ा ही न था।" वेस्ट ने या इंजीनियर ने जवाब दिया–"इसका उत्तर देना कठिन है। ऐसा जान पड़ता है मानो यंत्र भी हमारी तरह आराम चाहते हैं। कभी-कभी तो उनकी भी हालत ऐसी ही देखी जाती है।"

मैंने तो यह माना कि एंजिन का न चलना हमारी परीक्षा थी और ऐन मौके पर चल जाना हमारी शुद्ध मेहनत का शुभ फल था।

इसका परिणाम यह हुआ कि 'इंडियन ओपीनियन' नियत समय पर स्टेशन पहुंच गया और हम सबकी चिंता मिटी।

हमारे इस आग्रह का फल यह हुआ कि 'इंडियन ओपीनियन की नियमितता की छाप लोगों के दिल पर पड़ी और फिनिक्स में मेहनत का वातावरण फैला। इस संस्था

के जीवन में ऐसा भी एक युग आ गया था, जब जान-बूझ कर एंजिन बंद रखा गया था और दृढ़तापूर्वक हाथ के चक्के से ही काम चलाया गया था। मैं कह सकता हूं कि फिनिक्स के जीवन में यह ऊंचे-से-ऊंचा नैतिक काल था।

यह काम अभी ठिकाने लगा ही न था, मकान भी अभी तैयार न हुए थे कि इतने में ही इस नये रचे कुटुंब को छोड़ कर मुझे जोहान्सबर्ग भागना पड़ा। जोहान्सबर्ग आकर मैंने पोलक को इस महत्त्वपूर्ण परिवर्तन की सूचना दी। अपनी दी हुई पुस्तक का यह परिणाम देखकर उनके आनंद की सीमा न रही।

उन्होंने 'क्रिटिक' पत्र के मालिक को एक महीने का नोटिस देकर अपना इस्तीफा पेश कर दिया। मियाद खत्म होने पर वह फिनिक्स आ पहुंचे और हमारे कुटुंबी बनकर वहां बस गये।

पर खुद मैं ही उन्हें वहां अधिक समय तक न रख सका। जोहान्सबर्ग के दफ्तर के काम का बोझ अकेले के बस का न था। इसलिए मैंने पोलक के दफ्तर में रहने और वकालत करने के लिए कहा। इसमें मैंने यह सोचा था कि उनके वकील हो जाने के बाद अंत को हम दोनों फिनिक्स में जा पहुंचेंगे; परंतु हमारी ये सब कल्पनाएं अंत में झूठी साबित हुईं। काम इतना बढ़ गया कि मैं फिनिक्स न जा सका और मुझे इसी बात से संतोष करना पड़ा कि मैं अपने जीवन को और गृहस्थी को 'सर्वोदय' के आदर्शों के अनुसार ढाल सका।

एक बैरिस्टर के घर में जितनी सादगी रखी जा सकती थी, उतनी रखी गई। हर काम हाथ से करने का शौक बढ़ा और उसमें बालकों को भी शामिल करने का उद्योग किया गया।

बाजार से रोटी (डबल रोटी) खरीदने के बदले घर में हाथ से बिना खमीर की रोटी बनाना शुरू किया। ऐसी रोटी में मिल का आटा काम नहीं दे सकता था। फिर मिल के आटे के बजाय हाथ का आटा इस्तेमाल करने में सादगी, तंदरुस्ती और धन, सबकी रक्षा होती थी। इसलिए सात पौंड खर्च करके हाथ से आटा पीसने की एक चक्की खरीदी। इसका पहिया भारी था, इसलिए चलाने में एक को जरा दिक्कत होती थी और दो आदमी आसानी से चला सकते थे। चक्की चलाने का काम खासकर पोलक, मैं और बच्चे करते थे। यह कसरत बालकों के लिए बहुत अच्छी साबित हुई। घर साफ रखने के लिए एक नौकर था। पाखाना उठा ले जाने के लिए म्युनिसिपैलिटी का नौकर आता था, परंतु पाखाने का कमरा साफ रखना, बैठक धोना वगैरा काम नौकर से नहीं लिया जाता था और न इसकी आशा ही रखी जाती थी। यह काम हम लोग खुद करते थे, क्योंकि उससे भी बच्चों को तालीम मिलती थी। इसका फल यह हुआ कि मेरे किसी भी लड़के को शुरू से ही पाखाना साफ करने की झिझक न रही और आरोग्य के सामान्य नियम भी वे सहज ही सीख गये। जोहान्सबर्ग में कोई बीमार तो शायद ही पड़ता, परंतु यदि कोई बीमार होता तो उसकी सेवा आदि में बालक, अवश्य शामिल होते और वे इस काम को बड़ी खुशी से करते। यह तो नहीं

कह सकते कि उनके अक्षर अर्थात् पुस्तक की शिक्षा की मैंने परवाह न की, परंतु मैंने उसका त्याग करने में कुछ संकोच नहीं किया। इस कमी के लिए मेरे लड़के मेरी शिकायत कर सकते हैं और कई बार उन्होंने अपना असंतोष प्रदर्शित भी किया है। मैं मानता हूं कि उसमें कुछ अंश तक मेरा दोष है। उन्हें पुस्तक की शिक्षा देने की इच्छा मुझे बहुत हुआ करती, मैं कोशिश भी करता; परंतु इस काम में हमेशा कुछ-न-कुछ विघ्न आ खड़ा होता। उनके लिए घर पर दूसरी शिक्षा का प्रबंध नहीं किया था। इसलिए मैं उन्हें अपने साथ दफ्तर ले जाता। दफ्तर ढाई मील था। इसलिए सुबह-शाम मिलकर पांच मील की कसरत उनको और मुझे हो जाया करती। रास्ते चलते हुए उन्हें कुछ सिखाने की कोशिश करता, पर वह भी तभी, जब दूसरे कोई साथ चलने वाले न होते। दफ्तर में मवक्किलों और मुंशियों के संपर्क में वे आते, मैं बता देता था तो कुछ पढ़ते, इधर-उधर घूमते, बाजार से कोई सामान-सौदा लाना होता तो लाते। सबसे बड़े लड़के हीरालाल को छोड़कर सब बच्चे इसी तरह परवरिश पा गये। हीरालाल देश में रह गया था। यदि मैं अक्षर-ज्ञान के लिए एक घंटा भी नियमित रूप से दे पाता तो मैं मानता कि उन्हें आदर्श शिक्षण मिला, किंतु मैं यह नियम न रख सका, इसका दु:ख उनको और मुझको रह गया है। सबसे बड़े बेटे ने तो अपने जी की जलन मेरे तथा सर्वसाधारण के सामने प्रकट की है। दूसरों ने अपने हृदय की उदारता से काम लेकर, इसे दोष को अनिवार्य समझकर, सहन कर लिया है, पर इस कमी के लिए मुझे पछतावा नहीं होता और कुछ है भी, तो इतना ही कि मैं एक आदर्श पिता साबित न हुआ; परंतु यह मेरा मत है कि उसके मूल में अज्ञान हो, पर मैं इतना कह सकता हूं कि वह सद्भावनापूर्ण था। उनके चरित्र और जीवन के निर्माण करने के लिए जो कुछ उचित और आवश्यक था, उसमें मैंने कोई कसर नहीं रहने दी है। और मैं मानता हूं कि प्रत्येक माता-पिता का यह अनिवार्य कर्त्तव्य है। मेरी इतनी कोशिश के बाद भी मेरे बालकों के जीवन में जो खामियां दिखाई दी हैं, मेरा यह दृढ़ मत है कि वे हम दम्पत्ति की खामियों के प्रतिबिंब हैं।

बालकों को जिस तरह मां-बाप की आकृति विरासत में मिलती है, उसी तरह उनके गुण-दोष भी विरासत में मिलते हैं। हां, आस-पास के वातावरण के कारण तरह-तरह घटी-बढ़ी जरूर हो जाती है, परंतु मूल पूंजी तो वही रहती है, जो उन्हें बाप-दादों से मिली होती है। यह भी मैंने देखा है कि कितने ही बालक दोषों की इस विरासत से अपने को बचा लेते हैं पर यह तो आत्मा का मूल स्वभाव है; उसकी बलिहारी है।

जबकि मैं इस तरह अनुशासन में रहता था और बच्चों को रख रहा था, एक ऐसी घटना हुई, जिसमें मुझे जोहान्सबर्ग का अपना घर छोड़ना और अपने बाल-बच्चों को फिनिक्स रहने के लिए भेज देना पड़ा। मि. पोलक ने अपने लिए अलग एक छोटा घर ले लिया। यह घटना 'जुलू-विद्रोह' थी।

# 26. जुलू-विद्रोह

बोअर-युद्ध की तरह जुलू-बलवा भी एक ऐसा अवसर था, जिसमें मैंने ब्रिटिश साम्राज्य के प्रति वफादारी की भावना से प्रेरित होकर काम किया। मुझे जुलू लोगों से कोई दुश्मनी नहीं थी। उन्होंने एक भी हिंदुस्तानी को नुकसान नहीं पहुंचाया था। मैं तो उसका विद्रोह भी नहीं कर सकता था, परंतु मैं उस समय अंग्रेजी सल्तनत को संसार के लिए कल्याणकारी मानता था। मैं हृदय से उसका वफादार था। उसका नाश मैं नहीं चाहता था।

मैं अपने को नेटाल-निवासी मानता था और नेटाल के साथ मेरा निकट संबंध तो था ही। इसलिए मैंने वहां के गवर्नर को पत्र लिखा कि यदि जरूरत हो तो मैं घायलों की सेवा-सुश्रूषा करने के लिए हिंदुस्तानियों की एक टुकड़ी लेकर जाने को तैयार हूं। गवर्नर ने तुरंत ही इसको स्वीकार कर लिया और डरबन पहुंच कर मैंने आदमी मांगे। हम चौबीस आदमी तैयार हुए। मुझे सारजेण्ट-मेजर का अस्थायी पद दिया और मेरे पसंद किये दूसरे सज्जनों को सारजेण्ट की और एक को कारपोरल की पदवियां दीं।

इस टुकड़ी ने छः सप्ताह तक सतत सेवा की। 'विद्रोह' के स्थल पर जाकर मैंने देखा कि वहां से विद्रोह-जैसा कुछ नहीं था। वह तो एक प्रकार का कर-बंदी आंदोलन-मात्र था। जो हो, मेरा हृदय तो इन जुलूओं की तरफ था और अपनी छावनी में पहुंचने पर जब हमें खासतौर से जुलू-घायलों की सुश्रुषा का काम दिया गया तो मुझे बड़ी खुशी हुई। उस डॉक्टर अधिकारी ने हमारे इस सेवा का स्वागत करते हुए कहा, "गोरे लोग इन घायलों की सेवा करने के लिए तैयार नहीं होते। मैं अकेले क्या करता? इनके घाव सड़ रहे हैं। आप आ गये, यह अच्छा हुआ। इसे मैं इन निरपराध लोगों पर ईश्वर की कृपा ही समझता हूं।" यह कहकर मुझे पट्टियां और कीटाणुनाशक पानी दिया और उन घायलों के पास ले गये। घायल यह देखकर बड़े आनंदित हए।

जिन रोगियों की सुश्रूषा का काम हमें सौंपा गया था, वे लड़ाई के घायल लोग थे। उनमें एक हिस्सा तो उन कैदियों का था, जो शक में पकड़े गये थे। जनरल ने उन्हें कोड़े की सजा दी थी। इससे उन्हें ऐसे घाव हो गये थे। और उनका इलाज न होने के कारण वे पक गये थे। दूसरा हिस्सा उन लोगों का था, जो जुलू-मित्र कहलाते थे। ये मित्रता-दर्शक चिह्न पहने हुए थे। फिर भी इन्हें सिपाहियों ने भूल से जख्मी कर दिया था। हमें एक जल्दी चलने वाली सेना के साथ काम दिया गया था, जो

खतरे की जगह दौड़ जाया करती थी। दो-तीन बार एक दिन में चालीस मील तक चलने का प्रसंग आ गया था। वहां भी हमें तो बस यही सेवा का काम मिला। जो जुलू-मित्र भूल से घायल हो गये थे, उन्हें हम डोलियों में उठाकर पड़ाव पर ले जाते थे और वहां उनकी सुश्रूषा करते थे।

'जुलू-विद्रोह' लड़ाई नहीं, बल्कि मनुष्यों का शिकार मालूम होता था। अकेले मेरा ही नहीं, बल्कि दूसरे अंग्रेजों का भी यही ख़्याल था। सुबह होते ही हमें सैनिकों की गोला-बारी की आवाज सुनाई पड़ती, जो गांवों में जाकर गोलियां चलाते थे।

इन शब्दों को सुनना और ऐसी स्थिति में रहना मुझे बहुत बुरा मालूम हुआ; परंतु मैं इस कड़वे घूंट को पीकर रह गया। ईश्वर-कृपा से काम भी जो मुझे मिला, वह भी जुलू लोगों की सेवा का ही। मेरा तो यह विश्वास हो गया था कि यदि हमने इस काम के लिए कदम न बढ़ाये होते तो दूसरे कोई इसके लिए तैयार न होते। इस बात को ध्यान में लाकर मैंने अपनी आत्मा को शांत किया।

## 27. जीवन-भर का निश्चय

इस तरह यद्यपि मेरी अंतरात्मा को शांति मिली, तथापि दूसरी ऐसी बातें भी थीं, जिनसे मन में विचार जाग्रत होते थे। मीलों तक जब हम बिना बस्ती वाले प्रदेशों में लगातार किसी घायल को लेकर अथवा खाली हाथ मंजिल तय करते, तब मेरा मन तरह-तरह के विचारों में डूब जाता।

यहां ब्रह्मचर्य-विषयक मेरे विचार परिपक्व हुए। अपने साथियों के साथ भी मैंने उसकी चर्चा की। हां, यह बात अभी मुझे स्पष्ट दिखाई नहीं देती थी कि ईश्वर-दर्शन के लिए ब्रह्मचर्य अनिवार्य है, परंतु यह बात मैं अच्छी तरह जान गया कि सेवा के लिए उसकी बहुत आवश्यकता है। मैं जानता था कि इस प्रकार की सेवाएं मुझे दिन-दिन अधिकाधिक करनी पड़ेंगी और यदि मैं भोग-विलास में, प्रजोत्पत्ति में और संतति-पालन में लगा रहा तो मैं पूरी तरह सेवा न कर सकूंगा।

मैं दो घोड़ों पर सवारी नहीं कर सकता। यदि पत्नी इस समय गर्भवती होती तो मैं निश्चिंत होकर आज इस सेवा-कार्य में नहीं कूद सकता था। यदि ब्रह्मचर्य का पालन न किया जाए तो कुटुंब-वृद्धि मनुष्य के उस प्रयत्न की विरोधक हो जाए, जो उसे समाज के अभ्युदय के लिए करना चाहिए, पर यदि विवाहित होकर भी ब्रह्मचर्य का पालन हो सके तो कुटुंब-सेवा समाज-सेवा की विरोधी नहीं हो सकती।

ये विचार अभी मैं अपने मन में गढ़ ही रहा था और शरीर को कस ही रहा था कि इतने में कोई यह अफवाह लाया कि 'विद्रोह' शांत हो गया है और अब हमें छुट्टी मिल जाएगी। दूसरे ही दिन हमें घर जाने का हुक्म हुआ और थोड़े ही दिनों बाद हम सब अपने-अपने घर पहुंच गये। इसके थोड़े ही दिनों बाद गवर्नर ने इस सेवा के निमित्त मेरे नाम धन्यवाद का एक खास पत्र भेजा।

मैंने तो उसी समय व्रत ले लिया कि जीवन-पर्यंत ब्रह्मचर्य का पालन करूंगा। इस व्रत का महत्व और उसकी कठिनता मैं उस समय पूरी तरह न समझ सका था। कठिनाइयों का अनुभव तो मैं आज तक भी करता रहता हूं। साथ ही व्रत का महत्त्व भी दिन-दिन अधिकाधिक समझता जाता हूं। ब्रह्मचर्यहीन जीवन मुझे शुष्क और पशुवत् मालूम होता है।

मैंने संयम-भंग करने वाले विषयों से बचने की अटल प्रतिज्ञा की। व्रत लेने के विरुद्ध जितनी भी लुभावनी दलीलें हो सकती हैं, उनमें से किसी के वशीभूत मैं न हुआ। अटल व्रत एक मिले की तरह है, जो भयंकर मोहों और प्रलोभनों से मनुष्य की रक्षा कर सकता है, यह हमारी दुर्बलताओं और चंचलताओं का अचूक इलाज है। निष्कुलानंद ने ठीक ही कहा है:

**त्याग ने टिके रे वैराग्य बिना**

साधकावस्था में जब मनुष्य पर मोह और विकारों का हमला होता है, तब व्रत उसकी रक्षा के लिए अनिवार्य ही है।

मैंने जब तक (1906 में) यह व्रत ले नहीं लिया, तब तक अपनी पत्नी से कभी इस बारे में सलाह-मशविरा नहीं किया। मुझे खुशी हुई कि उसने इस पर कोई एतराज नहीं किया और उसको इसका बड़ा श्रेय है। 1906 के पहले उस स्वतंत्रता और आनंद का अनुभव मैंने कभी नहीं किया, जो मुझे व्रत लेने के बाद मिला और उधर एक महीने के अंदर-ही-अंदर 'सत्याग्रह' का सूत्रपात हुआ। मानो ब्रह्मचर्य-व्रत ही मुझे अज्ञात रूप से सत्याग्रह के लिए तैयार कर रहा था। सत्याग्रह की योजना पहले कभी दिमाग में आई ही नहीं थी। यह तो मेरी बिना इच्छा के अपने-आप ही सामने आ गया, लेकिन इतना मैं कह सकता हूं कि मेरे पिछले सब निश्चय मुझे उसे ध्येय की ओर ले चल रहे थे।

यद्यपि मुझे इस व्रत में उत्तरोत्तर प्रसन्नता होती जाती थी, पर लोग इससे यह न समझ लें कि मेरे लिए यह कोई आसान चीज थी। इस बुढ़ापे में भी मैं जानता हूं कि यह कितनी कठिन चीज है। दिन-प्रतिदिन मुझे यह मालूम होता जाता है कि इस व्रत का पालन करना तलवार की धार पर चलना है। मुझे पल-पल पर जाग्रत और सावधान रहने की आवश्यकता दिखाई देती है।

ब्रह्मचर्य का अर्थ है मन, वचन और कर्म से इंद्रियों का संयम। ब्रह्मचारी और भोगी के जीवन में क्या अंतर है, यह समझ लेना ठीक होगा। दोनों अपनी आंखों से देखते हैं; लेकिन ब्रह्मचारी देव-दर्शन करता है और भोगी नाटक-सिनेमा देखने में लीन रहता है। दोनों कर्णेन्द्रियों का उपयोग करते हैं, लेकिन जहां ब्रह्मचारी ईश्वर-भजन सुनता है, वहां भोगी-विलासी गीतों को सुनने में मगन रहता है। दोनों जागरण करते हैं, मगर एक अपने हृदयस्थ ईश्वर की आराधना करता है तो दूसरा नाच-गाने में सुध भूला रहता है। दोनों आहार करते हैं, मगर एक शरीर को ईश्वर का निवास समझकर उसकी रक्षा-भर के लिए कुछ खा लेता है और दूसरा स्वाद के लिए

पेट में अनेक पदार्थ भरकर उसे और दुर्गंधित बनाता है।

ऐसे ब्रह्मचर्य का पालन करने के लिए सतत प्रयत्नशील रहने की जरूरत है, लेकिन जो ईश्वर-साक्षात्कार के लिए ब्रह्मचर्य का पालन करना चाहते हैं, वे यदि अपने प्रयत्न के साथ ही ईश्वर पर श्रद्धा रखेंगे तो उन्हें निराश होने का कारण नहीं है। गीता में कहा भी है–

**विषया विनिवर्तन्ते निराहारस्य देहिनः।**
**रसवर्जं रसोऽप्यस्य परं दृष्ट्वा निवर्तते॥ (2-59)**

इसलिए आत्मार्थी का अंतिम साधन तो रामनाम और रामकृपा ही है। इस बात का अनुभव मैंने हिंदुस्तान आने पर ही किया।

## 28. घर में सत्याग्रह

1908 में मुझे पहली बार जेल का अनुभव हुआ। उस समय मुझे यह बात मालूम हुई कि जेल में जो कितने ही नियम कैदियों से पालन कराये जाते हैं, वे संयमी को अथवा ब्रह्मचारी को स्वेच्छापूर्वक पालन करने चाहिए; जैसे कैदियों को सूर्यास्त के पहले पांच बजे तक भोजन कर लेना चाहिए, उन्हें– फिर हब्शी हों या हिंदुस्तानी–चाय या कॉफी न दी जाए, नमक खाना हो तो अलहदा लें, स्वाद के लिए कोई चीज न खिलाई जाए, आदि। जब मैंने जेल के डॉक्टर से कैदियों के लिए 'करी पाउडर' मांगा और नमक रसोई पकाते वक्त ही डालने के लिए कहा तो उन्होंने जवाब दिया, "आप लोग यहां स्वादिष्ट चीजें खाने के लिए नहीं आये हैं। आरोग्य के लिए नमक चाहे ऊपर से लिया जाए, चाहे पकाते वक्त डाल दिया जाए, एक ही बात है।"

खैर, यहां तो बड़ी मुश्किल से हम लोग भोजन में आवश्यक परिवर्तन करा पाये थे; परंतु संयम की दृष्टि से जब उन पर विचार करते हैं तो मालूम होता है कि ये प्रतिबंध अच्छे ही थे। बलात् नियमों का पालन करने से उनका फल नहीं मिलता; परंतु स्वेच्छा से ऐसे प्रतिबंधों का पालन किया जाए, तो वह बहुत उपयोगी हो सकता है। अतएव जेल से निकलने के बाद मैंने तुरंत इन बातों का पालन शुरू कर दिया। जहां तक हो सका था, चाय पीना बंद कर दिया और संध्या से पहले भोजन करने की आदत डाली, जो आज तो स्वाभाविक हो उठी है।

परंतु ऐसी भी घटना घटी, जिसकी बदौलत मैंने नमक भी छोड़ दिया था। वह सिलसिला लगभग दस बरस तक नियमित रूप से जारी रहा। अन्नाहार-संबंधी कुछ पुस्तकों में मैंने पढ़ा था कि मनुष्य के लिए नमक खाना आवश्यक नहीं है। जो नमक नहीं खाता है, आरोग्य की दृष्टि से उसे लाभ ही होता है और मेरी तो यह भी कल्पना दौड़ गई कि ब्रह्मचारी को भी उससे लाभ होगा। जिसका शरीर निर्बल हो, उसे दाल न खानी चाहिए, यह मैंने पढ़ा था और अनुभव भी किया था; परंतु मैं उसी समय यह छोड़ न सका; क्योंकि दोनों चीजें मुझे प्रिय थीं।

कस्तूरबाई को रक्त-स्राव की बीमारी थी, जिसके लिए उसका ऑपरेशन हुआ था। उसके बाद यद्यपि उसका रक्त-स्राव कुछ समय के लिए बंद हो गया था, तथापि बाद को वह फिर जारी हो गया। अबकी वह किसी तरह दूर न हुआ। पानी के इलाज बेकार साबित हुए। पानी के मेरे इन उपचारों पर पत्नी की बहुत श्रद्धा न थी; पर साथ ही तिरस्कार भी न था। दूसरा इलाज करने का भी मुझे आग्रह न था, इसलिए जब मेरे दूसरे उपचारों में सफलता न मिली, तब मैंने उसको समझाया कि दाल और नमक छोड़ दो। मैंने उसे समझाने की हद कर दी। अपनी बात के समर्थन में कुछ साहित्य भी पढ़ सुनाया; पर वह नहीं मानती थी। अंत में उसने झुंझलाकर कहा, "दाल और नमक छोड़ने के लिए तो आपसे भी कोई कहे तो आप भी न छोड़ेंगे।"

इस जवाब को सुनकर जहां मुझे दुःख हुआ, वहां हर्ष भी हुआ; क्योंकि इसमें मुझे अपने प्रेम का परिचय देने का अवसर मिला। उस हर्ष में मैंने तुरंत कहा, "तुम्हारा ख़याल गलत है। मैं यदि बीमार होऊं और मुझे यदि वैद्य इन चीजों को छोड़ने के लिए कहे तो जरूर छोड़ दूं। पर ऐसा क्यों? लो तुम्हारे लिए आज से ही दाल और नमक एक साल तक छोड़ देता हूं। तुम छोड़ो या न छोड़ो, मैंने छोड़ दिया।"

यह सुनकर पत्नी को बहुत दुःख हुआ। वह कह उठी–"माफ करो, आपका स्वभाव जानते हुए भी यह बात मेरे मुंह से निकल गई। अब मैं तो दाल और नमक न खाऊंगी; पर आप अपना वचन वापस ले लीजिये। यह तो मुझे भारी सजा दे दी।

मैंने कहा–" तुम दाल और नमक छोड़ दो तो बहुत ही अच्छा होगा। मुझे विश्वास है कि उससे तुम्हें लाभ ही होगा। परंतु मैं जो प्रतिज्ञा कर चुका हूं, वह नहीं टूट सकती। मुझे भी उससे लाभ ही होगा। हर किसी निमित्त से मनुष्य यदि संयम का पालन करता है तो इससे उसे लाभ ही होता है। इसलिए तुम इस बात पर जोर न दो, क्योंकि इससे मुझे भी अपनी आजमाइश कर लेने का मौका मिलेगा और तुमने जो इनको छोड़ने का निश्चय किया है, उस पर दृढ़ रहने में मदद मिलेगी।" इतना कहने के बाद तो मुझे मनाने की आवश्यकता नहीं रह गई थी। "आप तो बड़े हठी हैं, किसी का कहना मानना आपने सीखा ही नहीं।"

यों कहकर वह आंसू बहाती हुई चुप हो रही।

इसको मैं पाठकों के सामने सत्याग्रह के तौर पर पेश करना चाहता हूं और कहना चाहता हूं कि मैं इसे अपने जीवन की मीठी स्मृतियों में गिनता हूं।

इसके बाद कस्तूरबाई का स्वास्थ्य खूब संभलने लगा। अब यह नमक और दाल के त्याग का फल था, या उसके बाद दूसरे नियमों का पालन कराने की मेरी जागरूकता का फल था, या इस घटना के कारण जो मानसिक उल्लास हुआ, उसका फल था, यह मैं नहीं कह सकता, परंतु यह बात जरूरी हुई कि कस्तूरबाई का सूखा शरीर पनपने लगा। रक्तस्राव बंद हो गया और 'वैद्यराज' के रूप में मेरी साख कुछ बढ़ गई।

# 29. संयम की ओर

ऊपर कह चुका हूं कि भोजन में कितने ही परिवर्तन कस्तूरबाई की बीमारी की बदौलत हुए, पर अब तो दिन-दिन उसमें ब्रह्मचर्य की दृष्टि से परिवर्तन करता गया।

पहला परिवर्तन हुआ दूध का त्याग। दूध से विकार पैदा होते हैं–यह बात पहले-पहल रायचंद भाई से मालूम हुई थी। अन्नाहार-संबंधी अंग्रेजी पुस्तकें पढ़ने से इस विचार में वृद्धि हुई; परंतु जब तक ब्रह्मचर्य-व्रत नहीं लिया था तब तक दूध छोड़ने का इरादा खासतौर पर नहीं कर सका था। यह बात मैं तभी से समझ गया था कि शरीर की रक्षा के लिए दूध की आवश्यकता नहीं; पर उसका सहसा छूट जाना कठिन था। इधर मैं यह बात अधिकाधिक समझता ही जा रहा था कि संयम के लिए दूध छोड़ देना चाहिये कि कलकत्ते से कुछ ऐसा साहित्य मेरे पास आया, जिसमें ग्वालों द्वारा गाय-भैंसों पर होने वाले अत्याचारों का वर्णन था।

इस साहित्य का मुझ पर बड़ा असर हुआ और उसके संबंध में मैंने मि. केलनबेक से भी चर्चा की।

हालांकि मि. केलनबेक का परिचय मैं 'दक्षिण अफ्रीका के सत्याग्रह का इतिहास' में करा चुका हूं; परंतु यहां उनके संबंध में दो शब्द अधिक कहने की आवश्यकता है। उनकी-मेरी मुलाकात अनायास हो गई थी। मि. खान के वह मित्र थे। मि. खान ने देखा कि उनके अंदर गहरा वैराग्य भाव था। इसलिए मेरा ख़याल है कि उन्होंने उनसे मेरी भेंट कराई। जिन दिनों उनसे मेरा परिचय हुआ, उन दिनों उनके शौक और शाह-खर्चो को देख कर मैं चौंक उठा था; परंतु पहली ही मुलाकात में मुझसे उन्होंने धर्म के विषय में प्रश्न किया। उसमें भगवान बुद्ध की बात सहज ही निकल पड़ी। तबसे हमारा संपर्क बढ़ता गया और वह इस हद तक कि उसके मन में यह निश्चय हो गया कि जो कार्य मैं करूं, वह उन्हें भी अवश्य करना चाहिए। वह अकेले थे। अकेले के लिए मकान-खर्च के अलावा लगभग 1200 रुपये मासिक खर्च करते थे। यहां से अंत को वह इतनी सादगी पर आ गये कि उनका मासिक खर्च 120 रुपये हो गया। मेरे घरबार बिखेर देने और जेल से आने के बाद तो हम दोनों एक साथ रहने लगे थे। उस समय हम दोनों अपना जीवन अपेक्षाकृत बहुत कड़ाई से बिता रहे थे। दूध के संबंध में जब मेरी उनसे बातचीत हुई, तब हम साथ ही रहते थे। एक बार मि. केलनबेक ने कहा–"जब हम दूध में इतने दोष बताते हैं तो फिर उसे छोड़ क्यों न दें? वह अनिवार्य तो है ही नहीं।" उनकी इस राय को सुनकर मुझे बड़ा आनंद और आश्चर्य हुआ। मैंने तुरंत उनकी बात का स्वागत किया और हम दोनों

ने टॉलस्टॉय-फार्म में उसी क्षण दूध छोड़ दिया। यह बात 1912 की है।

पर हमें इतने में शांति न हुई। दूध छोड़ देने के थोड़े ही समय बाद केवल फल पर रहने का प्रयोग करने का निश्चय किया। फलाहार में भी धारणा यह रखी गई कि सस्ते-से-सस्ते फल से काम चलाया जाए। हम दोनों की आकांक्षा यह थी कि गरीब लोगों के अनुसार जीवन व्यतीत किया जाए। फलाहार में बहुतांश में चूल्हा सुलगाने की जरूरत नहीं होती, इसलिए कच्ची मूंगफली, कल, खजूर, नींबू और जैतून का तेल, यह हमारा खाना हो गया था।

जो लोग ब्रह्मचर्य का पालन करने की इच्छा रखते हैं, उनके लिए यहां एक चेतावनी देने की आवश्यकता है। यद्यपि मैंने ब्रह्मचर्य के साथ भोजन और उपवास का निकट संबंध बताया है, फिर भी यह निश्चित है कि उसका मुख्य आधार है हमारा मन।

मलिन मन उपवास से शुद्ध नहीं होता। भोजन का उस पर असर नहीं होता। मन की मलिनता विचार से, ईश्वर-ध्यान से और अंत को ईश्वर-प्रसाद से मिटती है; परंतु मन का शरीर के साथ निकट संबंध है और विकार-युक्त मन अपने अनुकूल भोजन की तलाश में रहता है और फिर उस भोजन और रोगों का असर मन पर होता है। इस अंश तक भोजन पर अंकुश रखने की और निराहार की आवश्यकता अवश्य उत्पन्न होती है।

मैंने संयम के हेतु से उपवास के प्रयोग आरंभ किये। वे श्रावण महीने के दिन थे और उस साल रमजान और श्रावण मास एक साथ आये थे। गांधी-कुटुंब में वैष्णव-व्रतों के साथ शैव-व्रतों का पालन किया जाता था। हमारे परिवार के लोग जिस प्रकार वैष्णव-देवालयों में जाते, उसी प्रकार शिवालयों में भी जाते। श्रावण-मास में प्रदोष-व्रत तो हर साल कुटुंब में कोई-न-कोई रखता ही था। इसलिए मैंने इस बार श्रावण मास के व्रत रखने का इरादा किया।

इस महत्त्वपूर्ण प्रयोग का आरंभ टॉलस्टॉय-आश्रम में हुआ। वहां सत्याग्रही कैदियों के कुटुंबों को एकत्र कर मैं और केलनबेक रहते थे। उनमें बालक और नवयुवक भी थे। उनके लिए एक पाठशाला खोली थी। इन नवयुवकों में चार-पांच मुसलमान भी थे। उन्हें मैं इस्लाम के नियम-पालन में मदद करता और उत्तेजना देता। नमाज वगैरह की सहूलियत कर देता। आश्रम में पारसी और ईसाई भी थे। नियम यह था कि सबको अपने-अपने धर्मों के अनुसार आचरण करने के लिए प्रोत्साहन दिया जाए। इसलिए मुसलमान नवयुवकों को मैंने रोजा रखने में उत्तेजन दिया और मुझे तो प्रदोष रखने ही थे; परंतु हिंदुओं, पारसियों और ईसाइयों को भी मैंने मुसलमान नवयुवकों का साथ देने की सलाह दी। मैंने उन्हें समझाया कि संयम-पालन में सबका साथ देना अच्छा है। बहुतेरे आश्रमवासियों ने बात पसंद की। हिंदू और पारसी लोग मुसलमान साथियों का पूरा-पूरा अनुकरण नहीं करते थे। करने की आवश्यकता भी नहीं थी। मुसलमान इधर सूरज डूबने की राह देखते, तब तक दूसरे लोग उनसे पहले भोजन कर लेते,

जिससे वे मुसलमानों को परोस सकें और उनके लिए खास चीजें तैयार कर सकें। इसके अलावा मुसलमान सरगही करते–अर्थात् व्रत के दिनों में सवेरे सूर्योदय से पहले भोजन करते थे, पर दूसरे लोग उसमें शरीक नहीं होते थे। इधर मुसलमान तो दिन में पानी भी नहीं पीते थे, पर दूसरे लोग जब चाहते, पी लिया करते।

इन प्रयोगों से मेरा यह अनुभव हुआ कि जिनका मन संयम की ओर झुक रहा है, उसके लिए भोजन की मर्यादा और निराहार बहुत सहायक होते हैं।

## 30. वकील-जीवन की कुछ स्मृतियां

दक्षिण अफ्रीका में वकालत करते हुए मुझे जो कुछ अनुभव हुए हैं, उनकी कुछ स्मृतियां यहां देना चाहता हूं। जब मैं पढ़ता था तब सुना था कि वकील का काम बिना झूठ बोले नहीं चल सकता, परंतु इसका मुझ पर कोई असर न होता था, क्योंकि मैं झूठ बोलकर न तो धन कमाना चाहता था, न पद-प्रतिष्ठा ही पाना चाहता था।

जहां तक मुझे याद है, वकालत करते हुए मैंने कभी असत्य का प्रयोग नहीं किया और आमदनी का एक बड़ा हिस्सा केवल लोक-सेवा के लिए ही अर्पित कर दिया था एवं उसके लिए मैं जेब-खर्च से अधिक नहीं लेता था। कभी-कभी तो वह भी छोड़ देता था। मवक्किल से भी पहले ही कह देता था कि यदि मामला झूठा हो तो मेरे पास न आना। गवाहों को बनाने का काम करने की आशा मुझसे न रखना। आगे जाकर तो मेरी ऐसी साख हो गई थी कोई झूठा मामला मेरे पास आता ही नहीं था। ऐसे मंवक्किल भी मेरे थे, जो अपने सच्चे मामले ही मेरे पास लाते और जिनमें जरा भी गंदगी होती, वे दूसरे वकील के पास ले जाते।

जोहान्सबर्ग की एक घटना मुझे याद आती है। मैं एक मुकदमे की पैरवी कर रहा था। मुकदमे के दौरान में मुझे मालूम हुआ कि मेरे मुवक्किल ने मुझे धोखा दिया है। कठघरे में वह बिल्कुल घबरा गया था। मैंने बिना साहस किये ही माजिस्ट्रेट से कहा कि मुकदमा खारिज कर दीजिये। विरोधी वकील को इस पर ताज्जुब हुआ। लेकिन मजिस्ट्रेट इससे खुश हुआ। इस घटना के कारण मेरी वकालत पर कोई बुरा असर नहीं हुआ, बल्कि मुझे कहना चाहिए कि उलटा मेरा काम आसान हो गया। मैंने यह भी अनुभव किया कि मेरे ख्याति भी बढ़ी। वहां के रंग-द्वेष के वातावरण में भी मैं कुछ मामलों में उनका प्रीति-पात्र भी बन जाता था।

पारसी रुस्तमजी का नाम दक्षिण अफ्रीका के हिंदुस्तानियों में घर-घर फैला हुआ था। सार्वजनिक कार्यों में अर्से से वह मेरे साथी थे। इन पर एक बार विपत्ति आ गई। हालांकि वह अपनी व्यापार-संबंधी बहुत-सी बातें मुझसे किया करते थे, फिर भी एक बात मुझसे छिपा रखी थी। बंबई, कलकत्ते से जो माल मंगाते उसकी चुंगी में चोरी कर लिया करते। तमाम अधिकारियों से उनका मेल-जोल अच्छा था। इसलिए किसी को उन पर शक नहीं होता था।

मगर एक बार उनकी यह चोरी पकड़ी गई। तब वह मेरे पास दौड़े आये। उनकी आंखों से आंसू निकल रहे थे। मुझसे कहा,"भाई, मैंने आपको धोखा दिया है। मेरा पाप आज प्रकट हो गया है। मैं चुंगी की चोरी करता हूं। यह बात मैंने आपसे छिपाई थी, अब इसके लिए पछताता हूं।"

मैंने उन्हें धीरज और दिलासा देकर कहा–"मेरा तरीका तो आप जानते ही हैं। छुड़ाना–न–छुड़ाना ईश्वर के हाथ है। मैं तो आपको उसी हालत में छुड़ा सकता हूं, जब आप अपना गुनाह कबूल कर लें।"

"परंतु मैंने आपके सामने कबूल कर लिया, इतना ही क्या काफी नहीं है?" रुस्तमजी सेठ ने कहा।

"आपने कसूर तो सरकार का किया है, मेरे सामने कबूल करने से क्या होगा?" मैंने धीरज से उत्तर दिया।

हमने उनके वकील से सलाह ली। उन्होंने मेरी तजवीज पसंद नहीं की, लेकिन पारसी रुस्तमजी ने मेरी सलाह पर चलना ही बेहतर समझा। मैंने कहा, "चुंगी के अफसर और अटार्नी–जनरल दोनों से मिलूंगा, क्योंकि उन्हीं पर इस मुकदमे के चलाने की जिम्मेदारी है। मैं उन्हें सुनाऊंगा कि पारसी रुस्तमजी पर जुर्माना कर दिया जाए। अगर वे राजी न हुए तो आपको जेल जाना होगा।" मैंने उन्हें समझाया कि जेल जाने में शर्म की बात नहीं है, शर्म की बात तो चोरी करने में है। मैं यह नहीं कह सकता कि रुस्तमजी सेठ इन सब बातों को ठीक–ठीक समझ गये हों, पर वह बहादुर आदमी थे।

उन्होंने कहा, "मैं तो आपसे कह चुका हूं कि मेरी गरदन आपके हाथ में है। जैसा आप मुनासिब समझें, करें।"

मैंने इस मामले में अपनी सारी कला और सौजन्य खर्च कर डाला। मैं दोनों अफसरों से मिला, चोरी की सारी बातें मैंने निःशंक होकर उनके कह दीं।

मुझे कहना चाहिए कि मेरी सत्य–प्रियता को उन्होंने देख लिया और उनके सामने मैं यह सिद्ध कर सका कि मैं कोई बात उनसे छिपाता नहीं था।

रुस्तमजी पर मुकदमा नहीं चलाया गया। हुक्म हुआ कि जितनी चोरी पारसी रुस्तमजी ने कबूल की है, उसके दूने रुपये ले लिये जाएं। और मुकदमा न चलाया जाए।

रुस्तमजी ने अपनी इस चुंगी–चोरी का किस्सा लिखकर शीशे में जड़ाकर अपने दफ्तर में टांग दिया और अपने वारिसों तथा व्यापारियों को ऐसा करने के लिए खबरदार कर दिया।

# 31. सत्याग्रह का जन्म

जुलू-विद्रोह में सौंपे गये अपने काम को खत्म करके जब मैं अपने फिनिक्स के सहयोगियों से अपनी योजनाओं और जीवन के आदर्शों की चर्चा कर रहा था, मुझे खबर मिली कि 22 अगस्त, 1906 की ट्रांसवाल सरकार के 'असाधारण गजट' में एक आर्डिनेंस का मसविदा छपा है, जिसका उद्देश्य एक प्रकार से दक्षिण अफ्रीका-प्रवासी भारतीयों की बरबादी करना था। उसके मुताबिक आठ साल या उससे ज्यादा उम्र के हरेक हिंदुस्तानी को—चाहे वह मर्द हो या औरत—ट्रांसवाल में रहने के लिए एशियाटिक-रजिस्टर में अपना नाम दर्ज करवाना पड़ता और अपने लिए रजिस्ट्री का परवाना प्राप्त करना पड़ता। ये परवाने लेते वक्त अपने पुराने परवाने अधिकारियों को सौंप देने पड़ते। नाम लिखने की अर्जी में अपना नाम, स्थान, जाति, उम्र वगैरा लिखे जाते। नाम लिखनेवाले अधिकारी अर्जीदार का हुलिया नोट करते और अंगुलियों तथा अंगूठे के निशान ले लेते। जो स्त्री-पुरुष नियत समय में रजिस्ट्री न करवा लेते, उनका ट्रांसवाल में रहने का हक छिन जाता। अर्जी न देना भी कानूनी अपराध माना जाता और उसके लिए अपराधी जेल में भेज दिया जा सकता था या जुर्माना भी कर दिधा जा सकता था और अगर अदालत चाहे तो देश-निकाले की भी सजा दे सकती थी।

दूसरे दिन कुछ गणमान्य भारतीयों को इकट्ठा करके, मैंने उन्हें इसका मतलब अक्षरशः समझाया। उसका असल उन पर भी वही हुआ, जो मुझ पर हुआ था। सभी स्थिति की गंभीरता को समझ गये और यह निश्चय हुआ कि एक सार्वजनिक सभा बुलाई जाए।

11 सितंबर, 1906 को सभा बुलाई गई। उसमें जो सबसे महत्त्वपूर्ण प्रस्ताव पास हुआ, वह चौथा प्रस्ताव है, जो कि बहुत प्रसिद्ध हो चुका है। मैंने यह प्रस्ताव सभा को अच्छी तरह समझा दिया। उसका आशय यह था कि इस बिल का विरोध करने के लिए तमाम उपायों का अवलंबन किया जाए, पर यदि इतने पर भी वह पास हो ही जाए तो भारतीयों को उसको आगे अपना सिर न झुकाना चाहिए और इस अवज्ञा के फलस्वरूप जो कुछ दुःख सहना पड़े, वह सब सह लेना चाहिए। आंदोलन को उस समय 'निष्क्रिय-प्रतिरोध कहते थे। बाद में इसे 'सत्याग्रह' कहने लगे।

हमारे आंदोलन के बावजूद वह बिल पास हो ही गया। हालांकि हमने पिकेटिंग भी किया और लोक-मत भी उसके विरुद्ध था, फिर भी कुछ हिंदुस्तानियों ने अपने नाम की रजिस्ट्री करवा ही ली। लेकिन जब एशियाटिक विभाग ने देखा कि उनके

तमाम आकाश-पाताल एक करने पर भी उन्हें 500 से अधिक लोग रजिस्ट्री कराने वाले न मिले, तब उन्होंने पकड़ा-धकड़ी शुरू की। जर्मिस्टन में बहुत-से भारतीय रहते थे। उसमें रामसुंदर नामक एक व्यक्ति भी था। वह बड़ा वाचाल और बहादुर दिखता था। उसके गिरफ्तार होते ही, जहां केवल जर्मिस्टन के ही भले लोग उसे जानते थे, वहां अब सारे दक्षिण अफ्रीका के लोग जानने लगे। अदालत में भी रामसुंदर का वैसा ही आदर-सत्कार किया गया, जैसा कि कौम के प्रतिनिधि और एक साधारण अपराधी का होना चाहिए था। अदालत उत्सुक भारतीयों से खचाखच भर गई थी। रामसुंदर को एक मास की सादी कैद की सजा हुई और वह जोहान्सबर्ग की जेल के यूरोपियन वार्ड में अलग कमरे में रखा गया। उसकी गिरफ्तारी का दिन बड़ी धूम-धाम से मनाया गया।

पर रामसुंदर अयोग्य साबित हुआ। कौम और जेल-अधिकारियों से खासी-अच्छी सेवा लेने के बाद भी उसे जेल दुःखदायी मालूम हुआ और ट्रांसवाल और आंदोलन दोनों को अंतिम नमस्कार करके अपनी राह ली।

रामसुंदर का यह किस्सा मैंने उसके दोष दर्शन के लिए नहीं लिखा है, बल्कि उससे शिक्षा ग्रहण करने के लिए लिखा है। प्रत्येक पवित्र आंदोलन या युद्ध के संचालकों को चाहिए कि वे उसमें शुद्ध मनुष्यों को ही शरीक करें।

## 32. जेल में

मगर रामसुंदर की गिरफ्तारी से सरकार को जरा भी लाभ न हुआ, बल्कि उलटा कौन का उत्साह दिन-दूना, रात-चौगुना बढ़ने लगा। एशियाटिक विभाग के अधिकारी 'इंडियन ओपीनियन' के लेख ध्यानपूर्वक पढ़ा करते थे। युद्ध-संबंधी कोई बात छिपा कर नहीं रखी जाती थी। कौम और आंदोलन की सारी गतिविधि सब इस अखबार से जानी जा सकती थी। इससे उन्होंने यह तय किया कि जब तक वे कुछ खास-खास अगुआओं को गिरफ्तार कर लेते, तब तक लड़ाई की कमर नहीं तोड़ी जा सकती। इसलिए दिसंबर, 1907 में कितने ही अगुआओं को अदालत में हाजिर होने का समन मिला। वे सब 28 दिसंबर, शनिवार, को अदालत में हाजिर हुए। उन्हें इस बात का जवाब देना था कि एशियाटिक कानून के मुताबिक रजिस्ट्री न करने के कारण क्यों न उन पर मुकदमा चलाया जाए? मजिस्ट्रेट ने हरेक का मुकदमा अलग-अलग किया और तमाम मुलजिमों को हुक्म दिया कि कुछ तो 48 घंटों के अंदर और कुछ 7 या 14 दिन के भीतर ट्रांसवाल छोड़कर चले जाएं। यह मियाद 10 जनवरी, 1908 को खत्म होती थी और उसी दिन हमें अदालत में सजा सुनने के लिए बुलाया गया। हमें किसी को सफाई देनी ही नहीं थी। सब अपना गुनाह कबूल करने वाले थे कि हमने मियाद के अंदर ट्रांसवाल न छोड़कर आज्ञा भंग की है।

अदालत में जो बयान मैंने दिया, उसमें मैंने मजिस्ट्रेट से अपने लिए अधिक-से-अधिक सजा मांगी। फिर भी मजिस्ट्रेट ने मुझे सिर्फ दो महीने की ही सजा दी। जिस अदालत में मैं सैकड़ों बार वकील की हैसियत से खड़ा रहता था, वकीलों के साथ बैठता था, वहीं पर आज मैं अपराधी के कठघरे में खड़ा हूं—यह विचार कुछ विचित्र जरूर मालूम हुआ, पर यह तो मुझे अच्छी तरह याद है कि वकीलों के साथ बैठने में अपना जो सम्मान समझता था, उसकी बनिबस्त कहीं अधिक सम्मान आज मैंने इस कठघरे में खड़े रहकर माना।

अदालत में तो सैकड़ों हिंदुस्तानी भाई, वकील, मित्र वगैरा के सामने मैं खड़ा था, लेकिन सजा सुनाते ही मुझे फौरन हवालात में ले गये और वहां अकेला रखा गया। एक पुलिस सिपाही ने मुझे वहां एक बेंच पर बैठने के लिए कहा और दरवाजा बंद करके चला गया। यहां मेरे दिल में जरूर क्षोभ पैदा हुआ। मैं गहरे विचार-सागर में गोते खाने लगा। वकालत कहां गई? घर-बार कहां है? वे सभाएं कहां हैं? क्या यह सब सपना था? और आज मैं कैदी हो गया हूं! इन दो महीनों में क्या होगा?

क्या पूरी सजा काटनी होगी? यदि लोग बराबर एक के बाद एक आते रहे, तब तो यहां दो महीने न रहना पड़ेगा, पर यदि न आये तो यह दो महीने कैसे कटेंगे? यह लिखते हुए जितना समय लग रहा है, उसके सौवें हिस्से से भी कम समय में मेरे मन में ये तथा ऐसे कितने ही विचार आये। और फिर मेरा सिर शर्म के मारे झुक गया। "अरे, यह कैसा मिथ्याभिमान! मैं तो जेल को महल बता रहा था—उस खूनी कानून का सामना करते हुए, जो कुछ मुसीबतें आयें, उन्हें दुःख नहीं, सुख समझना चाहिए, उसका सामना करते हुए जान-माल भी अर्पण कर देना ही तो सत्याग्रह की पूर्णता है—यह सब ज्ञान अब कहां चला गया?" बस, यह विचार आते ही मैं फिर होश में आया और अपनी मूर्खता पर आप ही हंसने लगा। अब दूसरे भाइयों को कैसी सजा दी जाएगी, उन्हें मेरे साथ ही रखेंगे या अलग, आदि व्यावहारिक विचारों में मैं पड़ा। इस प्रकार विचार-सागर में गोते लगा ही रहा था कि दरवाजा खुला। पुलिस-अधिकारी ने आकर मुझसे कहा कि मेरे साथ चलो। मैं रवाना हुआ। मुझे आगे करके वह पीछे हो लिया और जेल की बंद गाड़ी के पास मुझे ले जाकर उसमें बैठने के लिए कहा। मेरे बैठते ही गाड़ी जोहान्सबर्ग जेल की तरफ चली।

जेल में आने पर मेरे कपड़े उतरवाये। मेरा नाम-ठाम लिखने के बाद मुझे एक बड़े कमरे में ले गये। कुछ देर वहां रखा होगा कि इतने ही में मेरे और साथी भी हंसते-हंसते और बातचीत करते हुए आ पहुंचे। मेरे बाद उनका मुकदमा कैसे चला, आदि सब हाल उन्होंने कह सुनाया। हम सबको एक ही जेल और एक ही बड़े कमरे में रखा गया। इससे हम सब बड़े प्रसन्न हुए।

# 33. जेल के प्रथम अनुभव

छः बजे हमारे कमरे का दरवाजा बंद कर दिया गया। वहां की जेल की कोठरियों के दरवाजों में लोहे की छड़ें नहीं होतीं। वे बिल्कुल मुंदे रहते हैं और ठेठ ऊपर दीवार में एक झरोखा हवा के लिए रखा जाता है। इसलिए हमें तो यही मालूम हुआ कि हम मानो संदूक में बंद हैं।

दूसरे-तीसरे दिन में सत्याग्राही कैदियों के झुण्ड आने लगे। वे सब जान-बूझ कर गिरफ्तार होते थे। उनमें अधिकांश तो फेरी वाले थे। दक्षिण अफ्रीका में हर फेरी वाले को, फिर वह गोरा हो या काला, फेरी का परवाना लेना पड़ता है, जो उसे हमेशा पास रखना पड़ता है और पुलिस के मांगने पर बताना पड़ता है। अक्सर कोई-न-कोई पुलिस का आदमी परवाना मांग ही बैठता था और उसके पास परवाना नहीं हुआ तो उसे गिरफ्तार कर लेते। फेरी वाले इस काम में बढ़े। उनके लिए गिरफ्तार होना भी आसान था। फेरी का परवाना नहीं बताया कि हुए गिरफ्तार! इस प्रकार गिरफ्तारियां होते-होते एक सप्ताह के अंदर कोई 100 सत्याग्राही कैदी हो गये। और भी आ ही रहे थे। इसलिए हमें तो बिना ही अखबार के खबरें मिल जाया करतीं। ये भाई नित-नई-खबरें लाते थे। जब सत्याग्रही बड़ी तादाद में गिरफ्तार होने लगे तब उन्हें सख़्त कैद की सजा दी जाने लगी।

जोहान्सबर्ग-जेल में सादी कैद के कैदियों को सुबह मक्की का दलिया मिलता था। दलिये में नमक नहीं रहता था। वह अलग से दिया जाता था। दोपहर को बारह बजे एक पाव भात, थोड़ा नमक और आधी छटांक घी के साथ एक डबल रोटी भी मिलती थी। शाम को मक्की के आटे की राब और थोड़ी आलू की तरकारी मिलती। आलू अगर छोटे होते तो दो, और बड़े होते तो एक मिलता था। इसलिए उससे किसी का पेट नहीं भरता था। चावल पतले पकाये जाते। जेल के डॉक्टर से कुछ मसाले मांगे गये और कहा गया कि मसाला भारत की जेलों में भी दिया जाता है तो डॉक्टर ने कड़ककर जवाब दिया-"यह हिंदुस्तान नहीं है। कैदी को स्वाद कैसा? मसाला नहीं मिल सकता?" तब हमने दाल मांगी, क्योंकि जो खाना हमें दिया जाता था, उसमें स्नायुपोषक द्रव्य एक भी नहीं था। इस पर डॉक्टर ने उत्तर दिया-"कैदियों को डॉक्टरी दलीलें नहीं देनी चाहिए। तुम लोगों को स्नायु-पोषक खुराक भी दी जाती है, क्योंकि सप्ताह में दो बार मक्की के बदले शाम को मटर दी जाती है।" सप्ताह अथवा पखवारे से जुदे-जुदे गुण वाली खुराक जुदे-जुदे समय पर एक साथ लेकर यदि मनुष्य उसके सत्व को आकर्षित कर सकता हो, तब तो डॉक्टर की दलील ठीक

थी। पर बात यह थी कि डॉक्टर किसी प्रकार हमारी बात सुनना ही नहीं चाहता था, परंतु सुपरिटेण्डेण्ट ने हमारी इस सूचना को मंजूर किया कि हम अपना भोजन खुद ही पका लिया करें। थंबी नायडू को हमने अपना पाक-शास्त्री बनाया। चौके में उन्हें कितने ही झगड़े करने पड़ते थे। साग अगर कम मिलता तो और मांगते। यही हाल दूसरी चीजों का भी था। यह स्वतंत्रता मिलने पर भोजन कुछ संतोषजनक मिलने लगा।

पर ये सुविधाएं मिलें या न मिलें, हम सबने तो यही निश्चय किया था कि इस जेल की सजा को सूखपूर्वक ही काटें। सत्याग्रही कैदियों की संख्या बढ़ते-बढ़ते 150 तक चली गई।

इस प्रकार कोई 15 दिन बीते होंगे कि नये कैदी खबर लाने लगे कि सरकार के साथ सुलह की कोई बातचीत चल रही है। मुझे जनरल स्मट्स से मिलने बुलाया गया और यह तजवीज पेश की गई कि भारतीय स्वेच्छा से अपने परवाने बदलवा लें। उन पर कानून की कोई पाबंदी न रहेगी। नवीन परवाना भारतीयों की सलाह से बनाया जाए और यदि भारतीय इसे स्वेच्छा से मंजूर कर लें तो यह काला कानून रद्द हो जाएगा और सब कैदी छोड़ दिये जायेंगे। सत्याग्रही के नाते मैं ऐसे समझौते को नामंजूर नहीं कर सकता था। फलतः कैदी छोड़ दिये गए और मैं अपने देशबंधुओं को समझौते की शर्त समझाने लग गया।

## 34. स्मरणीय प्रसंग-1

जेल से छूटकर मैं सीधा जोहान्सबर्ग पहुंचा। उसी रात 11-12 बजे सभा हुई। सूचना के लिए समय बहुत कम मिला था, रात भी ज्यादा बीत गई थी। पर तो भी लगभग 1000 आदमी जुट गए थे। सभा में दो पठानों को छोड़ किसी ने समझौते का विरोध नहीं किया, क्योंकि पठानों को यह जंच नहीं रही थी कि स्वेच्छा से भी अंगुलियों की छाप देना मुनासिब है।

10 फरवरी, 1908 को हम कितने ही लोग परवाना लेने जाने को तैयार हुए। लोगों को खूब समझा दिया गया था कि वे अपने-आप परवाने ले लें। यह भी तय हो चुका था कि पहले दिन खास-खास लोग ही परवाना लें। उसके तीन कारण थे। एक तो यह कि लोगों के दिल से भय को भगा दें। दूसरे यह देखना था कि एशियाटिक आफिस के लोग काम को सच्चाई और सभ्यता से करते हैं या नहीं, और तीसरा कौम की देखभाल करना। मेरा दफ्तर ही सत्याग्रह-आफिस था। मैं वहां पहुंचा तो मैंने आफिस के मकान के बाहर मीर आलम मित्रों को देखा। मीर आलम मेरा पुराना मुवक्किल था। अपने तमाम कामों में वह मेरी सलाह लेता था। वह छः फुट से अधिक ऊंचा जवान था। शरीर भी दुहरा था। आज मैंने मीर आलम को पहले-पहल ही इस प्रकार आफिस के बाहर खड़े हुए देखा। वह अक्सर अंदर आकर बैठ जाया करता था। हमारी आंखें मिलीं, पर पहला ही मौका था जब उसने सलाम नहीं किया।

जब मैंने सलाम किया तो उसने भी किया। अपने रिवाज के मुताबिक मैंने पूछा, "कैसे हो?" मुझे कुछ-कुछ ऐसा याद आता है कि उसने उत्तर में कहा, "अच्छा हूं!" पर आज उसका चेहरा हमेशा की तरह प्रसन्न नहीं था। मैंने यह देखा और इसे अपने दिल में नोट कर लिया। उसी समय यह भी सोच लिया कि आज कुछ गड़बड़ होगी। मैं आफिस के अंदर घुसा। शीघ्र ही ईशप मियां, जो कि अध्यक्ष थे, अन्य मित्रों के साथ आ पहुंचे और हम एशियाटिक आफ़िस की ओर रवाना हुए। मीर आलम और उसके साथी पीछे-पीछे हो लिये।

एशियाटिक आफिस वाला मकान मेरे आफिस से एक मील से भी कम फासले पर था। वह एक बड़े मैदान में था। वहां हमें एक बड़ी सड़क पर होकर जाना पड़ता था। आफिस कोई पांच कदम रहा होगा कि मीर आलम मेरी बगल में आ पहुंचा और उसने पूछा-"कहां जा रहे हो?" मैंने जवाब दिया, "दस अंगुलियों की छाप देकर परवाना निकलवाना चाहता हूं। अगर तुम भी चलोगे तो तुम्हें दसों अंगुलियों की छाप नहीं देनी होगी; तुम्हारा परवाना पहले निकलवा कर बाद में अपनी अंगुलियों की छाप देकर अपना परवाना निकलवाऊंगा।" यह मैं कह ही रहा था कि इतने में मेरे सिर पर पीछे से एक लाठी आकर लगी। मैं बेहोश होकर औंधे मुंह गिर पड़ा और मुंह से निकला-"हे राम!" इसके बाद क्या हुआ, सो मैं नहीं जानता, पर मीर आलम और उसके साथियों ने और भी लाठियां और लातें मुझे लगाई! चारों ओर शोर मच गया। राहगीर गोरे इकट्ठे हो गये। मीर आलम और उसके साथी भागे, मगर गोरों ने पकड़ लिया। तब तक पुलिस भी वहां आ पहुंची, पुलिस ने उन्हें हिरासत में ले लिया। पास ही एक गोरे का आफिस था। वहां मुझे उठाकर ले गये। थोड़ी देर में मुझे होश आया, तब मैंने रेवरेण्ड डोक को अपने ऊपर झुके हुए देखा। उन्होंने पूछा-"अब कैसे हो?' मैंने हंसकर कहा-"मैं तो ठीक हूं पर मेरे दांत और पसलियों में दर्द है। मीर आलम कहां है?" उत्तर मिला, "वह और उसके साथी तो गिरफ्तार कर लिए गये।" मैंने कहा, "तो उन्हें छूटना चाहिए।" डोक ने उत्तर दिया-"यह सब होता रहेगा। यहां तो आप एक अपरिचित गृहस्थ के आफिस में पड़े हुए हैं। आपके होंठ और गाल बुरी तरह फट गये हैं। पुलिस अस्पताल ले जाना चाहती है, अगर आप मेरे यहां चलें तो मिसेज डोक और मैं अपनी शक्ति भर आपकी सुश्रूषा करेंगे। "मैंने कहा, "हां, मुझे अपने यहां ले चलिये। पुलिस की मेहरबानी के लिए मेरी ओर से उसका अहसान मान लीजिये। उन लोगों से कहियेगा कि मैं आपके यहां जाना चाहता हूं।"

इतने में एशियाटिक आफ़िस के अधिकारी मि. चमनी भी आ पहुंचे। एक गाड़ी में डालकर मुझे इन पादरी सज्जन के मकान पर ले गये। डॉक्टर बुलाया गया, इस बीच में ही मैंने मि. चमनी से कहा ,"मैं तो यह उम्मीद करता था कि आपके दफ्तर में जाकर दसों अंगुलियों की छाप देकर सबसे पहले अपना परवाना लूं, पर ईश्वर को यह मंजूर न था। अब कृपया यहीं पर अपने कागज मंगवा कर मुझे रजिस्टर कर लीजिये! मैं आशा करता हूं कि आप मुझसे पहले किसी की रजिस्ट्री न करेंगे।"

उन्होंने कहा, "ऐसी कौन जल्दी पड़ी है? अभी डॉक्टर साहब आते हैं। आपको जरा तसल्ली हो जाए, तो फिर यह सब होता रहेगा। दूसरों को परवाने अगर दूंगा तो भी आपका नाम सबसे पहले रखूंगा।"

मैंने कहा, "यह नहीं हो सकता। मेरी तो यह प्रतिज्ञा है कि अगर जिंदा रहा और परमात्मा ने चाहा तो मैं ही सबसे पहले परवाना लूंगा। इसीलिए तो मैं इतना आग्रह कर रहा हूं। आप कागज ले आइये।" मि. चमनी जाकर कागज ले आये।

मेरा दूसरा काम यह था कि अटार्नी जनरल अर्थात् सरकारी वकील को यह तार कर दूं कि मीर आलम और उसके साथियों ने मुझ पर जो हमला किया है, उसके लिए मैं उन्हें दोषी नहीं समझता। जो भी हो, मैं यह चाहता हूं कि आप उन्हें मेरी खातिर मुक्त कर दें। इस तार के फलस्वरूप मीर आलम और उसके साथी छोड़ दिए गए।

पर जोहान्सबर्ग के गोरों ने अटार्नी-जनरल को नीचे लिखे अनुसार एक लंबा पत्र लिखा:

"मुलाजिमों को सजा देने-न-देने के विषय में गांधी जी के जो विचार हों, वे दक्षिण अफ्रीका में नहीं चल सकते। खुद उन्हीं को मारा है इसलिए वह भले ही उनका कुछ न करें, पर मुलजिमों ने उन्हें उनके घर में जाकर नहीं मारा है; जुर्म आम रास्ते पर हुआ है। यह एक सार्वजनिक अपराध है। कितने ही अंग्रेज इस बात का सबूत दे सकते हैं, इसलिए अपराधियों का चालान करना जरूरी है।" इस पर सरकारी वकील ने मीर आलम और उसके एक साथी को गिरफ्तार करवाया, उन्हें छः-छः महीने की सख्त सजा हुई। हां, मुझे गवाह बनाकर नहीं बुलाया गया।

## 35. स्मरणीय प्रसंग-2

जब तक मि. चमनी कागज वगैरा लेने गये, तब तक डॉक्टर आ पहुंचे। उन्होंने मेरे शरीर की जांच की। मेरा होंठ फट गया था, उसे जोड़ा, पसलियों की जांच करके मालिश करने की दवा दी और होंठ के टांके टूटने न पाये, इसलिए धीरे-धीरे बोलने की इजाजत दी। इससे मेरा बोलना तो बंद-सा हो गया, केवल हाथ हिला सकता था।

मैंने कौम के नाम एक छोटा-सा पत्र गुजराती में लिखकर अध्यक्ष के द्वारा प्रकाशित करने को भेज दिया। वह इस प्रकार है:

"मेरी हालत अच्छी है। मि. और मिसेज डोक मुझ पर जान दे रहे हैं। मैं बहुत जल्दी अपना काम संभालने लायक हो जाऊंगा। हमला करनेवालों पर मुझे कोई रोष नहीं है। उन्होंने अज्ञान के कारण ऐसा किया है। उन पर कोई मामला न चलाया जाए। अगर हम सब भाई शांत रहेंगे तो यह घटना भी हमारे लिए लाभदायक सिद्ध होगी।

"हिंदू लोग अपने दिल में जरा भी नाराज न हों। मैं चाहता हूं कि इस घटना के कारण हिंदू-मुसलमानों के बीच वैमनस्य नहीं, पर प्रेम बढ़े। परमात्मा से मेरी यही प्रार्थना है।

मुझे मार खानी पड़ी। शायद आगे खानी पड़े, तो भी मैं तो यही सलाह दूंगा कि सब मिलकर यही प्रयत्न करें कि हममें से अधिकांश व्यक्ति अपनी दसों अंगुलियों की छाप दें। कौम का और गरीबों का भला इसी में है। उसकी रक्षा इसी में होगी।

"अगर हम सच्चे सत्याग्रही, होंगे तो मार की, या भविष्य में विश्वासघात होने की आशंका से जरा भी नहीं डरेंगे। जो दस अंगुलियों की छाप न देने वाली बात पर ही अड़े हैं, वे गलती कर रहे हें।

"मैं परमात्मा से प्रार्थना करता हूं कि वह कौम का भला करे! उसे सत्य मार्ग पर ले चले और मेरे खून से हिंदू तथा मुसलमानों को एक करे!"

मि. चमनी कागजात लेकर लौटे। बड़ी मुश्किल से मैंने अपनी अंगुलियों की छाप दी। उस समय मैंने उनकी आंखों में आंसू देखे। उनके खिलाफ तो मुझे बड़े सख्त लेख लिखने पड़े थे, पर उस समय मेरी आंखों के सामने इस बात का चित्र खड़ा हो गया कि मौका पड़ने पर मनुष्य का हृदय कितना कोमल हो सकता है। इस कार्रवाई में बहुत समय नहीं लगा। फिर भी मि. डोक और उनकी धर्मपत्नी बड़े अधीर हो रहे थे कि मैं शीघ्र शांत और स्वस्थ हो जाऊं। चोट के बाद मेरी मानसिक प्रवृत्ति के कारण उन्हें दुःख हो रहा था। उन्हें यह भय था कि कहीं मेरे स्वास्थ्य पर इसका विपरीत असर न हो। इसलिए संकेत द्वारा तथा तरकीब से वे पलंग के पास से सबको दूर ले गये और और मुझे लिखने वगैरा की मनाही कर दी। मैंने कहा (और उसे लिखकर प्रकट किया) कि सोने से पहले और चित्त-शांति के लिए उनकी लड़की ओलिव, जो उस समय बालिका थी, मुझे मेरा प्रिय अंग्रेजी भजन Lead Kindly Light (प्रेमल ज्योति) सुना दे। मेरी इस इच्छा को डोक ने खूब पसंद किया। यह लिखते समय वह सारा दृश्य मेरी आंखों के सामने खड़ा हो रहा है। और ओलिव की वे दिव्य तानें अब भी मेरे कान में गूंज रही हैं।

## 36. फिर सत्याग्रह

पिछले प्रकरण में हमने देखा कि किस तरह भारतीयों ने खुद-ब-खुद अपनी रजिस्ट्री करा ली। उससे ट्रांसवाल सरकार को भी संतोष हुआ। अब सरकार की बारी थी। उसे 'काला कानून' रद्द कर देना था अगर उसने ऐसा किया होता तो सत्याग्रह-संग्राम खत्म हो गया होता। मगर उस काले कानून को रद्द करने के बजाय जनरल स्मट्स ने एक नई ही कार्रवाई की। उन्होंने एक वक्तव्य प्रकाशित किया, जिसके द्वारा एक ओर तो काला कानून बहाल रखा और दूसरी ओर उन ऐच्छिक परवानों को कानूनी करार दिया, पर उस वक्तव्य में उन्होंने एक वाक्य यह भी डाल दिया था कि जो भारतीय अब तक परवाना ले चुके हैं, उन पर काले कानून का अमल नहीं होगा।

इसको पढ़कर मैं तो बिल्कुल किंकर्त्तव्यविमूढ़ हो गया। मैंने जनरल स्मट्स को

एक चिट्ठी लिखी, लेकिन राजनीतिज्ञों का यह कायदा होता है कि वे प्रायः ऐसी बातों का जवाब नहीं देते, जो उन्हें उलझन में डालती हैं। अगर देते भी हैं, तो गोल-मोल।

तब हमने ट्रांसवाल-सरकार को एक जोरदार पत्र लिखा, जिसमें कहा गया था कि समझौते के मुताबिक 'एशियाटिक कानून' रद्द नहीं किया गया; और अगर ऐसा करने के संबंध में सरकार के निश्चय की खबर नियत समय से पहले काउंसिल को न मिली तो वह उन तमाम परवानों को जला देगी, जिनको उसने एकत्र कर रखा है और यह करने के लिए उस पर जो मुसीबतें आयेंगी, उन सबको वह विनय और दृढ़तापूर्वक सहेगी।

इस अल्टीमेटम अथवा निश्चय-पत्र की आखिरी मियाद का दिन वही रखा गया था, जिस दिन कि वह दूसरा 'एशियाटिक कानून' मंजूर होने को था। मियाद बीतने के दो घंटे बाद परवाने जलाने का सार्वजनिक समारोह करने के हेतु एक सभा बुलाई गई थी। सत्याग्रह कमेटी ने सोचा था कि अगर कहीं सरकार अनुकूल उत्तर भेज दे (यद्यपि यह एक अकल्पित बात ही होती) तो भी वह सभा निरर्थक न सिद्ध होती, क्योंकि यदि ऐसा ही होता, तो उस सभा द्वारा सरकार का अनकूल निश्चय ही जाहिर किया जा सकता था।

सभा का काम शुरू होने वाला ही था कि इतने में एक स्वयंसेवक बाइसिकल पर चढ़ा हुआ पहुंचा। उसके हाथ में एक तार था। वह सरकार का उत्तर था। उसमें कौम के निश्चय पर दुःख प्रकट करते हुए जाहिर किया गया था कि सरकार अपने निश्चय को नहीं बदल सकती। तार सभा में पढ़कर सुना दिया गया। सभी ने उसका बड़ा स्वागत किया, मानो सरकार यदि निश्चय-पत्र की मांगों को मंजूर कर लेती तो परवानों की होली जलाने का शुभ अवसर हाथ से चला जाता।

सभा का कार्य शुरू हुआ। अध्यक्ष ने सभा को सावधान किया, सारी परिस्थिति समझाई और प्रसंगोचित प्रस्ताव स्वीकृत किये गए।

अब तक कमेटी के पास दो हजार से भी अधिक परवाने जलाने के लिए आ पहुंचे थे। उनके बंडल को मैंने एक कड़ाही में फैलाया। ऊपर से मिट्टी का तेल छिड़का और आग लगा दी। एकदम सारी सभा खड़ी हो गई और जब तक वे परवाने जलते रहे, तालियों से उसने सारे मैदान को गुंजा दिया। कितने ही लोगों ने अब भी अपने परवाने रख छोड़े थे। अब उनकी वर्षा मंच पर होने लगी। ये भी कड़ाही में झोंक दिये गए।

अंग्रेजी अखबारों में संवाददाता भी इस सभा में आये थे। उन पर भी उस दृश्य का बड़ा अच्छा असर पड़ा। उन्होंने अपने समाचारपत्रों को सभा का पूरा वर्णन भेजा।

धारासभा की जिस बैठक में (दूसरा) एशियाटिक कानून मंजूर किया गया, उसी में जनरल स्मट्स ने एक और बिल पेश किया। उसका नाम था-'इमिग्रेटस रेस्ट्रिक्शन बिल।' यह नवीन बस्ती का नियमन करने वाला कानून था। यह इस तरकीब से

बनवाया गया था कि अप्रत्यक्ष रूप से वहां एक भी नवीन भारतीय प्रवेश नहीं पा सकता था।

उसका विरोध करना तो कौम के लिए बड़ा ही आवश्यक था, क्योंकि वह उनके अधिकारों पर नया कुठाराघात था। अगले दो साल में पड़ोस के नेटाल से बहुत से सत्याग्राही स्वेच्छा से ट्रांसवाल में प्रवष्टि हुए थे और वे वोक्सरस्ट की जेल में रखे गये थे। नेटाल के इन मित्रों का साथ देने की इच्छा से दूसरे बहुत-से उत्साही लोगों ने, जिन्होंने अपने परवाने जला दिए थे, बाजार में साग-सब्जी की टोकरी लगाना शुरू कर दिया था। इसके लिए परवाने की जरूरत थी और चूंकि वे बिना परवाने के थे, अतः गिरफ्तार कर लिए गए। एक समय वोक्सरस्ट जेल में भारतीयों की संख्या 75 तक पहुंच गई थी। सरकार इन सत्याग्राहियों के जमाव से परेशान हो रही थी, जेल में डालने के बदले देश-निकाला देना शुरू किया। इससे जरूर कुछ भारतीय कमजोर पड़े, मगर बहुतेरे बिल्कुल दृढ़ और प्रसन्न रहे और लड़ाई चलाते रहे।

## 37. टॉलस्टॉय आश्रम

अब तक (1910 ई.) तो जेल जाने वाले कुटुंबों का पोषण उनको प्रतिमास द्रव्य देकर किया जाता था। यह बहुत असंतोषजनक और सार्वजनिक धन का दुर्व्यय सिद्ध हुआ, लेकिन जो बराबर जेल जाते थे वे बीच के दिनों के लिए रहे भी कहां, यह प्रश्न था क्योंकि उन्हें तो कोई नौकरी पर रखता नहीं था। इन दोनों कठिनाइयों का एक ही हल था। वह यह कि तमाम सत्याग्रही और उनके कुटुंबी सब एक साथ रहें और एक बड़े कुटुंब के लोगों की तरह हिल-मिल कर काम करें। इसके लिए मि. केलनबेक ने अपनी ग्यारह सौ एकड़ जमीन मुफ्त में हमें प्रदान कर दी। इस खेत में कोई एक हजार पेड़ थे। उसके सिरे पर एक छोटी-सी टेकड़ी थी, जिस पर एक छोटा-सा मकान भी था। दो कुएं थे, एक छोटा-सा झरना भी था, जहां से स्वच्छ पानी मिलता था। लाली रेलवे स्टेशन वहां से कोई एक मील पड़ता था और जोहान्सबर्ग 21 मील। बस, इसी जमीन पर मकान बनाकर सत्याग्रही कुटुंबों को बसाने का निश्चय किया। इस खेत में संतरा, खुमानी और बेर खूब पैदा होते थे, इतनी तादाद में कि मौसम में सत्याग्रहियों के भर-पेट खाने पर भी बचे रहते थे। झरना रहने के स्थान से कोई पांच सौ गज के फासले पर था। हमने यह नियम रखा कि नौकरों के द्वारा किसी प्रकार का घरू, ,खेती या मकान का काम भी न लिया जाए। इसलिए पाखाना साफ करने से लेकर खाना पकाने तक का सभी काम प्रत्येक कुटुंब को करना पड़ता था। कुटुंबी को रखने में यह नियम पहले से ही बना लिया था कि स्त्रियों और पुरुषों को अलग-अलग ही रखा जाए। इसलिए मकान भी अलग-अलग और दूर-दूर बनाये गये। शुरू में 10 स्त्रियों और 60 पुरुषों के रहने योग्य मकान बनाने का निश्चय किया गया। मि. केलनबेक के रहने के लिए भी मकान बनाना था। साथ ही

एक पाठशाला के लिए भी मकान बनाना था। इसके अलावा, बढ़ईखाना, मोचीखाना आदि के लिए भी एक मकान बना लेना जरूरी था।

यहां रहने के लिए जो लोग आने वाले थे, वे गुजरात, मद्रास, आंध्र तथा उत्तर भारत के थे। धर्म के अनुसार वे हिंदू, मुसलमान, पारसी और ईसाई थे। लगभग 40 युवक, 2-3 बूढ़े, 5 स्त्रियां और 25-30 बच्चे थे, जिनमें 4-5 कुमारियां थीं। इस आश्रम में आकर कमजोर आदमी भी सशक्त हो गये और सभी परिश्रम के आदी हो गये। सभी को किसी-न-किसी काम से जोहान्सबर्ग जाना पड़ता। बच्चों को वहां की सैर करने की इच्छा होती। मुझे भी काम-काज के लिये वहां जाना पड़ता। इसलिए यह तय किया कि सार्वजनिक काम के लिए जाने वाले को ही रेल से जाने की छुट्टी दी जाए। जिसे केवल सैर करने के लिए जाना हो, वह पैदल जाए। हां, रास्ते में नाश्ते के लिए जरूर कुछ ले जा सकते हैं। शहर में अपने खाने पर कोई खर्च न करें। यदि इतने कड़े नियम नहीं बनाये जाते तो जिन पैसों की बचत करने के लिए वनवास के कष्ट उठाये थे, वे रेल-किराये और शहर के नाश्ते-खर्च में ही उठ जाते। घर से हम लोग जो नाश्ता ले जाते वह भी सादा ही होता था। हाथ के पिसे मोटे और बिना छने आटे की रोटी, मूंगफली से घर पर बनाया हुआ मक्खन और संतरों की छिलकों का मुरब्बा। आटा पीसने के लिए हाथ से चलाने वाली लोहे की चक्की खरीद ली गई थी। मूंगफली को भून कर पीस डालने से मक्खन बन जाता है। दूध से बनाये मक्खन से इसकी कीमत एक-चौथाई होती थी। संतरे तो आश्रम में ही पैदा होते थे। आश्रम में गाय का दूध शायद ही कभी खरीदते। अक्सर डिब्बे के दूध से ही काम चला ले जाते।

जिनको सैर करने के लिए जोहान्सबर्ग जाने की इच्छा होती थी, वे सप्ताह में एक-दो बार जाते, पर उसी दिन लौट आते। मैं पहले ही कह चुका हूं कि फासला 21 मील का था, पैदल जाने के नियम से सैकड़ों रुपये बच गये और पैदल जाने वालों को भी बड़ा लाभ हुआ-कितनों ही को तो चलने की नवीन अभ्यास हो गया। नियम यह था कि इस तरह जाने वालों को रात को दो बजे उठकर 2 बजे निकल पड़ना चाहिए। कम-से-कम समय में पहुचने वालों को 4 घण्टे और 28 मिनट लगते।

हमारा उद्देश्य यह था कि सत्याग्रही कुटुंबों को उद्यमी रखें, उनके पैसे बचाएं और अंततः हम कुछ स्वाश्रयी बन जाएं। हमने सोचा कि अगर हम इतना कर सके तो चाहे जितने समय तक लड़ सकेंगे। हमने जूतों का एक कारखाना भी खोल लिया था। पास ही जर्मन कैथोलिक पादरियों का एक मठ था। वहां पर चप्पलें बनाना सिखाया जाता था। उस मठ में जाकर मि. केलनबेक ने चप्पलें बनाना सीख लिया और मुझे तथा दूसरे साथियों को भी सिखा दिया। मैंने खुद दर्जनों चप्पलें बनाई हैं। मेरे कई चेले इस कला में मुझसे बहुत आगे बढ़ गये। अपने मित्रों में हम उन चप्पलों को बेचते भी थे। हमने बढ़ई का काम शुरू किया। हम बेंच से लेकर संदूक तक छोटी-मोटी चीजें खुद ही बना लेते थे। आश्रम के लिए पाठशाला तो होनी ही चाहिए।

पर वह काम सबसे कठिन मालूम हुआ और अब तक पूर्णता को नहीं पहुंचा। शिक्षा का खास भार मि. केलनबेक और मुझ पर था। पाठशाला का समय दोपहर के बाद ही रखा जा सकता था। मजदूरी करते-करते हम दोनों खूब थक जाते और मारे नींद के हम झोंके खाते और आंखों पर पानी लगाकर नींद भगाते। बच्चों के साथ हंसी-खेल करते और उनका तथा अपना भी आलस्य भगाते; पर कई बार यह सब प्रयत्न निष्फल होता। शरीर को आवश्यक आराम देना पड़ता; परंतु यह तो पहला और सबसे छोटा विघ्न हुआ, क्योंकि ऊंघते रहने पर भी हम वर्ग को तो चालू ही रखते, किंतु सबसे कठिनाई तो यह थी कि तमिल, तेलुगू और गुजराती इन तीनों भाषाओं के बोलने वालों को एक साथ क्या और किस तरह पढ़ाया जाए? मातृभाषा के द्वारा शिक्षा देने का लोभ तो हमें अवश्य ही रहता था। तमिल तो मैं कुछ जानता भी था, पर तेलुगू बिल्कुल नहीं। इस हालत में अकेला एक शिक्षक क्या कर सकता था?

पर यह शिक्षा-प्रयोग व्यर्थ साबित नहीं हुआ। लड़कों में कभी असहिष्णुता नहीं दिखाई दी। एक-दूसरे के धर्म और रीति-नीति का उन्होंने आदर करना सीखा, सभ्यता सीखी और उद्यमी भी बने। आज भी उन बालकों में से जिनको मैं जानता हूं उनके कार्यों को देखते हुए मुझे यही मालूम होता है कि टॉलस्टॉय-आश्रम की अत्यंत मधुर स्मृतियों में से शिक्षा-प्रयोग की स्मृति किसी प्रकार कम मधुर नहीं है।

## 38. अच्छे-बुरे का मेल

टॉलस्टॉय-आश्रम में मि. केलनबेक ने मेरे सामने एक प्रश्न खड़ा कर दिया था। इससे पहले मैंने उस पर कभी विचार नहीं किया था। आश्रम में कितने ही लड़के बड़े ऊधमी और आवारा भी थे। उन्हीं के साथ मेरे तीन लड़के रहते थे। दूसरे लड़के भी थे, जिनका लालन-पालन मेरे लड़के की ही तरह हुआ था परंतु मि. केलनबेक का ध्यान तो इसी बात की तरफ था कि वे आवारा लड़के और मेरे लड़के एक साथ इस तरह नहीं रह सकते। एक दिन उन्होंने कहा, "आपका यह सिलसिला मुझे नहीं जंचता। इन लड़कों के साथ आपके लड़के रहेंगे तो इसका बुरा नतीजा होगा। उन आवारा लड़कों की सोहबत से ये बिगड़े बिना कैसे रहेंगे?"

इसको सुनकर मैं सोच में पड़ा या नहीं, यह तो मुझे इस समय याद नहीं, परंतु अपना उत्तर मुझे याद है। मैंने जवाब दिया, "अपने लड़कों और इन आवारा लड़कों में मैं भेद-भाव कैसे रख सकता हूं। अभी तो दोनों की जिम्मेदारी मुझ पर है। ये लड़के मेरे बुलाये यहां आये हैं। यदि मैं रुपये दे दूं तो ये आज ही जोहान्सबर्ग जाकर पहले की तरह रहने लग जायेंगे। आश्चर्य नहीं यदि उनके माता-पिता यह समझते हों कि उन लड़कों ने यहां आकर मुझ पर बहुत मेहरबानी की है। यहां आकर वे असुविधा उठाते हैं, यह तो आप और मैं दोनों देख रहे हैं। सो इस संबंध में मेरा धर्म मुझे स्पष्ट दिखाई दे रहा है, मुझे उन्हें यहीं रखना चाहिए, मेरे लड़के भी उन्हीं

के साथ रहेंगे। फिर क्या आज से ही मेरे लड़कों को यह भेद-भाव सिखाया जाए कि वे औरों से ऊंचे दर्जे के हैं? ऐसा विचार उनके दिमाग में डालना, उन्हें उल्टे रास्ते ले जाना है। इस स्थिति में रहने से उनका जीवन बनेगा, स्वयं भले-बुरे की परीक्षा करने लगेंगे। हम यह क्यों न मानें कि उनमें यदि सचमुच कोई गुण होगा, तो उसी का असर उनके साथियों पर होगा? जो कुछ भी हो, पर मैं तो उन्हें नहीं हटा सकता और ऐसा करने में यदि कुछ जोखिम हो तो उसके लिए हमें तैयार रहना चाहिए।'' इस पर मि. केलनबेक सिर हिलाकर रह गये।

नहीं कह सकते कि इस प्रयोग का नतीजा बुरा हुआ। नहीं मानता कि मेरे लड़कों को इससे कुछ नुकसान हुआ। हां, लाभ होता हुआ तो अलबत्ता मैंने देखा है। उनमें बड़प्पन का यदि कुछ अंश रहा होगा तो वह चला गया, उन्होंने सबके साथ मिल-जुल कर रहना सीखा।

इससे तथा ऐसे अनुभवों से मेरा यह ख़याल बना कि यदि मां-बाप ठीक-ठीक निगरानी रख सकें तो उनके भले और बुरे लड़कों को एक साथ रहने और पढ़ने से अच्छे लड़कों का किसी प्रकार नुकसान नहीं हो सकता। अपने लड़कों को घर में बंद कर रखने से वे शुद्ध ही रहते हैं और बाहर निकलने से वे बिगड़ जाते हैं, यह कोई नियम नहीं है। हां, यह बात जरूर है कि जहां अनेक प्रकार के बालक और बालिकाएं एक साथ रहते और पढ़ते हों, वहां मां-बाप की और शिक्षक की कड़ी जांच हो जाती है। उन्हें बहुत सावधान और जागरूक रहना पड़ता है।

इस तरह लड़के-लड़कियों की सच्चाई और ईमानदारी के साथ परवरिश करने और पढ़ाने-लिखाने में कितनी और कैसी कठिनाइयां हैं, इसका अनुभव दिन-दिन बढ़ता गया। शिक्षक और संरक्षक की हैसियत से मुझे उनके हृदयों में प्रवेश करना था। उनके सुख-दुःख में हाथ बंटाना था। उनके जीवन की गुत्थियां सुलझानी थीं। उनकी चढ़ती जवानी की तरंगों को सीधे रास्ते ले जाना था।

कितने ही कैदियों के छूट जाने के बाद टॉलस्टॉय-आश्रम में थोड़े ही लोग रह गये। ये खासकर के फिनिक्सवासी थे। इसलिए मैं आश्रम को फिनिक्स ले गया। फिनिक्स में मेरी कड़ी परीक्षा हुई। इन बचे हुए आश्रम-वासियों को टॉलस्टॉय-आश्रम से फिनिक्स पहुंचा कर मैं जोहान्सबर्ग गया। थोड़े ही दिन जोहान्सबर्ग रहा होऊंगा कि मुझे दो व्यक्तियों के पतन के समाचार मिले। सत्याग्रह जैसे संग्राम में यदि कहीं भी असफलता-जैसी कुछ चीज दिखाई देती तो उससे मेरे दिल को चोट नहीं पहुंचती थी, परंतु इस घटना ने तो मुझ पर वज्र-प्रहार ही कर दिया। मेरे दिल में घाव हो गया। उसी दिन मैं फिनिक्स रवाना हो गया। मि. केलनबेक ने मेरे साथ जाने का आग्रह किया। वह मेरी दयनीय स्थिति को समझ गये थे। जोर देने लगे, मैं आपको अकेला नहीं जाने दूंगा। इस पतन की खबर मुझे उन्हीं के द्वारा मिली थी। रास्ते ही में मैंने सोच लिया, अथवा यों कहूं कि मैंने मान लिया कि इस अवस्था में मेरा धर्म क्या है। मेरे मन ने कहा कि जो लोग हमारे संरक्षण में हैं उनके पतन के लिए संरक्षक

और शिक्षक किसी-न-किसी अंश में जरूर जिम्मेदार है और इस दुर्घटना के संबंध में तो मुझे अपनी जिम्मेदारी साफ-साफ दिखाई दी। मेरी पत्नी ने मुझे पहले ही चेताया था, पर मैं स्वभावतः विश्वासशील हूं, इससे मैंने उसकी चेतावनी पर ध्यान नहीं दिया था। फिर मुझे यह प्रतीत हुआ कि ये पतित लोग मेरी व्यथा को तभी समझ सकेंगे, जब मैं इस पतन के लिए कुछ प्रायश्चित्त करूंगा। इसी से उन्हें अपने दोषों का ज्ञान होगा और उसकी गंभीरता का कुछ अंदाजा मिलेगा। इस कारण मैंने सात दिन के उपवास और साढ़े चार मास तक एक समय भोजन करने का विचार किया। मि. केलनबेक ने मुझे रोकने की बहुत कोशिश की, पर उनकी न चली। उन्होंने प्रायश्चित्त के औचित्य को माना और अपने लिए भी मेरे साथ व्रत रखने पर जोर दिया। उनके प्रेम को मैं न रोक सका। इस निश्चय के बाद ही तुरंत मेरा हृदय हलका हो गया, मुझे शांति मिली। दोष करने वालों पर जो कुछ गुस्सा आया था, वह दूर हुआ और उन पर दया ही आती रही।

इस तरह ट्रेन में ही अपने हृदय को हल्का करके मैं फिनिक्स पहुंचा। पूछ-ताछ कर जो कुछ बातें जाननी थीं, वे जान लीं। यद्यपि मेरे इस उपवास से सब को बहुत कष्ट हुआ; पर उससे वातावरण शुद्ध हुआ। उस पाप की भयंकरता को सबने समझा और विद्यार्थी-विद्यार्थिनियों का और मेरा संबंध अधिक मजबूत और सरल हुआ।

इस दुर्घटना के सिलसिले में ही, कुछ समय के बाद, मुझे फिर चौदह दिन का उपवास करने की नौबत आई थी और मैं जानता हूं कि उसका परिणाम आशा से अधिक अच्छा निकला; परंतु इन उदाहरणों से मैं यह नहीं सिद्ध करना चाहता कि शिष्यों के प्रत्येक दोष के लिए हमेशा शिक्षक को उपवासादि करना ही चाहिए; पर मैं यह जरूर मानता हूं कि मौके पर ऐसे प्रायश्चित्त रूप उपवास के लिए अवश्य स्थान है; किंतु उसके लिए विवेक और अधिकार की आवश्यकता है। जहां शिक्षक और शिष्यों में शुद्ध प्रेम-बंधन नहीं, जहां शिक्षक को अपने शिष्य के प्रति आदर नहीं, वहां उपवास निरर्थक है और शायद हानिकारक भी हो; परंतु ऐसे उपवास या एक समय भोजन करने के विषय में भले ही कुछ शंका हो; किंतु शिष्यों के दोषों के लिए शिक्षक थोड़ा-बहुत जिम्मेदार जरूर है, इस विषय में कुछ भी संदेह नहीं।

## 39. बहनों का हिस्सा-1

1912 के जाड़ें में गोखले दक्षिण अफ्रीका आये। उनके आने का उद्देश्य था-सरकार और सत्याग्रहियों के बीच समझौता कराना। जनरल बोथा से मिलने के बाद उन्होंने हमें यह आशा दिलाई कि सब मामला ठीक हो जाएगा। उन्होंने कहा, "अगले साल काला कानून रद्द हो जायगा और तीन पौंड का टैक्स हटा दिया जाएगा।"

दूसरा साल आया; लेकिन हमारी आशा पूरी न हुई और 1913 में टॉलस्टॉय-आश्रम के निवासियों को सत्याग्रह की तैयारी करनी पड़ी, जिसका उद्देश्य था तीन पौंड के कर को हटवाना।

अब तक हमने स्त्रियों को सत्याग्रह में जेल जाने से रोक रखा था–हालांकि वे अपने पतियों के साथ जेल जाने के लिए उत्सुक रहती थीं, परंतु अब एक ऐसी घटना हुई, जिसे देखते हुए यह मालूम होने लगा कि मानो परमात्मा स्वयं अदृश्य रूप से भारतीयों की जीत के लिए कोई सामग्री तैयार कर रहे हों और मानो दक्षिण अफ्रीका के गोरों के अन्यायों को अधिक स्पष्ट रीति से बता देना चाहते हों। एक ऐसा मामला अदालत में आया; जिसमें न्यायाधीश ने यह फैसला दिया कि दक्षिण अफ्रीका के कानून में उसी विवाह के लिए स्थान है, जो ईसाई–धर्म के अनुसार होता है, अर्थात् जो विवाह अधिकारी के रजिस्टर में दर्ज कर लिया जाता है, उसके सिवा और किसी विवाह के लिए उसमें स्थान नहीं है। इस भयंकर फैसले के अनुसार हिन्दू, मुस्लिम, पारसी सभी विवाह रद्द करार दे दिए गए और इसके अनुसार दक्षिण अफ्रीका में विवाहित कितनी ही भारतीय स्त्रियों का दर्जा धर्मपत्नी का न रहा। वे सरासर रखेलियां समझी जाने लगीं। स्त्रियों का ऐसा अपमान होने पर कैसे धीरज धारण किया जा सकता था? अब स्त्रियों को सत्याग्रह में शामिल होने पर हम नहीं रोक सकते थे। यह निश्चय हुआ कि उन्हें सत्याग्रह–संग्राम में शामिल होने के लिए निमंत्रित किया जाए। सबसे पहले टॉलस्टॉय–आश्रम में रहने वाली बहनों को ही निमंत्रण दिया गया। वे स्वयं भी सत्याग्रह में शामिल होने के लिए तड़प रही थीं। संग्राम में आने वाली तमाम कठिनाइयों और जोखिमों का चित्र मैंने उनके सामने रखा। खान–पान, कपड़े–लत्ते, सोना–बैठना, आदि सब बातों में उन्हें परतंत्रता रहेगी आदि समझाया। जेलों में सख्त मेहनत करनी होगी, कपड़े धुलवाये जायेंगे, अधिकारी लोग अपमान करेंगे, इत्यादि बातों से भी उन्हें सावधान कर दिया; पर वे बहनें तो एक बात से भी नहीं डरीं–सब–की–सब बहादुर थीं। उनमें से एक तो गर्भवती थी। कई बहनों की गोद में नन्हें–नन्हें बच्चे थे; पर उन्होंने भी शामिल होने का आग्रह किया। जिस प्रकार नेटाल से बिना परवाने ट्रांसवाले जाना गुनाह समझा जाता था, उसी प्रकार ट्रांसवाल से नेटाल आने वाला भी गुनहगार था। इसलिए यह निश्चय किया गया था कि इन लोगों को सरहद लांघकर बिना परवाने के ट्रांसवाल में प्रवेश करने के गुनाह में गिरफ्तार करवा दें। इसी बीच जो बहनें गिरफ्तार कर ली गई थीं। उन्हें नेटाल भेजा जाए। अगर उन्हें गिरफ्तार कर लिया गया तो ठीक, यदि नहीं, तो नेटाल की कोयले की खानों में, जिनका केंद्र न्यू–कैसल था, चले जाएं और वहां के मजदूरों को खानें छोड़ने के लिए समझायें। मजदूर प्रायः मद्रास इलाके के तमिल–तेलुगू ही थे।

इसके बाद मैं फिनिक्स पहुंचा। वहां सब के साथ मैंने चर्चा की। सबसे पहले फिनिक्स रहने वाली बहनों से इस विषय में बातचीत कर लेना था। मैं जानता था कि बहनों को जेल में भेजना भयंकर बात है। फिनिक्स में रहने वाली बहुत–सी बहनें

गुजराती थीं। इसलिए उन्हें ट्रांसवाल वाली बहनों के समान मुस्तैद और अनुभवी नहीं कह सकते थे। फिर उनमें से कितनी ही तो मेरी रिश्तेदार थीं, इसलिए संभव था कि केवल मेरे लिहाज से वे जेल जाना मंजूर कर लें और यदि ऐन वक्त पर घबराकर अथवा जेल में जाने के बाद कष्टों में डर कर माफी मांग लें तो मुझे कितना आघात पहुंचेगा, लड़ाई भी एकदम शिथिल हो जाएगी, इत्यादि सभी बातों पर विचार कर लेना जरूरी था। यह तो मैंने निश्चय ही कर लिया था कि अपनी पत्नी को मैं कभी नहीं ललचाऊंगा। एक तो वह ललचाने पर 'न' कह नहीं सकती थी और यदि 'हां' कर ले तो मुझे यह निश्चय नहीं था कि उसकी 'हां' को कितना महत्व दिया जाए। ऐसे जोखिम के समय सभी अपने-आप जो काम करें, उसी को मंजूर करना हितकर होता है। इसलिए अन्य बहनों के साथ मैंने बातचीत की। उन्होंने ट्रांसवाल की बहनों की तरह फौरन बीड़ा उठा लिया और सब जेल-यात्रा करने को तैयार हो गईं। उन्होंने मुझे यह विश्वास दिलाया कि हर प्रकार के कष्ट झेल कर भी वे जेल-यात्रा पूरी करेंगी। इन सब बातों को मेरी पत्नी ने सुन लिया। उसने मुझसे कहा-"मुझे दुःख है कि आप मुझसे इस विषय में कोई बातचीत क्यों नहीं करते? मुझमें ऐसी कौन-सी कमी है जो जेल न जा सकूंगी? मैं भी तो उसी पथ पर चलना चाहती हूं, जिसके लिए आप इन बहनों को सलाह दे रहे हैं।' मैंने जवाब दिया-"तुम्हारे चित्त को मैं दुःखी तो कैसे कर सकता हूं? न इसमें अविश्वास की कोई बात है। मैं तो तुम्हारे जवाब से खुश हूं; पर मुझे इस बात का आभास तक पसंद हीं कि तुम मेरे कहने से जेल गई हो। ऐसे काम सबको अपनी-अपनी हिम्मत पर ही करने चाहिए। यदि मैं तुमसे कहूं और तुम मेरी आज्ञा का पालन करने के लिए जेल चली भी जाओ, पर अगर अदालत में खड़े रहते समय तुम्हारे हाथ-पांव कांपने लगें, हिम्मत हार जाओ, जेल के कष्ट बरदाश्त न कर सको, तो मेरा क्या हाल होगा? संसार में हम ऊंचा सिर करके कैसे खड़े रह सकेंगे? उत्तर मिला-"यदि मैं हिम्मत हारकर छूट आऊं, तो मुझे स्वीकार मत करना। आप यह कल्पना भी किस तरह कर सकते हैं कि आप और हमारे बच्चे तो उन कष्टों को सह सकते हैं और मैं उन्हें नहीं सह सकूंगी। मुझे तो आपको इस युद्ध में शामिल करना ही होगा।" मैंने उत्तर दिया-"तब तो हमें तुम्हें शामिल करना ही होगा। तुम मेरी शर्त जानती ही हो। मेरा स्वभाव भी जानती हो। अब भी विचार करना हो, तो कर लो। पूरा विचार कर लेने पर तुम्हें लगे कि शामिल न होना चाहिए तो तुम्हें छुट्टी है। आगे कदम बढ़ाने के पहले ही अपना निश्चय बदलने में कोई शर्म की बात नहीं है।" उसने कहा-"मुझे कुछ सोचना-विचारना नहीं है, मैं अपने निश्चय पर दृढ़ हूं।"

फिनिक्स में और रहने वाले भी थे। उन्हें भी मैंने इस प्रश्न पर स्वतंत्र रीति से विचार करने के लिए कहा। संग्राम का अंत शीघ्र हो या देरी से, फिनिक्स बना रहे या मिट जाए, जाने वाले भले-चंगे रहें या बीमार हो जाएं, किसी को पीछे नहीं हटना चाहिए-इत्यादि शर्तें मैंने बार-बार भली प्रकार समझा दीं। सब तैयार हो गये। फिनिक्स

के बाहर वालों में केवल रुस्तमजी पारसी थे। उन्हें सब लोग प्रेम से 'काका जी' कहते थे। उनसे से सब बातें मैं छिपा नहीं सकता था और न वह पीछे रह सकते थे। पहले सत्याग्रह में भी वह जेल जा चुके थे। अब दूसरी बार भी तैयार हो गये।

जैसा हमने सोचा था, वैसा ही सब हुआ। जो बहनें ट्रांसवाल में गिरफ्तार न हो सकीं, वे निराश होकर अब नेटाल आईं, मगर पुलिस ने उन्हें गिरफ्तार नहीं किया। इसलिए वे न्यू-कैसल चली गईं और वहां अपना काम शुरू कर दिया। इसका असर बिजली की तरह हुआ। तीन पौंड के कर की बात का उन पर बहुत प्रभाव पड़ा। बस, मजदूरों ने अपना काम छोड़ दिया।

भला, अब सरकार उन बहादुर बहनों को कैस छोड़ सकती थी? उन्हें पकड़ा और तीन मास की सजा दी गई।

## 40. बहनों का हिस्सा-2

स्त्रियों की बहादुरी का वर्णन करना कठिन है। वे सब नेटाल की राजधानी मेरित्सबर्ग के जेल में रखी गईं। वहां उन्हें कष्ट भी खूब दिये गए। उनके खान-पान की जरा भी चिंता नहीं की जाती थी।

उनको धोबी का काम दिया गया। बाहर से खाना मांगने की मनाही थी, जो आखिर तक कायम रही। कस्तूरबाई (मेरी पत्नी) का व्रत था कि वह एक खास तरह का भोजन ही कर सकती थीं। बड़ी मुश्किल से उसे वही खुराक देना अधिकारियों ने मंजूर किया; पर चीजें ऐसी मिलती थीं कि खाई नहीं जा सकती थीं। जैतून के तेल की खासतौर पर जरूरत थी। पहले तो वह दिया ही नहीं गया और जब मिला, तो पुराना और खराब। जब यह प्रार्थना की गई कि हमारे खर्च से ही मंगवा दिया जाए, तो उस पर जवाब दिया गया-"यह होटल नहीं है। जो मिलेगा, वही खाना पड़ेगा।" वह जब जेल से छूटी, तो बदन में हड्डियां भर रह गई थीं और बड़ी मुश्किल से वह बचीं।'

एक दूसरी बहन भयंकर बुखार लेकर बाहर निकली, जिसने थोड़े ही दिन बाद उसे परमात्मा के घर पहुंचा दिया। उसे मैं कैसे भूल सकता हूं? वालीअम्मा आर. मनूस्वामी मुदलियार 16 वर्ष की बालिका थी। मैं उसके पास गया, तब वह बिस्तर से उठ नहीं सकती थी। कद ऊंचा था, इससे उसका लड़कों के जैसा शरीर बड़ा डरावना मालूम होता था। मैंने पूछा-"वालीअम्मा, जेल जाने पर अफसोस तो नहीं है?"

"अफसोस क्यों हो? अगर मुझे फिर गिरफ्तार करें, तो मैं इसी क्षण जेल जाने के लिए तैयार हूं।"

"पर इसमें अगर मौत आ जाये तो?"

"भले ही आये न ! देश के लिए मरना किसे अच्छा न लगेगा?"

इस बातचीत के कुछ ही दिन बाद वालीअम्मा चल बसी। उसकी देह चली गई; पर वह अपना नाम अमर कर गई। इन बहनों का बलिदान विशुद्ध था। उनका जेल जाना उनका आर्त्तनाद था, शुद्ध यज्ञ था। ऐसी शुद्ध हार्दिक प्रार्थना को ही प्रभु सुनते हैं। यज्ञ की शुद्धि ही में उसकी सफलता है। भगवान तो भावना के भूखे हैं। भक्तिपूर्वक अर्थात निःस्वार्थ भाव से अर्पित किया हुआ पत्र, पुष्प और जल भी परमात्मा को प्रिय है। उसे वह सप्रेम अंगीकार करके करोड़ों गुना फल देते हैं। सुदामा के मुट्ठी भर चावल के बदले में उनकी बरसों की भूख भाग गई। अकेले के जेल जाने से चाहे कोई फल न निंकले, मगर एक शुद्धात्मा का भक्तिपूर्ण समर्पण किसी समय निष्फल नहीं हो सकता। कौन कहता है कि दक्षिण अफ्रीका में किस-किस का यज्ञ सफल हुआ; पर इतना हम जरूर जानते हैं कि वालीअम्मा का बलिदान अवश्य ही सफल हुआ।

स्वदेश-यज्ञ में, जगत-यज्ञ में असंख्य आत्माओं का बलिदान दिया गया है, दिया जा रहा है और दिया जायगा। यही ठीक भी है; क्योंकि कोई नहीं जानता कि पूर्ण रूप से शुद्ध क्या है? पर सत्याग्रही इतना तो जरूर जानते हैं कि उनमें से यदि एक भी शुद्ध होगा, तो उसका यज्ञ फलोत्पत्ति के लिए काफी है। पृथ्वी सत्य के बल पर टिकी हुई है। 'असत'—'असत्य' के मानी हैं 'नहीं', 'सत'—सत्य अर्थात 'है' —जहां असत् अर्थात अस्तित्व ही नहीं उसकी सफलता कैसे हो सकती है? और जो सत्—अर्थात—'है', उसका नाश कौन कर सकता है? बस, इसी में सत्याग्रह का सिद्धांत समाविष्ट है।

## 41. मजदूर भी

बहनों की इस गिरफ्तारी का मजदूरों पर बड़ा अद्भुत प्रभाव पड़ा। न्यू-कैसल के पास की खानों में काम करने वाले मजदूरों ने अपने औजार फेंक दिये और जत्थे-के-जत्थे नगर में आने लगे। खबर मिलते ही फिनिक्स छोड़कर मैं न्यू-कैसल पहुंचा।

ऐसे मजदूरों का अपना घर नहीं होता। मालिक ही उनके लिए घर बनाते हैं, वे ही उनके रास्तों आदि पर दीया-बत्ती के प्रकाश का और पानी का इंतजाम भी करते हैं। मतलब यह कि मजदूर हर तरह से पराधीन रहते हैं।

ये हड़ताली मजदूर मेरे पास कई प्रकार की शिकायतें ले-लेकर आने लगे। कोई कहता कि खानों के मालिकों ने रास्ते पर की बत्तियों को हटा दिया है। कोई कहता कि उन्होंने पानी बंद कर दिया है। कोई कहते कि वे हड़तालियों का असबाब कमरों में से बाहर फेंक रहे हैं। एक पठान भाई सैय्यद इब्राहिम ने मुझे अपनी पीठ दिखाकर कहा–"यह देखिये, मुझे कैसा मारा है। सिर्फ आपकी खातिर मैंने उस बदमाश को छोड़ दिया है, क्योंकि यही आपका हुक्म है। नहीं तो मैं पठान हूं और पठान कभी

मार नहीं खाता; बल्कि मारता है।''

मैंने उत्तर दिया–''भाई, तुमने बहुत अच्छा काम किया, इसी को मैं सच्ची बहादुरी कहता हूं। तुम जैसे लोगों के बल पर ही हम जीतेंगे।''

मजदूर पांच-पच्चीस नहीं, सैकड़ों थे। सैकड़ों से हजारों होने में भी देर नहीं थी। और ऐसा हुआ भी। उनके लिए मैं मकान कहां से लाऊं? खाने-पीने का प्रबंध क्या करूं? इतने बड़े और प्रतिक्षण बढ़ने वाले जनसमुदाय को एक ही स्थान पर बिना किसी उद्योग के रखना भयानक जरूर था।

मुझे इसका एक उपाय सूझा। इनको भी फिनिक्स के लोगों की तरह ट्रांसवाल ले जाकर जेल में क्यों न बैठा दूं? कोई 500 आदमी इकट्ठे हो गये होंगे। उन सबको ट्रेन से नहीं ले जा सकता था। इतने रुपये मैं कहां से लाता? फिर इससे लोगों की परीक्षा भी नहीं हो सकती थी। न्यू-कैसल से ट्रांसवाल की सरहद 36 मील थी। नेटाल का सरहदी गांव चार्ल्सटाउन था और ट्रांसवाल का वोक्सरस्ट। पैदल ही सफर करने का निश्चय किया। मजदूरों से भी सलाह की। उनमें स्त्रियां, बच्चे वगैरह भी थे। कितने ही टाल-मटोल कर गये। हृदय को कठोर करने के सिवाय मेरे पास कोई उपाय ही नहीं था। मैंने उनसे कह दिया कि जो वापस खानों में काम कर जाना चाहते हों, वे जा सकते हैं; पर लौट जाने को तैयार नहीं। जो पंगु थे, उन्हें ट्रेन से भेजने का निश्चय हुआ, शेष सब चार्ल्सटाउन तक पैदल चलने को तैयार हो गये। रास्ता दो दिन में तय करना था। अंत में सभी प्रसन्न हो गये। न्यू-कैसल के गोरों को हैजे का भय था, इसलिए वे जो कुछ इंतजाम करने वाले थे, उनसे वे मुक्त हो गये और हम भी उनके इंतजाम के संकट से मुक्त हो गये।

कूच की तैयारी कर ही रहे थे कि खान के मालिक का निमंत्रण आया। मैं डरबन पहुंचा। वे इस बात को नहीं मानते थे कि तीन पौंड के कर का खानों से कोई संबंध नहीं है। मैं उन्हें इस बात के लिए राजी न कर सका कि वे सरकार के पास इस कर को हटाने के लिए दरखास्त करें। तब मैं न्यू-कैसल लौटा। मजदूरों का प्रवाह चारों तरफ से बढ़ता आ रहा था। मैंने उन्हें सब बातें खोलकर समझा दी थीं। मैंने यह भी कहा था कि अगर आप लौट जाना चाहते हैं, तो लौट सकते हैं। मालिकों की धौंस-धमकी की बात भी कही। भावी विपत्तियों का चित्र भी खींचकर बता दिया और चेता दिया कि लड़ाई कब समाप्त होगी, इसका कोई ठिकाना नहीं। जेल के कष्ट बताये। सब कुछ समझाया; पर वे अपने निश्चय से नहीं हटे। ''आप जब तक लड़ने के लिए तैयार हैं, तब तक हम भी अपना कदम पीछे नहीं हटायेंगे। हमें कष्टों का पूरा ख़याल है, हमारी चिंता न कीजिए।'' –इस तरह का निर्भय उत्तर मुझे मिला।

अब तो सिर्फ कूच करना बाकी रहा। एक दिन सांझ को मैंने मजदूरों को खबर दी कि दूसरे दिन (28 अक्टूबर, 1913) बड़े सवेरे कूच करना है। राह में चलते हुए किन नियमों का पालन करना चाहिए, वे भी समझा दिये। पांच-छः हजार के झुण्ड को समझाकर रखना कोई मजाक नहीं था। मैंने उनसे कह दिया कि उन्हें रास्ते में

1।। पौंड रोटी और आधी छटांक शक्कर के अलावा कोई और खुराक मिलने की गुंजाइश नहीं है। यदि हां, रास्ते में भारतीय व्यापारी कुछ देंगे तो ले लूंगा, लेकिन ऐसा नहीं हो सका तो उन्हें रोटी और शक्कर पर संतोष करना होगा। बोअर-युद्ध और जुलू-बलवे में मुझे जो अनुभव प्राप्त हुआ था, उसने इस मौके पर खूब काम दिया। कोई जरूरत से ज्यादा कपड़े न ले ले, यह शर्त भी थी। रास्ते में किसी चीज को हाथ न लगाया जाए। रास्ते में अधिकारी लोग या दूसरे अंग्रेज मिलें, गालियां दें या पीटें, तो सब बरदाश्त कर लिया जाए, पुलिस कैद करना चाहे, तो चुपचाप अपने-आपको सौंप दिया जाए। अगर मैं गिरफ्तार हो जाऊं, तो भी लोग उसी तरह कूच करते चले जाएं। ये सब बातें उन्हें समझा दी गई थीं। यह भी समझा दिया था कि मेरे पीछे क्रमशः कौन-कौन मेरा स्थान लें और काम जारी रखें।

लोग समझ गये। हमारा झुण्ड सही-सलामत चार्ल्सटाउन जा पहुंचा। यहां व्यापारियों ने खूब सहायता की। अपने मकान ठहरने के लिए खोल दिये। मस्जिद के अहाते में रसोई बनाने के लिए सुविधा कर दी। कूच के लिए जो खुराक दी गई थी वह वहीं तक के लिए थी। चार्ल्सटाउन में हमें कुछ दिन ठहरना पड़ा, इसलिए हमें रसोई के बर्तनों की जरूरत पड़ी। व्यापारियों ने ये भी खुशी-खुशी दे दिये। चावल वगैरा हमारे पास पहले ही काफी थे, पर फिर भी व्यापारियों ने अपनी तरफ से और दिये।

चार्ल्सटाउन एक छोटा-सा गांव था। उस समय उसकी आबादी मुश्किल से 1000 होगी। उसमें इतने हजार मनुष्यों का समा जाना कठिन था। इसलिए बच्चों और स्त्रियों को ही मकानों के अंदर रखा, बाकी सब खुले मैदान में ठहरे।

हमारे लिए मनुष्यों से स्वच्छता के नियमों का पालन करवाना बड़ा कठिन था, लेकिन मेरे साथियों में मेरे इस काम को आसान कर दिया। यह मेरा हमेशा का अनुभव है कि अगर नेता मुख्य सेवक बन जाए और हुक्म देने के पहले खुद सेवा करने लग जाए, तो बहुत-सा काम हो जाता है। अगर नेता अपने शरीर को जरा भी कष्ट देगा, तो दूसरे लोग भी ऐसा ही करने लग जाएंगे। कम-से-कम मुझे तो इस मौके पर यही अनुभव हुआ। मैं और मेरे साथी कभी झाड़ना-बुहारना, मैला उठाकर फेंकना आदि काम करते जरा भी नहीं हिचकिचाते थे, इसलिए दूसरे लोग उन्हीं कामों को उत्साह से करने लग जाते, अगर हम खुद अपना हाथ नहीं चला सके, तो केवल हुक्म चला देने से कोई फायदा नहीं होता है। सभी सरदार बनकर दूसरों पर हुकूमत जताने लगें, तो कुछ भी काम नहीं हो सकता; लेकिन जहां खुद सरदार ही सेवक बन जाता है, वहां दूसरे लोग सरदारी का दावा नहीं कर सकते।

भोजन में दाल और भात दिया जाता था। सब्जी भी खूब मिल जाती थी, पर उसे अलग-अलग पकाने के लिए एक तो बर्तन नहीं थे, दूसरे उतना वक्त भी चाहिए। इसलिए साग दाल के साथ मिला दिया जाता था। चौबीसों घंटे खाना पकता रहता; क्योंकि भूखे आदमी दिन-रात आते रहते थे। न्यू-कैसल में किसी मजदूर के ठहरने

की जरूरत नहीं थी। रास्ता सभी को मालूम था; इसलिए हरेक आदमी खान से निकलते ही सीधा चार्ल्सटाउन आ पहुंचता।

ज़ब मैं मनुष्य के धीरज और सहनशीलता पर विचार करता हूं, तो मेरे सामने परमात्मा की महिमा खड़ी हो जाती है। खाना पकानेवालों में मैं मुखिया था। किसी दिन दाल में पानी ज्यादा हो जाता, कभी वह गल भी नहीं पाती, कभी साग कच्चा रहता तो कभी भात बिगड़ जाता। लेकिन मैंने संसार में ऐसे कम लोग देखे हैं, जो ऐसा भोजन निगल लें। इसके विपरीत दक्षिण अफ्रीका के जेल में मैंने यह देखा कि निश्चित भोजन से कुछ कम या देरी से या कच्चा खाना मिलते ही अच्छे-अच्छे शिक्षित समझे जाने वाले लोगों का मिजाज बिगड़ जाता था।

खाना पकाने से परोसने का काम और भी कठिन था। वह तो बिल्कुल मेरे ही सुपुर्द था। कच्चे-पक्के भोजन का उत्तरदायी मैं रहता था। कभी-कभी खाने वाले बढ़ जाते और सामग्री कम हो जाती, तो ऐसे मौके पर थोड़ा-थोड़ा कम भोजन बांटकर मुझे लोगों को समझाना भी पड़ता था। कम भोजन मिलने पर बहनें मेरी ओर उलहने की दृष्टि से देखने लगतीं और मेरा हेतु समझते ही हंसती हुई चल देतीं। वह दृश्य मैं अपने जीवन में कभी नहीं भूल सकता। मैं कह देता—"मैं तो लाचार हूं। मेरे पास पकाया हुआ खाना थोड़ा है। और लेने वाले बढ़ गये। इसलिए अब मुझे इस तरह देना चाहिए, "जिससे थोड़ा-थोड़ा सभी को पहुंच जाए।" यह सुनते ही वे "संतोषम्" कह कर चली जातीं।

## 42. हमारा कूच-1

अब चार्ल्सटाउन छोड़ने का समय आ पहुंचा था। मैंने सरकार को लिख दिया था कि हम ट्रांसवाल में निवास करने हेतु प्रवेश करना नहीं चाहते। हमारा प्रवेश तो वह सक्रिय पुकार है, जिसे हम सरकार के वचन-भंग के उत्तर में उठाना चाहते हैं। हमारा प्रवेश महज उस दुःख का चिह्न है, जो हमारे आत्म-सम्मान की हानि से हमारे हृदय में हो रहा है। यदि आप हमें यहीं चार्ल्सटाउन में गिरफ्तार कर लेंगे, तो हम निश्चिंत हो जायेंगे। यदि आप ऐसा न करेंगे और हममें से कोई चुपचाप शांतिपूर्वक ट्रांसवाल में प्रवेश कर लेंगे तो इसके लिए हम जवाबदेह नहीं हैं। हमारे संग्राम में छिपाने योग्य कुछ नहीं है। इसमें किसी का व्यक्तिगत स्वार्थ भी नहीं है। यदि कोई लुक-छिप कर प्रवेश करेगा, तो वह हमें प्रिय न होगा; पर जहां हजारों आदमियों से काम लेना है, जहां प्रेम के सिवा अन्य कोई बंधन नहीं है, वहां हम किसी के कार्य के लिए जिम्मेदार नहीं हो सकते। साथ-ही आप इतना भी जान लें कि यदि आप तीन पौंड वाला कर उठा लेंगे, तो तमाम गिरमिटिया पुनः अपने काम पर लौट आयेंगे और हड़ताल खत्म हो जाएगी। भारतीयों के अन्य कष्टों को दूर करने के लिए हम उन्हें अपने सत्याग्रह में शामिल नहीं करेंगे।

इस पत्र के कारण भी स्थिति बड़ी अनिश्चित हो गई थी। इसका कोई ठिकाना न था कि सरकार कब हमें गिरफ्तार कर लेगी; पर ऐसे अनबन के मौके पर सरकार के उत्तर की प्रतीक्षा कई दिनों तक नहीं की जा सकती थी। इसलिए हमने निश्चय कर लिया कि यदि सरकार यहीं हमें गिरफ्तार न करे, तो फौरन ट्रांसवाल में प्रवेश कर लिया जाए। यदि रास्ते में भी वह कहीं नहीं पकड़े, तो प्रतिदिन 20 से लेकर 24 मील तक का सफर यह समुदाय 8 दिन तक करता रहे। 8 दिन में टॉलस्टॉय-आश्रम पर पहुंचने की योजना थी। यह भी विचार कर लिया था कि बाद में युद्ध की समाप्ति तक वहीं पर सब रहें और काम करके अपनी आजीविका पैदा करें। मि. केलनबेक ने सभी व्यवस्था कर रखी थी। इन्हीं यात्रियों की सहायता से वहां मिट्टी के मकान बनवा लेने का निश्चय कर लिया था। तब तक छोटे-छोटे डेरे लगवाकर बूढ़े और कमजोर लोगों को उनमें रखने का विचार था। हट्टे-कट्टे स्त्री-पुरुष तो बाहर भी पड़े रह सकते थे। कठिनाई सिर्फ यही थी कि बारिश का मौसम शुरू होने को था, इसलिए बरसात में तो सबके लिए आसरा होना जरूरी था, पर मि. केलनबेक को विश्वास था कि तब तक यह मामला ठीक हो जाएगा।

कूच की और तैयारियां भी की गई। चार्ल्सटाउन के डॉक्टर ब्रिस्को बड़े सज्जन थे। वह हमसे बड़ी सहानुभूति रखते थे। उन्होंने ऐसी दवाओं की छोटी-सी पेटी दी, जो रास्ते में काम आ सकती थी। उन्होंने ऐसे कई डॉक्टरी औजार भी दे दिए थे, जिनसे मुझ-जैसा आदमी भी काम ले सके। इसे खुद हम ही उठाकर ले भी जाते थे; क्योंकि दल के साथ कोई सवारी वगैरा तो थी नहीं। इसलिए इतनी ही दवाइयां रखीं, जो एक साथ सौ आदमियों के लिए काम दे सकें। इसमें हमें कोई कठिनाई नहीं हुई; क्योंकि प्रतिदिन शाम को हमें किसी-न-किसी गांव के नजदीक पड़ाव डालना पड़ता था और किसी दवाई के खत्म होते ही फौरन वहां से नई ले ली जा सकती थी। दूसरे, हम अपने साथ एक भी मरीज या पंगु आदमी को नहीं रखते थे। उन्हें राह में ही छोड़ते चले जाते थे।

खाने के लिए डबल रोटी और शक्कर के सिवा क्या मिल सकता था? पर उस रोटी को भी तो आठ दिन तक हम कैसे रख सकते थे? वह तो प्रतिदिन लोगों को बांटी जाती थी। इसका उपाय यही हो सकता था कि हर मंजिल पर कोई हमें रोटियां भेज दिया करे, पर करे कौन? हिंदुस्तानी बावर्ची तो वहां थे नहीं। फिर हर गांव में इस तरह डबल रोटी बनाने वाले भी तो नहीं होते। देहात में तो शहरों से रोटियां जाती हैं। यदि बावर्ची रोटी बराबर तैयार कर दिया करें, और रेल वाले ठीक समय उसे पहुंचा दिया करें तभी यह हो सकता था। चार्ल्सटाउन की अपेक्षा वोक्सरस्ट लगभग दूना बड़ा गांव था। वहां डबल रोटी पकाने वाले की एक बड़ी दुकान थी। उसने बड़ी खुशी से रोटियां पहुंचाने का काम अपने जिम्मे ले लिया। हमारी कठिनाइयों को देखकर बाजार-भाव से अधिक पैसे लेने की कोशिश भी उसने नहीं की। रोटियां भी अच्छे आटे की देता और रेल पर वह समय पर रोटियां भेज देता और रेलवाले भी,

जो कि गोरे ही थे, प्रामाणिकतापूर्वक हमारे पास पहुंचा देते। यही नहीं, बल्कि इसमें वे विशेष सावधानी और संभाल भी रखते। उन्होंने हमारे लिए कितनी और सुविधाएं भी कर दीं, क्योंकि वे जानते थे कि हमारी किसी से दुश्मनी नहीं थी और न किसी को हानि पहुंचाने का हमारा उद्देश्य था। हमें तो खुद कष्ट सहकर अपने अन्याय की पुकार करनी थी। इसलिए हमारे आसपास का वायुमण्डल भी इसी तरह शुद्ध हो गया और हो रहा था। मनुष्य-जाति का प्रेम-भाव प्रकट हुआ। सबने यही अनुभव किया कि हम सब ईसाई, पारसी, मुसलमान, हिंदू, यहूदी इत्यादि भाई-बहन हैं।

इस तरह, कूच की तैयारी होने पर, मैंने एक बार फिर समझौते की कोशिश की। पत्र-तार वगैरा तो भेज ही चुका था। अब मैंने टेलीफोन पर जनरल स्मट्स से बातचीत की। आधे मिनट में जवाब मिला-"जनरल स्मट्स आपसे कोई वास्ता रखना नहीं चाहते। आपके जो जी में आये, कीजिए।" और टेलीफोन बंद! यह अकल्पित बात नहीं थी। हां, मैंने इतने रूखेपन की आशा जरूर नहीं रखी थी। दूसरे दिन (6 नवंबर, 1913 को) निश्चित समय पर 6।। बजे सुबह हमने प्रार्थना की और ईश्वर का नाम लेकर कूच शुरू कर दिया। कूच में हमारे साथ 2037 पुरुष, 117 स्त्रियां और 57 बच्चे थे।

## 43. हमारा कूच-2

चार्ल्सटाउन से एक मील की दूरी पर वोक्सरस्ट का झरना था, इसको पार करते ही ट्रांसवाल में पहुंच जाते हैं। इस झरने के उस पार घुड़सवार पुलिस खड़ी थी। सबसे पहले मैं उसके पार गया। लोगों को समझा दिया गया था कि जब मैं उधर से इशारा करूं, तो वे फौरन झरना पार कर जाएं, पर अभी मैं पुलिस से बातचीत कर ही रहा था कि लोग आगे घुस गये और झरने को पार कर चले आए। घुड़सवार उनके सामने खड़े हो गए, पर वह समुदाय इस तरह रुकने वाला नहीं था। पुलिस हमें पकड़ना नहीं चाहती थी। मैंने लोगों को शांत किया और उन्हें समझाया कि वे एक कतार में होकर चलें। 5-7 मिनट में वे शांत हो गये और अब हमने ट्रांसवाल में कूच करना आरंभ किया।

वोक्सरस्ट के गोरों ने दो दिन पहले ही सभा की थी, उसमें हमें अनेक प्रकार की धमकियां दी गई थीं। कितनों ही ने तो यहां तक कहा कि भारतीय ट्रांसवाल में प्रवेश करेंगे, तो हम उन पर गोलियां चला देंगे। इस सभा में मि. केलनबेक गोरों को समझाने गये थे, पर उनकी बात कोई सुनना ही नहीं चाहता था।

इस सभा की खबर हमें मिल चुकी थी और हम इस अवसर के लिए तैयार भी थे। काफी पुलिस बुलाने का मतलब यह भी हो सकता था कि गोरों को उपद्रव करने से रोका जाए। जो हो, हमारा जुलूस शांतिपूर्वक अपने मुकाम पर जा पहुंचा। मुझे तो याद है कि किसी गोरे ने जरा भी खुराफात नहीं की। सभी इस आश्चर्य को देखने

के लिए बाहर निकल पड़े थे। उनमें से कितनों ही की आंखों में मित्रता झलकती थी।

हमारा पहला मुकाम पामफोर्ड था, जो वोक्सरस्ट से 8 मील दूर था। शाम को कोई पांच बजे हम वहां पहुंच गये। रोटी और शक्कर खाकर सब लोग खुली हवा में लेटे हुए थे। कोई भजन गा रहा था तो कोई बातचीत कर रहा था। कितनी ही स्त्रियां थककर चूर हो गई थीं। अपने बच्चों को गोद में लेकर चलने की हिम्मत तो उन्होंने की थी, पर अब आगे चलना उनके बस से बाहर था। इसलिए अपनी चेतावनी के अनुसार मैंने उन्हें एक भारतीय सज्जन की दुकान पर छोड़ दिया, और उनसे कह दिया कि हम टॉलस्टॉय-आश्रम पर पहुंच जाएं, तो वे उन्हें वहां भेज दें; और गिरफ्तार हो जाएं, तो उन्हें अपने घर पर वापस भेज दें।

जैसे-जैसे रात हो गई, वैसे-वैसे शांति बढ़ती गई। मैं भी सोने की तैयारी कर रहा था कि इतने में कुछ आवाज सुनाई दी। लालटेन हाथ में लिये हुए पुलिस-अफसर को मैंने देखा। मैं इसका मतलब समझ गया। मुझे कोई तैयारी तो करनी ही नहीं थी। पुलिस-अफसर ने कहा-"मेरे पास आपके नाम वारण्ट है, आपको मुझे गिरफ्तार करना है।"

मैंने पूछा-"कब?"

उत्तर मिला-"अभी।"

"मुझे कहां ले जाईएगा?"

"अभी तो इस नजदीक वाले स्टेशन पर। गाड़ी मिलते ही वोक्सरस्ट।"

मैंने कहा-"तब तो बिना किसी को जगाये ही आपके साथ हो लेता हूं, पर अपने एक साथी को कुछ समझा-बुझा दूं।"

"शौक से।"

मैंने पास ही सोये हुए पी. के. नायडू को जगाया, उनसे अपनी गिरफ्तारी की बात कही और समझा दिया के वे लोगों को सुबह होने से पहले न जगायें। प्रातः होते ही नियमानुसार सूर्य उदय होने से पहले कूच कर दें, जहां विश्रांति लेने और रोटी बांटने का समय हो, वहीं पर मेरी गिरफ्तारी की खबर उन्हें सुना दें। इस दरम्यान में जो-जो पूछें, उन्हें बताते जाएं। यदि सरकार दल को गिरफ्तार करना चाहे, तो वे गिरफ्तार हो जाएं, न पकड़े तो दल नियमित रूप से कूच करता चला जाए। नायडू को किसी प्रकार का भय तो था नहीं। उन्हें यह भी समझा दिया गया था कि अगर वह खुद गिरफ्तार हो जाएं, तो उन्हें क्या करना चाहिए। वोक्सरस्ट में मि. केलनबेक भी थे ही। मैं पुलिस के साथ-साथ हो लिया। प्रातःकाल हुआ, वोक्सरस्ट की ट्रेन में बैठे। वोक्सरस्ट की अदालत में मुकदमा चला। सरकारी वकील ने तारीख बढ़ाने की दरखास्त दी; क्योंकि उसके पास कोई सबूत तैयार नहीं था। तारीख बढ़ा दी गई। मैंने जमानत की दरखास्त पेश की। कारण बताया-"मेरे पास 2000 पुरुष, 122 स्त्रियां और 50 बच्चों का दल है। अगली तारीख तक मैं उनको निश्चित स्थान पर पहुंचा

कर फिर हाजिर हो सकता हूं।" सरकारी वकील ने इसका विरोध किया। मजिस्ट्रेट लाचार था; क्योंकि मुझ पर जो इलजाम लगाया गया था, वह ऐसा नहीं था, जिसमें हाजिर जमानत नहीं हो सकती थी। उसने 50 पौंड का मुचलका लेकर मुझे छोड़ दिया। मि. केलनबेक ने मेरे लिए मोटर तैयार रखी थी। मैं फौरन अपने लोगों में पहुंच गया। हम पुनः आगे बढ़े, पर मुझे आजाद छोड़कर सरकार कैसे चैन पा सकती थी? इसलिए मैं 8 तारीख को ही दुबारा स्टेण्डर्टन में पकड़ लिया गया। अपेक्षाकृत यह स्थान कुछ बड़ा है। बड़ी अजीब रीति से यहां मेरी गिरफ्तारी हुई। मैं लोगों को रोटी बांट रहा था। यहां के दुकानदारों ने हमें मुरब्बों के कुछ डिब्बे भेंट में दिये थे। उसके बांटने में उस दिन ज्यादा समय लगा था। इसी बीच मजिस्ट्रेट मेरे पास आकर खड़ा हो गया। बांटने का काम पूरा होते ही उसने मुझे एक तरफ बुलाया। मैं उसे जानता था, इसलिए शायद वह कोई बात कहना चाहता हो; परंतु उसने तो हंसकर मुझसे कहा–

"आप मेरे कैदी हैं।"

मैंने कहा–"तब तो मेरा दर्जा बढ़ गया। पुलिस के बदले आपको मेरी गिरफ्तारी के लिए आना पड़ा; पर मुझ पर मुकदमा तो अभी चलाइएगा न!"

"मेरे साथ ही चले चलिए। अदालत हो रही है।" वह बोले।

लोगों से कूच जारी रखने की बात कहकर मैं उनके साथ चल दिया। मैं अदालत के कमरे में पहुंचा, तो अपने दूसरे कुछ साथियों को भी गिरफ्तार पाया।

फौरन मुझे कोर्ट के सामने खड़ा किया गया। मैंने अपने छूटने के लिए वे ही कारण पेश किये, जो मैंने वोक्सरस्ट में पेश किये थे। यहां भी सरकारी वकील ने विरोध किया और 50 पौंड की जमानत पेश करने पर मुझे 21 तारीख तक के लिए छोड़ दिया गया।

व्यापारी लोगों ने मेरे लिए गाड़ी तैयार ही रखी थी। हमारा दल तीन मील नहीं चल पाया था कि मैं फिर उसमें जा मिला। इस बार हम लोगों ने सोचा कि शायद अब हम टॉलस्टॉय–आश्रम तक जा पहुंचेंगे, पर यह धारणा गलत निकली। लोग मेरी गिरफ्तारी के आदी हो गये, यह बात कुछ कम थी? मेरे 5 साथी तो जेल में रहे। अब हम जोहान्सबर्ग के पास पहुंचते जा रहे थे। पाठकों को याद होगा कि पूरा रास्ता आठ दिन में तय करने का निश्चय किया था। अब तक हम अपने निश्चयानुसार प्रतिदिन रास्ता तय करते आ रहे थे और अब पूरी चार मंजिलें बच रही थीं; लेकिन ज्यों–ज्यों हमारा उत्साह बढ़ता जाता था, त्यों–त्यों सरकार ज्यादा–से–ज्यादा परेशान होती जाती थी कि इस भारतीय हमले को कैसे रोके? हमें अपनी मंजिल तय करने पर यदि वह पकड़ती तो उससे उसकी कमजोरी और कुशलता जाहिर न होती? इसलिए उसने शायद सोचा कि यदि पकड़ना ही है, तो मंजिल पर पहुंचने के पहले ही क्यों न पकड़ लिया जाए।

इसी समय गोखले का एक तार मिला कि मि. हेनरी पोलक, जो हमारे साथ

फिनिक्स में रहा करते थे, भारतवर्ष जाकर भारतीयों और ब्रिटिश गवर्नमेण्ट के सामने वहां की वस्तुस्थिति रखने में उनकी मदद करें। इसलिए हमने उनको भारत भेजने की तैयारी की। मैंने उन्हें लिखा कि वह जाएं, लेकिन वह जाने से पहले मुझसे मिलकर सारी सूचनाएं ले लेना चाहते थे। इसलिए उन्होंने इस सफर में ही मुझसे मिल लेने की इजाजत मांगी। मैंने तार से उन्हें उत्तर दिया–"गिरफ्तार हो जाने की जोखिम उठाना चाहें, तो चले आएं।"

जोखिम उठाकर भी मुझसे सलाह लेने की इच्छा से मि. पोलक हमें स्टेण्डर्टन और ग्रेलिंगस्टेड के बीच टीकवर्थ में 9 तारीख को मिले। दोपहर के 3 बजे होंगे। मि. पोलक और मैं दोनों दल के आगे-आगे चल रहे थे। और साथी भी हमारी बात सुन रहे थे। शाम मि. पोलक को डरबन जाने वाली गाड़ी पकड़नी थी; लेकिन 'मोरे मन कुछ और है, कर्ता के कछु और!' हमारी बातचीत हो ही रही थी कि एक घोड़ा-गाड़ी सामने आकर ठहर गई। उसमें ट्रांवाल के इमिग्रेशन-आफिस के उच्च अधिकारी मि. चमनी और एक पुलिस अफसर भी थे। दोनों नीचे उतरे। उन्होंने मुझे दूर ले जाकर कहा–"मैं आपको गिरफ्तार करता हूं।"

इस तरह चार दिन में मैं तीन बार पकड़ गया। मैंने पूछा–"इस दल को?"

"हम उसे देख लेंगे।"–उन्होंने उत्तर दिया। मैं आगे कुछ न बोला। मैंने मि. पोलक से कह दिया कि वह दल के साथ जाएं। सिर्फ अपने गिरफ्तार होने की खबर दल को देने का समय ही मुझे दिया गया। लोगों में शांति रखने के लिए मैंने कहना शुरू किया ही था कि अधिकारी ने बीच में ही रोककर कहा–"अब आप कैदी हैं, भाषण नहीं दे सकेंगे।"

मैं अपनी स्थिति को समझ गया। बोलना बंद करके तुरंत ही अफसर ने गाड़ीवान को गाड़ी तेज चलाने की आज्ञा दी और पलभर में दल आंखों से ओझल हो गया।

पहले मुझे वे ग्रेलिंगस्टेड ले गये और वहां से बेलफोर होते हुए हीडलबर्ग। यहां मैंने रात बिताई।

उधर हमारा दल भी मि. पोलक के नेतृत्व में बढ़ता गया और रातभर ग्रेलिंगस्टेड में ठहरा। 10 तारीख को सबेरे 9 बजे दल भी बेलफोर पहुंचा, जहां तीन स्पेशल रेलगाड़ियां उन्हें नेटाल ले जाकर छोड़ने के लिए तैयार खड़ी थीं। लोग कुछ हठ पकड़ गये, "गांधी जी को बुलाओ, वह कहेंगे तब हम गिरफ्तार होंगे और रेल में बैठेंगे।" मि. पोलक और काछलिया के सेठ ने समझा-बुझाकर और यह कहकर कि आखिर हमारी यात्रा का उद्देश्य भी तो जेल जाना है, यात्रियों को राजी किया और सब-के-सब शांतिपूर्वक रेल में बैठ गये।

# 44. सत्याग्रह की विजय

इधर मुझे फिर अदालत में खड़ा किया गया। इस बार मेरी गिरंफ्तारी डण्डी से जारी हुए वारंट के मुताबिक हुई थी, इसलिए मुझे वे उसी दिन डण्डी ले गये।

उधर मि. पोलक को बेलफोर में गिरफ्तार तो किया नहीं, बल्कि उनकी सहायता के लिए अधिकारियों ने उनके प्रति कृतज्ञता प्रकट की। पर जब वह रेल में बैठने वाले ही थे कि उन्हें चार्ल्सटाउन में गिरफ्तार जेल बंद कर दिया गया।

11 तारीख को डण्डी में मुझ पर मुकदमा चला और नौ महीने सख्त कैद की सजा मुझे सुना दी गई। अभी तो ट्रांसवाल में प्रवेश करने के लिए लोगों को उकसाने और फुसलाने के आधार पर वोक्सरस्ट में मुझ पर मुकदमा चलाना बाकी था। चुनांचे मुझे 13 तारीख को वोक्सरस्ट ले गये। वहां जेल में मुझे केलनबेक और पोलक भी मिल गये। मुझे खुशी हुई।

14 तारीख को हम तीनों वोक्सरस्ट की अदालत में पेश हुए। हम तीनों को 3-3 महीने की कैद हुई। वोक्सरस्ट जेल में आये दिन नये-नये कैदी आते थे और हमें बाहर होने वाली घटनाओं की खबरें मिल जाया करती थीं, इसलिए कुछ दिन तो खुशी-खुशी कट गये। इस सत्याग्रही कैदियों में हरबतसिंह नाम का एक बूढ़ा भी था। अवस्था 75 वर्ष से भी अधिक होगी। वह खानों में नौकर नहीं था। उसने बरसों पहले अपना गिरमिट पूरा कर लिया था, इसलिए वह हड़ताली भी नहीं था। मेरे गिरफ्तार होते ही लोगों में जोश बढ़ गया आया और बहुत-से लोग नेटाल से ट्रांसवाल में प्रवेश करके गिरफ्तार होने लगे। हरबतसिंह भी इन्हीं में से एक था।

एक दिन मैंने जेल में हरबतसिंह से पूछा, ''आप जेल में क्यों आये, आज-जैसे बूढ़ों को तो मेंने जेल जाने के लिए नहीं कहा।''

हरबतसिंह ने उत्तर दिया, ''जब आप, आपकी धर्मपत्नी और आपके बच्चे तक हमारी खातिर जेल गये तो मैं कैसे रह सकता था?''

''लेकिन आप जेल के कष्टों को नहीं सह सकेंगे। आप जेल छोड़कर चले जाएं, तो ठीक होगा। क्या मैं आपको छुड़ाने की कोशिश करूं?''

''मैं जेल हरगिज नहीं छोडूंगा। मुझे तो-एक दिन-आजकल में मरना है ही। ऐसे भाग्य कहां जो जेल में ही मर सकूं?''

इस निश्चय को मैं कैसे डिगा सकता था? उस अशिक्षित साधु के आगे मेरा मस्तक श्रद्धा से झुक गया। हरबतसिंह की साध पूर्ण हुई। वह जेल में 5 जनवरी, 1914 को मर गया। सैकड़ों भारतीयों के समक्ष हिंदू-प्रथा के अनुसार सम्मानपूर्वक

उसके शव का अग्नि-संस्कार किया गया। उस युद्ध में हरबतसिंह-जैसे एक नहीं अनेक लोग थे, लेकिन जेल में मरने का सौभाग्य पाने वाले हरबतसिंह अकेले ही थे और इसलिए दक्षिण अफ्रीका के सत्याग्रह के इतिहास में हरबतसिंह का नाम आदर के साथ लिया जायगा।

मगर अब कूच करने वाले लोगों की ओर चलें। स्पेशल गाड़ियां उन्हें वापस नेटाल ले गईं और वहां उन्हें जेल में डाल दिया गया। सरकार ने खानों के आसपास घेरे बना दिये। उन्हें डण्डी और न्यू-कैसल जेलों का हिस्सा करार दिया गया और मजदूरों को उन्हीं में काम करने की मशक्कत दी गई। उस गुलामी के खिलाफ हिंदुस्तान में तीव्र रोष फैला।

बीमार होते हुए भी खासतौर से गोखले ने इस बात के लिए बहुत कोशिश की थी। इसी समय (दिसंबर, 1913) वाइसराय लार्ड हार्डिंग ने अपना प्रसिद्ध भाषण दिया था, जिसके कारण दक्षिण अफ्रीका और इंग्लैण्ड में भी जहां-तहां खलबली मच गई। कायदा यह था कि वाइसराय साम्राज्य के दूसरे स्थानों की टीका-टिप्पणी नहीं करते थे; पर लार्ड हार्डिंग ने तो सख्त टीका कर डाली। इतना ही नहीं, उन्होंने तो सत्याग्रहियों का पूरा-पूरा बचाव भी किया। यहां तक कि सविनय अवज्ञा का भी समर्थन कर डाला। उनके इस साहस का सब तरफ अच्छा असर पड़ा। एक जांच-कमीशन बैठा और यद्यपि कोई भी हिंदुस्तानी इस कमीशन के मेंबर नहीं था; तथापि जनरल स्मट्स से पत्र-व्यवहार कर मुझे विश्वास हो गया कि हमारा उद्देश्य सत्याग्रह आंदोलन को बंद करने से भी पूरा हो सकेगा और निश्चय ही, कमीशन की रिपोर्ट प्रकाशित होते ही गवर्नमेंट ने यूनियन के सरकारी गजट में 'इण्डिया रिलीफ बिल' प्रकाशित हुआ, जिसके फलस्वरूप देर से ही सही, लेकिन कुछ समझौता हुआ। उस बिल के मुताबिक:

1. तीन पौंड का टैक्स उठा लिया गया।

2. तमाम ऐसी शादियां, जो हिंदुस्तान में विधि-विहित मानी जाती थीं, अफ्रीका में भी विधि-विहित मानी जायं।

3. व्यक्ति के अंगूठे के निशान वाला परवाना उसको यूनियन की सीमा में प्रवेश करने के लिए इजाजतनामा कर दिया जाय।

इस प्रकार 8 साल के बाद यह महान् सत्याग्रह आंदोलन खत्म हुआ और ऐसा प्रतीत होने लगा कि दक्षिण अफ्रीका के भारतीयों को अब कुछ राहत मिली। और मैं 18 जुलाई, 1914 को स्वदेश जाते हुए रास्ते में इंग्लैंड में गोखले से मिलने के लिए रवाना हुआ। मेरे हृदय में उल्लास और दुःख दोनों की छाया था। उल्लास इस बात का कि मैं बरसों के बाद स्वदेश लौट रहा था और गोखले के पथ-प्रदर्शन में स्वदेश-सेवा करने का इच्छुक था, और दुख इस बात का कि जहां मैंने जीवन के 21 साल बिताये, असंख्य मीठे और कड़वे अनुभव प्राप्त किये, अपने जीवन-कार्य की नींव डाली, उस दक्षिण अफ्रीका से मैं विदा हो रहा था।

# 45. गोखले से मिलने

ऊपर लिख चुका हूं कि सत्याग्रह-युद्ध के समाप्त होने के बाद गोखले की इच्छा से इंग्लैंड होते हुए स्वदेश के लिए रवाना हुआ। साथ में कस्तूरबाई और केलनबेक थे। सत्याग्रह-संग्राम के दिनों में मैंने रेल में तीसरे दर्जे के टिकट खरीदे, परंतु इस तीसरे दर्जे और हमारी तीसरे दर्जे में बहुत अंतर है। हमारे यहां तो सोने-बैठने की जगह भी मुश्किल से मिलती है और सफाई की तो बात ही क्या पूछना! किंतु इसके विपरीत यहां के जहाजों में जगह काफी रहती थी और सफाई का भी अच्छा खयाल रखा जाता था। कंपनी ने हमारे लिए कुछ और भी सुविधाएं कर दी थीं। कोई हमको तंग न करने पाये, इस खयाल से एक पाखाने में ताला लगाकर ताली मेरे सुपुर्द कर दी थी; और हम फलाहारी थे, इसलिए हमको ताजे और सूखे फल देने की आज्ञा भी जहाज के खजांची को दे दी गई थी। मामूली तौर पर तीसरे दर्जे के यात्रियों को फल कम ही मिलते हैं और मेवा तो कतई नहीं मिलता। इस सुविधा के कारण हम लोग समुद्र पर बहुत शांति से 17 दिन बिता सके।

इस यात्रा के कितने ही संस्मरण जानने योग्य हैं। मि. केलनबेक को दूरबीन का बड़ा शौक था। एक-दो कीमती दूरबीनें उन्होंने अपने साथ रखी थीं, पर इसके विषय में रोज हमारी आपस में बहस होती। मैं उन्हें यह जंचाने की कोशिश करता कि यह हमारे आदर्श के और जिस सादगी को हम पहुंचना चाहते हैं, उसके अनुकूल नहीं है। एक रोज तो हम दोनों में इस विषय पर गरमागरम बहस हो गई। उस समय हम दोनों अपनी केबिन की खिड़की के पास खड़े थे।

मैंने कहा, "आपके और मेरे बीच ऐसे झगड़े होने से क्या यह बेहतर नहीं है कि इस दूरबीन को समुद्र में फेंक दें?"

मि. केलनबेक ने तुरंत उत्तर दिया, "जरूर, इस झगड़े की जड़ को फेंक ही दीजिए।"

मैंने कहा, "देखो, मैं फेंक देता हूं।"

उन्होंने बे-रोक उत्तर दिया, "मैं सचमुच कहता हूं, फेंक दीजिये।"

बस, मैंने दूरबीन फेंक दी। उसका दाम कोई सात पौंड था, परंतु उसकी कीमत उसके रुपये की अपेक्षा मि. केलनबेक को जो मोह उसके साथ था, उसमें थी। फिर भी मि. केलनबेक ने अपने मन में कभी इस बात का दुःख न होने दिया। उनके और मेरे बीच तो ऐसी कितनी ही बातें हुआ करती थीं-यह तो उसका एक नमूना पाठकों को दिखाया है।

हम दोनों सत्य को सामने रखकर ही चलने का प्रयत्न करते थे। इसलिये मेरे-उनके इस संबंध के फलस्वरूप हम रोज कुछ-न-कुछ नई बात सीखते। सत्य का अनुसरण करते हुए हमारे क्रोध, स्वार्थ, द्वेष इत्यादि सहज की दमन हो जाते थे और यदि न होते तो सत्य की प्राप्ति न होती थी। राग-द्वेषादि से भरा मनुष्य सरल

हो सकता है, वाचिक सत्य भले ही पा ले उसे शुद्ध सत्य की प्राप्ति नहीं हो सकती। सत्य को बोध करने के मानी हैं राग-द्वेषादि द्वंद्व से सर्वथा मुक्ति प्राप्त कर लेना।

जिस दिन हमने यह यात्रा आरंभ की, उससे पहले टॉलस्टॉय-आश्रम के व्यक्तियों की नैतिक कमजोरी के कारण मैंने सात और चौदह दिन के उपवास किये थे, यह मैं इससे पहले अध्याय में बता चुका हूं। इसके कारण अभी बदन में पूरी ताकत नहीं आ पाई थी। जहाज में डेक पर खूब घूम कर काफी खाने और उसे पचाने का यत्न करता, पर ज्यों-ज्यों मैं अधिक घूमने लगा, त्यों-त्यों पिण्डलियों में ज्यादा दर्द होने लगा। विलायत पहुंचने के बाद तो वह दर्द और बढ़ गया। वहां डॉक्टर जीवराज मेहता से मुलाकात हो गई थी। उपवास और इस दर्द का इतिहास सुन कर उन्होंने कहा, "यदि आप थोड़े समय तक आराम नहीं करेंगे तो आपके पैरों के सदा के लिए सुन्न पड़ जाने का अंदेशा है।" तब जाकर मुझे पता चला कि बहुत दिनों के अपवास से गई ताकत जल्दी लाने या बहुत खाने का लोभ नहीं रखना चाहिए। उपवास करने की अपेक्षा छोड़ते समय अधिक सावधान रहना पड़ता है और शायद इसमें अधिक संयम भी होता है।

मदीरा में हमें समाचार मिला कि लड़ाई अब छिड़ने ही वाली है। इंग्लैंड की खाड़ी में पहुंचते-पहुंचते खबर मिली कि लड़ाई शुरू हो गई और हम रोक लिये गए। पानी में जगह-जगह गुप्त मार्ग बनाये गये थे, उनमें से होकर हमें साउदैम्पटन पहुंचते हुए एक-दो की देर हो गई। युद्ध की घोषणा 4 अगस्त को हुई और हम लोग 6 अगस्त को इंग्लैंड पहुंचे।

## 46. लड़ाई में भाग

विलायत पहुंचने पर खबर मिली के गोखले तो पेरिस में रह गये हैं। पेरिस के साथ आवागमन-संबंध बंद हो गया है, और यह नहीं कहा जा सकता कि वह कब आयेंगे। गोखले अपने स्वास्थ्य-सुधार के लिए फ्रांस गये थे, किंतु बीच में युद्ध छिड़ जाने से वहीं अटक गये। उनसे मिले बिना मुझे देश जाना नहीं था, और वह कब आयेंगे यह कोई कह नहीं सकता था।

अब सवाल यह पैदा हुआ कि इस बीच करें क्या? इस लड़ाई के संबंध में मेरा क्या धर्म है? जेल के मेरे साथी और सत्याग्रही सोराबजी अडाजणिया विलायत में बैरिस्टरी का अध्ययन कर रहे थे। सोराबजी को एक श्रेष्ठ सत्याग्रही के तौर पर इंग्लैंड में बैरिस्टरी की तालीम के लिए भेजा था जिससे दक्षिण अफ्रीका में आकर वह मेरा स्थान ले लें। उनका खर्च डॉक्टर जीवराज मेहता देते थे। उनके और उनकी मार्फत डॉक्टर जीवराज मेहता इत्यादि के साथ, जो विलायत में पढ़ रहे थे, इस विषय पर सलाह-मशविरा किया। विलायत में उस समय जो हिंदुस्तानी रहते थे, उनकी एक सभा की गई और उनके सामने मैंने अपने विचार उपस्थित किये। मेरा मत यह हुआ

कि विलायत में रहने वाले हिंदुस्तानियों को इस लड़ाई में अपना हिस्सा अदा करना चाहिए। अंग्रेज विद्यार्थी लड़ाई में सेवा करने का अपना निश्चय प्रकट कर चुके हैं। हम हिंदुस्तानियों को भी इससे कम सहयोग न देना चाहिए। मेरी इस बात के विरोध में इस सभा में बहुतेरी दलीलें पेश की गई। कहा गया कि हमारी और अंग्रेजों की परिस्थिति में अंतर है–एक गुलाम है तो दूसरा मालिक। ऐसी स्थिति में गुलाम अपने प्रभु की विपत्ति में स्वेच्छापूर्वक कैसे मदद कर सकता है? फिर जो गुलाम अपनी गुलामी से छूटना चाहता है, उसका धर्म क्या यह नहीं है कि प्रभु की विपत्ति से लाभ उठा कर अपना छुटकारा कर लीने की कोशिश कर ले, पर वह दलील मुझे उस समय कैसे जंच सकती थी? यद्यपि में दोनों की स्थिति का महान अंतर समझ गया था, फिर भी मुझे अपनी स्थिति बिल्कुल गुलाम की-सी नहीं मालूम होती थी। उस समय मैं यह समझे हुए था कि अंग्रेजी शासन-पद्धति की अपेक्षा कितने ही अंग्रेज अधिकारियों का दोष अधिक था और उस दोष को हम प्रेम से दूर कर सकते हैं। मेरा यह खयाल था कि यदि अंग्रेजों के द्वारा और उनकी सहायता से हम अपनी स्थिति का सुधार चाहते हों तो हमें उनकी विपत्ति के समय सहायता पहुंचा कर अपनी स्थिति सुधारनी चाहिए। ब्रिटिश-शासन पद्धति को मैं दोषमय तो मानता था, परंतु आज की तरह वह उस समय असह्य नहीं मालूम होती थी। अतएव आज जिस प्रकार वर्तमान शासन पद्धति पर से मेरा विश्वास उठ गया है और आज मैं अंग्रेजी राज्य की सहायता नहीं कर सकता, इसी तरह उस समय जिन लोगों का विश्वास इस पद्धति पर से ही नहीं, बल्कि अंग्रेज अधिकारियों पर से उठ चुका था, वे मदद करने के लिए कैसे तैयार हो सकते थे?

उन्होंने इस समय को प्रजा की मांगें जोर के साथ पेश करने और शासन में सुधार करने की आवाज उठाने के लिए बहुत अनुकूल पाया। मैंने इसे अंग्रेजों की आपत्ति का समय समझकर मांगें पेश करना उचित न समझा और जब तक लड़ाई चल रही है, तब तक हक मांगना मुल्तवी रखने के संयम में सभ्यता और दूर-दृष्टि समझी। इसलिए मैं अपनी सलाह पर मजबूत बना रहा और कहा कि जिन्हें स्वयंसेवकों में नाम लिखाना हो, वे लिखा दें। नाम अच्छी संख्या में आये। उनमें लगभग सब प्रांतों और सब धर्मों के लोग थे।

फिर लार्ड क्रू के नाम एक पत्र भेजा गया। उसमें हम लोगों ने अपनी यह इच्छा और तैयारी प्रकट की कि हम हिंदुस्तानियों के लिए घायल सिपाहियों की सेवा-सुश्रूषा करने की तालीम की यदि आवश्यकता दिखाई दे, तो उसके लिए हम तैयार हैं। कुछ सलाह-मशविरा करने के बाद लार्ड क्रू ने हम लोगों का प्रस्ताव स्वीकार किया और इस बात के लिए हमारा अहसान माना कि हमने ऐसे मौके पर साम्राज्य की सहायता करने की तैयारी दिखाई।

जिन-जिन लोगों ने अपने नाम लिखाये थे, उन्होंने प्रसिद्ध डॉक्टर केण्टली के देख-रेख में घायलों की शुश्रूषा करने की प्राथमिक तालीम शुरू की। छः सप्ताह का

छोटा-सा शिक्षा-क्रम रखा गया था और इतने समय में घायलों को प्राथमिक सहायता करने की सब विधियां सिखा दी जाती थीं। हम कोई 80 स्वयंसेवक इस शिक्षा-क्रम में सम्मिलित हुए। छः सप्ताह के बाद परीक्षा ली गई तो उसमें सिर्फ एक शख्स फेल हुआ। जो लोग पास हो गये उनके लिए सरकार की ओर से कवायद वगैरा सिखाने का प्रबंध हुआ। कवायत सिखाने का भार कर्नल बकर को सौंपा गया और वह इस टुकड़ी के मुखिया बनाये गए।

इस समय विलायत का दृश्य देखने लायक था। युद्ध से लोग घबराते नहीं थे, बल्कि सब उसमें यथाशक्ति मदद करने के लिए जुट पड़े। जिनका शरीर हट्टा-कट्टा था, वे नवयुवक सैनिक शिक्षा ग्रहण करने लगे; परंतु अशक्त, बूढ़े और स्त्री आदि भी खाली हाथ न बैठे रहे। उनके लिए भी काम तो था ही। वे युद्ध में घायल सैनिकों के लिए कपड़ा इत्यादि सीने-काटने का काम करने लगे। वहां स्त्रियों को 'लाइसियम' नामक एक क्लब है। उसके सदस्यों ने सैनिक-विभाग के लिए आवश्यक कपड़े यथाशक्ति बनाने का जिम्मा ले लिया। सरोजिनी देवी (नायडू) भी इसकी सदस्यता थीं। उन्होंने इसमें खूब दिलचस्पी ली थी। उनके साथ मेरा वह प्रथम ही परिचय था। उन्होंने कपड़े ब्योंत कर मेरे सामने उनका ढेर रख दिया और कहा कि जितने सिला सको, उतने सिला कर मुझे दे देना। मन उनकी इच्छा का स्वागत करते हुए घायलों की शुश्रूषा की। उस तालीम के दिनों में जितने कपड़े तैयार हो सके, उतने उनको दे दिये।

इस तरह अपना धर्म समझकर मैं युद्ध में पड़ा तो सही, पर मेरे नसीब में यह नहीं बदा था कि उसमें मैं सीधा भाग लूं, बल्कि ऐसे नाजुक मौके पर सत्याग्रह तक करने की नौबत आ गई।

## 47. गोखले की उदारता

विलायत में मुझे पसली के दर्द की शिकायत हो गई थी। इस बीमारी के वक्त गोखले विलायत आ पहुंचे थे। उनके पास केलनबेक और मैं हमेशा जाया करते। उनसे ज्यादातर युद्ध की ही बातें हुआ करतीं। जर्मनी का भूगोल केलनबेक की जबान पर था, और यूरोप की यात्रा भी उन्होंने बहुत की थी, इसलिए वह नक्शा फैलाकर गोखले को लड़ाई की छावनियां दिखाते।

जब मैं बीमार हुआ था, तब मेरी बीमारी भी हमारी चर्चा का एक विषय हो गई थी। भोजन के प्रयोग तो उस समय भी मेरे चल ही रहे थे। उस समय मैं मूंगफली, कच्चे और पक्के केले, नींबू, जैतून का तेल, टमाटर, अंगूर इत्यादि चीजें खाता था। दूध, अनाज, दाल, वगैरा, चीजें बिल्कुल न लेता था। मेरी देख-भाल जीवराज मेहता करते थे। उन्होंने मुझे दूध और अनाज लेने पर बड़ा जोर दिया। इसकी शिकायत सीधे गोखले तक पहुंची। फलाहार-संबंधी मेरी दलीलों के वह कायल न थे। तंदुरुस्ती

की हिफाजत के लिए डॉक्टर जो-जो बतायें, वह लेना चाहिए ,यही उनका मत था।

गोखले के आग्रह को न मानना मेरे लिए बहुत कठिन बात थी। जब उन्होंने बहुत ही जोर दिया, तब मैंने 24 घंटे तक विचार करने की इजाजत मांगी। केलनबेक और मैं घर आये। रास्ते में मैंने उनके साथ चर्चा की कि इस समय मेरा क्या धर्म है? मेरे प्रयोग में वह भी मेरे साथ थे। उन्हें यह प्रयोग पसंद भी था, परंतु उनका रुख इस बात की तरफ था कि यदि स्वास्थ्य के लिए मैं इस प्रयोग को छोड़ दूं, तो ठीक होगा, इसलिए अब अपनी अंतरात्मा की आवाज का फैसला लेना बाकी रह गया।

सारी रात मैं विचार में डूबा रहा। अब यदि मैं अपना सारा प्रयोग छोड़ दूं तो मेरे सारे विचार और मंतव्य धूल में मिल जाते थे। फिर उन विचारों में मुझे भूल नहीं मालूम होती थी, इसलिए प्रश्न यह था कि किस अंश तक गोखले के प्रेम के अधीन होना मेरा धर्म है, अथवा शरीर-रक्षा के लिए ऐसे प्रयोग किस तरह छोड़ देने चाहिए। धार्मिक दृष्टि से प्रयोग का जितना अंश आवश्यक है, उतना रखा जाय और शेष बातों में डॉक्टर की आज्ञा का पालन किया जाय। मेरे दूध त्यागने में धर्म-भावना की प्रधानता थी। कलकत्ता में गाय-भैंस का दूध जिन घातक विधियों द्वारा निकाला जाता है, उनका दृश्य मेरी आंखों के सामने था। फिर यह विचार भी मेरे सामने था कि मांस की तरह पशु का दूध भी मनुष्य की खुराक नहीं हो सकता। इसलिए दूध-त्याग पर दृढ़ निश्चय करके मैं सुबह उठा। इस निश्चय से मेरा दिल बहुत हलका हो गया था; किंत फिर भी गोखले का भय तो था ही; लेकिन साथ ही मुझे यह भी विश्वास था कि मेरे निश्चय को तोड़ने का उद्योग न करेंगे।

शाम को नेशनल लिबरल क्लब में हम उनसे मिलने गये। उन्होंने तुरंत पूछा, "क्यों, डॉक्टर की सलाह के अनुसार ही चलने का निश्चय किया न?"

मैंने धीरे-से जवाब दिया, "और सब बातें तो मैं मान लूंगा, परंतु आप एक बात पर जोर न दीजियेगा। दूध और दही की बनी चीजें और मांस इतनी चीजें मैं न लूंगा, और इनके न लेने से यदि मौत भी आती हो तो मैं समझाता हूं, उसका स्वागत कर लेना मेरा धर्म है।"

"तुमने यह अंतिम निर्णय कर लिया है?" गोखले ने पूछा।

"मैं समझाता हूं कि इसके सिवा मैं आपको दूसरा उत्तर नहीं दे सकता। मैं यह जानता हूं कि इससे आपको दुःख होगा; परंतु मुझे क्षमा कीजिएगा।" मैंने जवाब दिया।

गोखले ने कुछ दुःख से, परंतु बड़े ही प्रेम से कहा, "तुम्हारा यह निश्चय मुझे पसंद नहीं । मुझे इसमें धर्म की कोई बात नहीं दिखाई देती, पर अब मैं इस बात पर जोर नहीं दूंगा।" यह कहते हुए जीवराज मेहता की ओर देखकर उन्होंने कहा, "अब गांधी को ज्यादा दिक़ न करो। उन्होंने जो मर्यादा बांध ली है, उसके अंदर ये जो-जो चीजें ले सकते हैं, वे ही देनी चाहिए।"

डॉक्टर ने अपनी अप्रसन्नता प्रकट की, वह लाचार थे। मुझे मूंग की दाल का

पानी लेने की सलाह दी, और कहा–"उसमें हींग का बघार दे लेना।" मैंने इसे मंजूर कर लिया। एक-दो दिन मैंने वह पानी पिया भी; परंतु इससे उलटा मेरा दर्द बढ़ गया। मुझे वह मुआफिक नहीं हुआ, इससे मैं फिर फलाहार पर आ गया। ऊपर के इलाज डॉक्टर ने, जो मुनासिब समझे, किये ही। इससे अलबत्ता आराम था, परंतु मेरी इन मर्यादाओं पर वह बहुत बिगड़ते। इसी बीच गोखले भारतवर्ष को रवाना हुए, क्योंकि वह लंदन का अक्टूबर-नवंबर का कोहरा सहन नहीं कर सके। पसली का दर्द भोजन-परिवर्तन करने से और कुछ बाह्य उपचारों से ही मिटा; परंतु बीमारी निर्मूल न हुई। संभाल रखने की जरूरत तो अभी ही थी। अभी बिछौने पर ही पड़ा रहना पड़ता था। डॉक्टर मेहता बीच-बीच में आकर देख जाया करते थे, और जब आते, तभी कहा करते, "अगर मेरा इलाज कराओ तो देखते-देखते आराम हो जाय।"

यह सब हो रहा था कि एक रोज मि. राबर्ट्स मेरे घर आये और मुझसे जोर देकर कहा कि आप अपने देश चले जाइए। उन्होंने कहा, "ऐसी हालत में आप नेटली[1] हरगिज नहीं जा सकते। कड़ाके का जाड़ा तो अभी आगे आने वाला है। मैं तो आग्रह के साथ कहता हूं कि अपने देश चले जायंगे, तो वहां जाकर चंगे हो जायंगे। तब तक यदि युद्ध जारी रहा तो उसमें मदद करने के और भी बहुत अवसर मिल जायंगे और नहीं तो जो कुछ आपने किया है, उसे भी मैं कम नहीं समझता।"

मुझे उनकी यह सलाह अच्छी मालूम हुई और मैंने देश जाने की तैयारी की।

## 48. विदा

मि. केलनबेक देश जाने के निश्चय से हमारे साथ रवाना हुए थे। विलायत में हम साथ ही रहते थे। युद्ध शुरू हो जाने के कारण जर्मन लोगों पर बड़ी सख्त देख-रेख थी। इससे हम सबको इस बात की आशंका ही थी कि केलनबेक हमारे साथ आ सकेंगे या नहीं। मि. राबर्ट्स खुद उन्हें पास दिला देने के लिए रजामंद थे। उन्होंने सारा हाल तार द्वारा वाइसराय को लिखा; पर लार्ड हार्डिंग का तुरंत सीधा और सूखा जवाब आया, "हमें अफसोस है, हम इस समय किसी तरह जोखिम उठाने के लिए तैयार नहीं हैं।" हम सबने जवाब के औचित्य को समझा। केलनबेक के वियोग का दु:ख तो मुझे हुआ ही, परंतु मैंने देखा कि मेरी अपेक्षा उनको ज्यादा हुआ। यदि वह भारतवर्ष में आ सके होते तो आज एक बढ़िया किसान और बुनकर का सारा जीवन व्यतीत करते होते।

हमने तीसरे दर्जे का टिकट लेने की कोशिश की; परंतु पी. एंड ओ. के जहाज

1. यह अस्पताल का नाम है, जहां घायलों की सुश्रूषा करने के लिए गांधीजी को अपनी टकुड़ी के साथ जाना था।

में तीसरे दर्जे का टिकट नहीं मिलता था। इसलिए दूसरे दर्जे का लेना पड़ा। दक्षिण अफ्रीका से हम कितना ही ऐसा फलाहार साथ बांध लाये थे, जो जहाजों में नहीं मिलता था। वह हमने साथ रख लिया। दूसरी चीजें तो जहाज में मिलती ही थीं।

डॉक्टर मेहता ने मेरे शरीर को मीट्स प्लास्टर के पट्टे से बांध दिया था और मुझे कहा था कि पट्टा बंधा रहने देना। दो दिन के बाद वह मुझे सहन न हो सका और बड़ी मुश्किल के बाद मैंने उसे उतार डाला और नहाने-धोने भी लगा। फल और मेवे के सिवा और कुछ नहीं खाता था, इससे तबीयत दिन-दिन सुधरने लगी और स्वेज की खाड़ी में पहुंचने तक तो अच्छी हो गई। यद्यपि इससे शरीर कमजोर हो गया था; फिर भी बीमारी का भय मिट गया था और मैं रोज धीरे-धीरे कसरत बढ़ाता गया। स्वास्थ्य में यह शुभ परिवर्तन तो मेरा ख़याल है कि समशीतोष्ण हवा की बदौलत ही हुआ।

पुराने अनुभव से अथवा और किसी कारण से अंग्रेज यात्रियों के और हमारे अंदर यहां जो अंतर मैंने देखा, वह दक्षिण अफ्रीका से आते हुए भी नहीं देखा था। वहां भी अंतर तो था; परंतु यहां और ही प्रकार का भेद दिखाई दिया। किसी-किसी अंग्रेज के साथ बातचीत होती परन्तु वह भी 'साहब सलामत' से आगे नहीं। हार्दिक भेंट नही होती थी; किंतु दक्षिण अफ्रीका के जहाज में और दक्षिण अफ्रीका में हार्दिक भेंट हो सकती थी। इस भेद का कारण तो मैं यही समझा कि इधर जहाजों में अंग्रेजों के मन में यह भाव कि 'हम शासक हैं' और हिंदुस्तानियों के मन में यह भाव कि 'हम गुलाम हैं', जाने में या अनजाने में काम कर रहा था।

ऐसे वातावरण से जल्दी छूटकर देश पहुंचने के लिए मैं आतुर हो रहा था। अदन पहुंचने पर ऐसा भास हुआ मानो थोड़ा-बहुत घर आ गये हैं। अदन वालों के साथ दक्षिण अफ्रीका में ही हमारा अच्छा संबंध हो गया था, क्योंकि भाई कैकोबाद कावसजी दीनशा डरबन आ गये थे और उनके तथा उनकी पत्नी के साथ हमारा अच्छा परिचय हो चुका था। थोड़े ही दिन में हम बंबई आ पहुंचे। जिस देश में मैं 1905 में लौटने की आशा करता था, वहां 10 वर्ष बाद पहुंचने से मेरे मन को बड़ा आनंद हो रहा था। बंबई में गोखले ने स्वागत वगैरा का प्रबंध कर ही डाला था। उनकी तबीयत नाजुक थी। फिर भी वह बंबई आ पहुंचे थे। उनसे मिलकर तथा उनके जीवन में मिलकर अपने सिर का बोझ उतार डालने की उमंग से मैं बंबई पहुंचा था, परंतु विधाता ने कुछ और ही रचना रची थी-

**'मोरे मन कछु है कर्त्ता के कछु और।'**

# 49. गोखले के साथ पूना में

मेरे बंबई पहुंचते ही गोखले ने मुझे खबर दी कि बंबई के गवर्नर आपसे मिलना चाहते हैं और पूना आने से पहले आप उनसे मिलते आयें तो अच्छा होगा। इसलिए मैं उनसे मिलने गया। मामूली बातचीत होने के बाद उन्होंने मुझसे कहा–

''आपसे मैं एक वचन लेना चाहता हूं। मैं चाहता हूं कि सरकार के संबंध में यदि आपको कहीं कुछ आंदोलन करना हो तो उसके पहले आप मुझसे मिल लें और बातचीत कर लें।'' मैंने उत्तर दिया, ''यह वचन देना मेरे लिए बहुत सरल है, क्योंकि सत्याग्रही की हैसियत से मेरा यह नियम ही है कि किसी के खिलाफ कुछ करने के पहले उसका दृष्टि-बिंदु खुद उसी से समझ लूं और अपने से जहां तक हो सके, उसके अनुकूल होने का यत्न करूं। हमेशा दक्षिण अफ्रीका मैं इस नियम का पालन किया है और यहां भी ऐसा ही करने का विचार करता हूं।''

लार्ड विलिंगडन ने इस पर मुझे धन्यवाद दिया और कहा–

''आप जब कभी मिलना चाहें, मुझसे तुरंत मिल सकेंगे और आप देखेंगे कि सरकार जाम-बूझकर कोई बुराई नहीं करना चाहती।''

मैंने जवाब दिया–''इसी विश्वास पर तो मैं जी रहा हूं।''

इसके बाद मैं पूना पहुंचा। वहां के तमाम संस्मरण लिखना मेरी सामर्थ्य के बाहर हैं। गोखले ने और भारत सेवा-समिति के सदस्यीं ने मुझे अपने प्रेम से नहला दिया। जहां तक मुझे याद है, उन्होंने तमाम सदस्यों को पूना बुलाया था। सब के साथ दिल खोलकर मेरी बातें हुई। गोखले की तीव्र इच्छा थी कि मैं भी समिति का सदस्य बनूं। मेरी इच्छा तो थी ही; परंतु सदस्यों की यह धारणा हुई कि समिति के आदर्श और उनकी कार्य-प्रणाली मुझसे भिन्न थी। इसलिए वे दुविधा में थे कि मुझे सदस्य होना चाहिए या नहीं। गोखले की यह मान्यता थी कि अपने आदर्श पर दृढ़ रहने की जितनी प्रवृत्ति मेरी थी, उतनी ही दूसरों के आदर्श की रक्षा करने और उनके साथ मिल जाने का स्वभाव भी था। उन्होंने कहा, परंतु हमारे साथी अभी आपके दूसरों को निभा लेने के इस गुण को नहीं पहचान पाये हैं। वे अपने आदर्श पर दृढ़ रहने वाले स्वतंत्र और निश्चिंत विचार के लोग हैं। मैं आशा तो यही रखता हूं कि वे आपको सदस्य बनाना मंजूर कर लेंगे, परंतु यदि न भी करें तो आप इससे यह हरगिज न समझें कि आपके प्रति उनका प्रेम या आदर कम है। अपने इस प्रेम को अखण्डित रहने देने के लिए ही वे किसी तरह की जोखिम उठाने से डरते हैं; परंतु आप समिति के बाकायदा

सदस्य हों या न हों मैं तो आपको सदस्य मानकर ही चलूंगा।

मैं समिति का सदस्य बनूं या न बनूं, पर एक आश्रम की स्थापना करके और फिनिक्स के साथियों को उसमें रखकर मैं कहीं बैठना चाहता था। मैंने अपना यह संकल्प उन पर प्रकट किया था। गुजराती होने के कारण गुजरात के द्वारा सेवा करने की पूंजी मेरे पास अधिक होनी चाहिए, इस विचार से गुजरात में ही कहीं स्थिर होने की इच्छा भी थी। गोखले को यह विचार पसंद आया और उन्होंने कहा–

''जरूर आश्रम स्थापित करो। सदस्यों के साथ जो बातचीत हुई, उसका फल कुछ भी निकलता रहे; परंतु तुम्हारे आश्रम के लिए धन का प्रबंध मैं कर दूंगा। उसे मैं अपना ही आश्रम समझूंगा।''

यह सुन कर मेरा हृदय फूल उठा। चंदा मांगने के झंझट से बचा, यह समझकर बड़ी खुशी हुई और इस विश्वास से कि अब मुझे अकेले अपनी जिम्मेदारी पर कुछ न करना पड़ेगा, बल्कि हरेक उलझन के समय मेरे लिए एक पथ-प्रदर्शक यहां हैं, मेरे सिर का बोझ उतर गया।

गोखले ने स्वर्गीय डॉक्टर देव को बुलाकर कह दिया–''गांधी का खाता अपनी समिति में खोल लो और उनको अपने आश्रम के लिए तथा सार्वजनिक कामों के लिए जो कुछ रुपया चाहिए, वह देते जाना।''

अब मैं पूना छोड़कर शांति-निकेतन जाने की तैयारी कर रहा था। अंतिम रात को गोखले ने खास मित्रों की एक पार्टी इस विधि से की जो तुझे रुचिकर होती। उसमें वे ही चीजें अर्थात फल और मेवे मंगाये थे, जो मैं खाया करता था। पार्टी उनके कमरे से कुछ ही दूरी पर थी। उनकी हालत ऐसी न थी कि वह यहां तक भी आ सकते; लेकिन उनका प्रेम उन्हें कैसे रुकने देता? वह जिद करके आये; परंतु उन्हें गश आ गया और वापस लौट जाना पड़ा। ऐसा गश उन्हें बार-बार आ जाया करता था, इसलिये उन्होंने कहलवाया कि पार्टी में किसी प्रकार की गड़बड़ न होनी चाहिए। पार्टी क्या थी, समिति के आश्रम में अतिथि-घर के पास के मैदान में जाजम बिछाकर हम लोग बैठ गये थे और मूंगफली, खजूर वगैरा खाते हुए प्रेम-वार्ता करते थे एवं एक दूसरे के हृदय को अधिक जानने का उद्योग करते थे।

किंतु उनकी यह मूर्छा मेरे जीवन के लिए कोई मामूली अनुभव नहीं था।

# 50. धमकी?

बंबई से मुझे अपनी विधवा भौजाई और दूसरे कुटुंबियों से मिलने के लिए राजकोट और पोरबंदर जाना था। इसलिए मैं राजकोट गया। दक्षिण अफ्रीका में सत्याग्रह-आंदोलन के सिलसिले में मैंने अपना पहनावा जितना हो सकता था, गिरमिटिया मजदूर की तरह कर डाला था। मेरे जैसे कपड़े पहनने वाला आमतौर पर गरीब आदमियों में ही गिना जाता है। इस समय वीरमगाम और बढ़वाण में, प्लेग के कारण, तीसरे दर्जे के मुसाफिरों की जांच-पड़ताल होती थी। मुझे उस समय हल्का-सा बुखार था। जांच करने वाले अफसर ने मेरा हाथ देखा, तो उसे वह गरम मालूम हुआ, इसलिए उसने हुक्म दिया कि राजकोट जाकर डॉक्टरों से मिलो और मेरा नाम लिख दिया।

बंबई से शायद किसी ने तार या चिट्ठी भेज दी होगी, इस कारण बढ़वाण स्टेशन पर दर्जी मोतीलाल, जो वहां के एक प्रसिद्ध प्रजा-सेवक माने जाते थे, मुझसे मिलने आये थे। उन्होंने मुझसे वीरमगाम की जकात की जांच का तथा उसके संबंध में होने वाली तकलीफों का जिक्र किया। मुझे बुखार चढ़ रहा था, इसलिए बात करने की इच्छा कम ही थी। मैंने उन्हें थोड़े में उत्तर दिया-

"आप जेल जाने के लिए तैयार हैं?"

इस समय मैंने मोतीलाल को वैसा ही युवक समझा, जो बिना विचारे उत्साह में हा कर लेते हैं; पर उन्होंने बड़ी दृढ़ता के साथ उत्तर दिया-

"हां, जरूर जेल जायंगे, पर आपको हमारा अगुआ बनना पड़ेगा। काठियावाड़ी की हैसियत से आप पर हमारा पहला हक है। अभी तो हम आपको नहीं रोक सकते; परंतु वापस लौटते समय आपको बढ़वाण ज़रूर उतरना पड़ेगा। वहां के युवकों का काम और उत्साह देखकर आप खुश होंगे। आप जब चाहें तब अपनी सेना में हमें भरती कर सकेंगे।"

राजकोट पहुंचते ही मैं दूसरे दिन सुबह पूर्वोक्त हुक्म के अनुसार अस्पताल गया। वहां तो मैं किसी के लिए अजनबी नहीं था। डॉक्टर मुझे देखकर शर्माये और उस जांच-कारकुन पर गुस्सा होने लगे। मुझे इसमें गुस्से की कोई वजह नहीं मालूम होती थी। उसने तो अपना फर्ज अदा किया था। एक तो वह मुझे पहचानता नहीं था और दूसरे पहचानने पर भी तो उसका फर्ज यह था कि जो हुक्म मिला, उसकी तामील करें; परंतु मैं था मशहूर आदमी, इसलिए राजकोट में मुझे जांच करने के लिए जाने

के एवज में लोग घर आकर मेरी पूछ-ताछ करने लगे।

काठियावाड़ में मैं जहां-जहां गया, वहां-वहां वीरमगाम की जकात की जांच से हाने वाली तकलीफों की शिकायतें मैंन सुनीं।

इसलिए लार्ड विलिंगडन ने जो निमंत्रण मुझे दे रखा था, उसका मैंने तुरंत उपयोग किया। इस संबंध में जितने कागज-पत्र मिल सकते थे, सब मैंने पढ़े। मैंने देखा कि इन शिकायतों में बहुत तथ्य था। उसको दूर करने के लिए बंबई-सरकार से लिखा-पढ़ी की। उसके सेक्रेटरी से मिला। लार्ड विलिंगडन से भी मिला। उन्होंनें सहानुभूति दिखाई, परंतु कहा कि दिल्ली की तरफ से ढील हो रही है। यदि यह बात हमारे हाथ में होती, तो हम कभी के इस जकात को उठा देते। आप भारत-सरकार के पास अपनी शिकायत ले जाइये।

मैंने भारत-सरकार के साथ लिखा-पढ़ी शुरू की, परंतु वहां से पहुंच के अलावा कुछ भी जवाब न मिला। जब मुझे लार्ड चेम्सफोर्ड से मिलने का अवसर आया, तब-अर्थात दो-तीन वर्ष की लिखा-पढ़ी के बाद-सुनवाई हुई। लार्ड चेम्सफोर्ड से मैंने इसका जिक्र किया, तो उन्होंने इस पर आश्चर्य प्रकट किया। वीरमगाम के मामले का उन्हें कुछ पता न था। उन्होंने मेरी बातें गौर के साथ सुनीं और उसी समय टेलीफोन करके वीरमगाम के कागज-पत्र मंगाये और वचन दिया कि यदि इसके खिलाफ कर्मचारियों को कुछ कहना न होगा, तो जकात रद्द कर दी जायगी। इस मुलाकात के थोड़े ही दिन बाद मैंने अखबार में पढ़ा कि जकात रद्द हो गई।

इस जीत को मैंने सत्याग्रह की बुनियाद माना, क्योंकि वीरमगाम के संबंध में जब बातें हुईं, तब बंबई सरकार के सेक्रेटरी ने मुझसे कहा था कि बक्सरा में इस संबंध में आपका जो भाषण हुआ था, उसकी नकल मेरे पास है और मैंने जो सत्याग्रह का उल्लेख किया था, उस पर उन्होंने अपनी नाराजगी भी बतलाई। उन्होंने मुझसे पूछा-"आप इसे धमकी नहीं कहते? इस प्रकार बलवान सरकार कहीं धमकी की परवाह कर सकती है?"

मैंने जवाब दिया-"यह धमकी नहीं है। यह तो लोकमत को शिक्षित करने का उपाय है। लोगों को अपने कष्ट दूर करने के लिए तमाम उचित उपाय बताना मुझ जैसों का धर्म है। जो प्रजा स्वतंत्रता चाहती है, उसके पास अपनी रक्षा का अंतिम इलाज अवश्य होना चाहिए। आमतौर पर ऐसे इलाज हिंसात्मक होते हैं, परंतु सत्याग्रह शुद्ध अहिंसात्मक शस्त्र है। उसका उपयोग और उसकी मर्यादा बताना मैं अपना धर्म समझता हूं। अंग्रेज सरकार बलवान है, इस बात पर मुझे संदेह नहीं, परंतु सत्याग्रह सर्वोपरि शस्त्र है, इस विषय में भी मुझे कोई संदेह नहीं।"

इस पर उस समझदार सेक्रेटरी ने सिर हिलाया और कहा-"देखेंगे।"

## 51. शांतिनिकेतन में

राजकोट से मैं शांतिनिकेतन गया। वहां के अध्यापकों और विद्यार्थियों ने मुझ पर बड़ी प्रेम-वृष्टि की। स्वागत की विधि में सादगी, कला और प्रेम का सुंदर मिश्रण था। वहां काका साहब कालेलकर से मेरी पहली बार मुलाकात हुई।

शांतिनिकेतन में मेरे मण्डल को अलग स्थान में ठहराया गया था। वहां मगनलाल गांधी उस मंडल की देखभाल कर रहे थे और फिनिक्स-आश्रम के तमाम नियमों का बारीकी से पालन कराते थे। मैंने देखा कि उन्होंने शांतिनिकेतन में अपने प्रेम, लगन और उद्योगशीलता के कारण अपनी सुगंध फैला रखी थी। एण्ड्रयूज तो वहां थे ही, पियर्सन भी थे।

अपने स्वभाव के अनुसार मैं विद्यार्थियों और शिक्षकों में मिल गया और शारीरिक श्रम तथा काम के बारे में चर्चा करने लगा। स्वयं भोजन बनाने तथा बर्तन मांजने का प्रयोग भी वहां भोजनशाला में शुरू किया। बंगाली भोजन में कुछ सुधार कराने के इरादे से एक छोटी-सी पाकशाला भी अलग कर ली गई थी।

मेरा इरादा शांतिनिकेतन में कुछ दिन रहने का था, पर विधाता मुझे जबरदस्ती वहां से घसीट ले गया। मैं मुश्किल से वहां एक सप्ताह रहा होऊंगा कि पूना से गोखले के अवसान का तार मिला। सारा शांतिनिकेतन शोक में डूब गया। सब लोग मातम-पुरसी करने मेरे पास आये। मैं उसी दिन पूना रवाना हुआ। साथ में पत्नी और मगनलाल को लिया। बाकी सब शांतिनिकेतन में ही रहे।

एण्ड्रयूज बर्दवान तक मेरे साथ आये थे। उन्होंने मुझे पूछा—"क्या आपको प्रतीत होता है कि हिंदुस्तान में सत्याग्रह करने का समय आयेगा? यदि हां, तो कब?"

मैंने उत्तर दिया—"यह कहना कठिन है। अभी तो एक साल तक मैं कुछ करना नहीं चाहता। गोखले ने मुझसे वचन लिया है कि मैं एक साल तक भ्रमण करूं। कभी भी सार्वजनिक प्रश्न पर विचार प्रकट न करूं। मैं अक्षरश: इस वचन का पालन करना चाहता हूं। इसके बाद भी मैं तब तक कोई बात न कहूंगा, जब तक किसी प्रश्न पर कुछ कहने की आवश्यकता न होगी। इसलिए मैं नहीं समझता कि अगले 5 वर्ष तक सत्याग्रह करने का कोई अवसर आयेगा।"

यहां इतना कहना आवश्यक है कि 'हिंद स्वराज्य'[1] में मैंने जो विचार प्रकट किये

---

1. सस्ता साहित्य मण्डल से प्रकाशित।

हैं, गोखले उन पर हंसा करते और कहते थे—"एक वर्ष तुम हिंदुस्तान में रहकर देखोगे, तो तुम्हारे ये विचार अपने-आप ठण्डे पड़ जायंगे।"

## 52.तीसरे दर्जे की मुसीबत

बर्दवान पहुंचकर हम तीसरे दर्जे का टिकट कटाना चाहते थे, पर टिकट लेने में बड़ी मुसीबत हुई। टिकट लेने पहुंचा, तो जवाब मिला—"तीसरे दर्जे के मुसाफिर के लिए पहले से टिकट नहीं दिया जाता।" तब मैं स्टेशन-मास्टर के पास गया। मुझे भला वहां कौन जाने देता? किसी ने दया करके बताया कि स्टेशन-मास्टर वहां हैं। मैं पहुंचा। उनके पास से भी यही उत्तर मिला। जब खिड़की खुली, तब टिकट लेने गया, परंतु टिकट मिलना आसान नहीं था। हट्टे-कट्टे मुसाफिर मुझ-जैसे को पीछे धकेल कर आगे घुस जाते। आखिर टिकट किसी तरह मिल ही गया।

गाड़ी आई। उसमें भी जो जबरदस्त थे, वे घुस गये। उतरने वालों और चढ़ने वालों के सिर टकराने लगे और धक्का-मुक्की होने लगी। इसमें भला मैं कैसे शरीक हो सकता था? इसलिए हम तीनों एक जगह से दूसरी जगह जाते। सब जगह से यही जवाब मिलता—"यहां जगह नहीं है।" तब मैं गार्ड के पास गया। उसने जवाब दिया—"जगह मिले, तो बैठ जाओ, नहीं तो दूसरी गाड़ी से जाना।" मैंने नरमी से उत्तर दिया—"पर मुझे जरूरी काम है।" गार्ड को यह सुनने का वक्त नहीं था। अब मैं सब तरह से हार गया। मगनलाल से कहा—"जहां जगह मिल जाय, बैठ जाओ।" और मैं पत्नी को लेकर तीसरे दर्जे के टिकट से ही ड्योढ़े दर्जे में घुसा। गार्ड ने मुझे उसमें जाते हुए देख लिया।

आसनसोल स्टेशन पर गार्ड ड्योढ़े दर्जे का किराया लेने आया। मैंने कहा—"आपका फर्ज था कि आप मुझे जगह बताते। वहां जगह न मिलने से मैं यहां बैठ गया। मुझे तीसरे दर्जे में जगह दिलाइये, तो मैं वहां जाने को तैयार हूं।"

गार्ड साहब बोले—"मुझसे दलील न करो। मेरे पास जगह नहीं है। किराया न दोगे, तो तुमको गाड़ी से उतर जाना होगा।"

मुझे तो किसी तरह जल्दी पूना पहुंचना था। गार्ड से लड़ने के लिए मेरे पास समय नहीं था, न सुविधा ही थी। लाचार होकर मैंने किराया चुका दिया। उसने ठेठ पूना तक ड्योढ़े दर्जे का किराया वसूल किया। मुझे यह अन्याय बहुत अखरा।

सुबह हम मुगलसराय पहुंचे। मगनलाल को तीसरे दर्जे में जगह मिल गई थी। वहां मैंने टिकट कलेक्टर को सब हाल सुनाया। और इस घटना का प्रमाण-पत्र मैंने उससे मांगा। उसने इंकार कर दिया। मैंने रेलवे के बड़े अफसर को अधिक भाड़ा वापस लेने की दरखास्त दी। उसका उत्तर इस आशय का मिला—"प्रमाणपत्र के बिना अधिक भाड़े का रुपया लौटाने का नियम यहां नहीं है; परंतु यह आपका मामला है, इसलिए आपको लौटा देते हैं। बर्दवान से मुगलसराय तक का अधिक किराया वापस नहीं दिया जा सकता।"

इसके बाद तीसरे दर्जे के सफर इतने अनुभव हुए कि उनकी एक पुस्तक बन सकती है, परंतु प्रसंगोपात्त उनका जिक्र करने के उपरांत इन अध्यायों में उसका समावेश नहीं हो सकता। शरीर-प्रकृति की प्रतिकूलता के कारण मेरी तीसरे दर्जे की यात्रा बंद हो गई।[1] यह बात मुझे सदा खटकती रहती है और खटकती रहेगी। तीसरे दर्जे के सफर में कर्मचारियों की 'जीहुक्मी' की जिल्लत तो उठानी ही पड़ती है, परंतु तीसरे दर्जे के यात्रियों की जहालत, गंदगी, स्वार्थ-भाव और अज्ञानता का भी कम अनुभव नहीं होता। खेद की बात तो यह है कि बहुत बार तो मुसाफिर जानते ही नहीं कि वे उद्दण्डता करते हैं या गंदगी बढ़ाते हैं या स्वार्थ साधते हैं। वे जो कुछ करते हैं वह उन्हें स्वाभाविक मालूम होता है और इधर हम, जो सुधारक कहे जाते हैं, इनकी बिल्कुल परवाह नहीं करते।

कल्याण जंक्शन पर हम किसी तरह थके-मांदे पहुंचे। नहाने की तैयारी की। मगनलाल और मैंने स्टेशन के नल से पानी लेकर नहाया। पत्नी के लिए मैं कुछ तजबीज कर रहा था कि इतने में भारत-सेवक-समिति के भाई कौल न हमको पहचाना। वह भी पूना जा रहे थे। उन्होंने मेरी पत्नी की ओर इशारा करके कहा-"इनको तो नहाने के लिए दूसरे दर्जे के कमरे में ले जाना चाहिए।"

उनके इस सौजन्य से लाभ उठाते हुए मुझे संकोच हुआ। मैं जानता था कि पत्नी को दूसरे दर्जे के कमरे का लाभ उठाने का अधिकार न था; परंतु मैंने इस औचित्य की ओर से आंखें मूंद लीं। सत्य के पुजारी को सत्य का इतना उल्लंघन भी शोभा नहीं देता। पत्नी का आग्रह नहीं था कि वह उसमें जाकर नहाये, परंतु पति के मोह-रूपी स्वर्ण-पात्र ने सत्य को ढांप लिया था।

## 53. मेरा प्रयत्न

पूना पहुंचकर गोखले की उत्तर-क्रिया इत्यादि से निवृत्त हो हम सब लोग इस बात पर विचार करने लगे कि समिति का काम कैसे चलाया जाय और मैं उसका सदस्य बनूं या नहीं। इस समय मुझ पर बड़ा बोझ आ पड़ा था। गोखले के जीते-जी मुझे समिति में प्रवेश करने की आवश्यकता ही नहीं थी। मैं तो सिर्फ गोखले की आज्ञा और इच्छा के अधीन रहना चाहता था। यह स्थिति मुझे पसंद थी, क्योंकि भारतवर्ष जैसे तूफानी समुद्र में कूदते हुए मुझे एक दक्ष कर्णधार की आवश्यकता थी और गोखले-जैसे कर्णधार के आश्रय में मैं अपने को सुरक्षित समझता था।

अब मेरा मन कहने लगा कि मुझे समिति में प्रविष्ट होने के लिए जरूर प्रयत्न करना चाहिए। मैंने सोचा कि गोखले की आत्मा यही चाहती होगी। मैंने बिना संकोच

---

1. इसके बाद फिर गांधीजी ने तीसरे दर्जे में सफर शुरू कर दिया था, जो अंत समय तक जारी रहा।

के दृढ़ता के साथ प्रयत्न शुरू किया। इस समय समिति के सब सदस्य वहां मौजूद थे। मैंने उनको समझाने और मेरे संबंध में जो भय उन्हें था, उसको दूर करने की भरसक कोशिश की, पर मैंने देखा की सदस्यों में इस विषय पर मतभेद था। कुछ सदस्यों की राय थी कि मुझे समिति में ले लेना चाहिए, और कुछ दृढ़तापूर्वक इसका विरोध करते थे, परंतु दोनों के मन में मेरे प्रति प्रेम-भाव की कमी न थी। किंतु हां, मेरे प्रति प्रेम की अपेक्षा समिति के प्रति उनकी वफादारी शायद अधिक थी—मेरे प्रति प्रेम से तो कम किसी हालत में न थी।

इससे हमारी यह सारी बहस मीठी थी और केवल सिद्धांत पर ही थी। जो मित्र मेरा विरोध कर रहे थे, उनका यह खयाल हुआ कि कई बातों में मेरे आगे और उनके विचारों में जमीन-आसमान का अंतर है। इससे भी आगे चलकर उनका यह खयाल हुआ कि जिन ध्येयों को सामने रखकर गोखले ने समिति की रचना की थी, मेरे समिति में आ जाने से उन्हीं के जोखिम में पड़ जाने की संभावना थी और यह बात उन्हें स्वाभाविक तौर पर ही असह्य मालूम हुई। बहुत कुछ चर्चा हो जाने के बाद हम अपने-अपने घर गये। सदस्यों ने अंतिम निर्णय सभा की दूसरी बैठक तक स्थगित रखा।

घर जाते हुए मैं बड़े विचार के भंवर में पड़ गया। बहुमत के बल पर मेरा समिति में दाखिल होना क्या उचित है? क्या गोखले के प्रति यह मेरी वफादारी होगी? यदि बहुमत मेरे खिलाफ हो जाय, तो क्या इससे मैं समिति की स्थिति को विषम बनाने का निमित्त न बनूंगा? मुझे यह साफ दिखाई पड़ा कि जब तक समिति के सदस्यों में मुझे सदस्य बनाने के विषय में मतभेद रहेगा, तब तक मुझे खुद ही उसमें दाखिल होने का आग्रह छोड़ देना चाहिए और इस तरह विरोधी पक्ष को नाजुक स्थिति में पड़ने से बचा लेना चाहिए। इसी में मुझे समिति और गोखले के प्रति अपनी वफादारी दिखाई दी। अंतरात्मा में यह निर्णय होते ही तुरंत मैंने शास्त्री को पत्र लिखा कि आप मुझे सदस्य बनाने के लिए सभा न बुलायें। विरोधी पक्ष को मेरा यह निश्चय बहुत पसंद आया। वे धर्म-संकट से बच गये। उनकी मेरे साथ स्नेहगांठ अधिक मजबूत हो गई, और इस तरह समिति में दाखिल होने की अपनी दरख्वास्त वापस लेकर मैं समिति का सच्चा सदस्य बना।

अब मैं अनुभव से देखता हूं कि बाकायदा समिति का सदस्य न होना ठीक ही हुआ और सब सदस्यों ने मेरे सदस्य बनने का जो विरोध किया था, वह वास्तविक था। अनुभव ने दिखला दिया है कि उनके और मेरे सिद्धांतों में भेद था, परंतु मतभेद जान लेने के बाद भी हम लोगों की आत्मा में कभी अंतर न पड़ा, न कभी मन-मुटाव ही हुआ। मतभेद रहते हुए भी हम बंधु और मित्र बने हुए हैं। समिति का स्थान मेरे लिए यात्रा-स्थल हो गया। लौकिक दृष्टि से भले ही मैं उसका सदस्य न बना हूं पर आध्यात्मिक दृष्टि से तो हूं। लौकिक संबंध की अपेक्षा अध्यात्मिक संबंध अधिक कीमती है। आध्यात्मिक संबंध में हीन लौकिक संबंध प्राणहीन शरीर के समान है।

# 54. आश्रम की स्थापना

सत्याग्रह-आश्रम की स्थापना 25 मई, सन् 1915 ई. को हुई। स्वामी श्रद्धानंदजी की राय थी कि मैं हरिद्वार में बसूं। कलकत्ते के कुछ मित्रों की सलाह थी कि वैद्यनाथ धाम में डेरा डालूं और कुछ मित्र इस बात पर जोर दे रहे थे कि राजकोट में रहूं।

पर जब मैं अहमदाबाद से गुजरा तो बहुतेरे मित्रों ने कहा कि आप अहमदाबाद को चुनिये और आश्रम के खर्च का भार भी उन्होंने अपने जिम्मे लिया। मकान खोजने का भी आश्वासन दिया। इसलिए अहमदाबाद पर मेरी नजर ठहर गई। मैं मानता था कि गुजराती होने के कारण मैं गुजराती भाषा के द्वारा देश की अधिक-से-अधिक सेवा कर सकूंगा। अहमदाबाद पहले हाथ-बुनाई का बड़ा भारी केंद्र था, इससे चरखे का काम यहां के धनाढ्य लोग धन द्वारा अधिक सहायता दे सकेंगे, यह भी खयाल था।

अहमदाबाद के मित्रों के साथ जब आश्रम के विषय में बातचीत हुई, तो अस्पृश्यों के प्रश्न की चर्चा भी उनसे हुई थी। मैंने साफतौर पर कहा था–"यदि कोई योग्य अन्त्यज भाई आश्रम में प्रविष्ट होना चाहेंगे, तो मैं उन्हें अवश्य आश्रम में रखूंगा।"

"आपकी शर्तों का पालन कर सकने वाले अन्त्यज ऐसे कहां रास्तों में पड़े हुए हैं?"–एक वैष्णव मित्र ने ऐसा कह कर अपने मन को संतोष दे दिया और अंत में अहमदाबाद में बसने का निश्चय हुआ।

अब हम मकान की तलाश करने लगे। श्री जीवनलाल बैरिस्टर का मकान, जो कोचरब में था, किराये पर लेना तय हुआ। वही मुझे अहमदाबाद में बसाने वालों में अग्रणी थे।

इसके बाद आश्रम का नाम रखने का प्रश्न खड़ा हुआ। मित्रों से मैंने मशविरा किया। सेवाश्रम, तपोवन इत्यादि नाम सुझाये गये। सेवाश्रम नाम हम लोगों को पसंद आता था, परंतु उससे सेवा की पद्धति का परिचय न होता था। तपोवन नाम तो भला कैसे स्वीकृत हो सकता था, क्योंकि यद्यपि तपश्चर्या हम लोगों को प्रिय थी, फिर भी वह नाम हम लोगों को अपने लिए भारी मालूम हुआ। हम लोगों का उद्देश्य तो था सत्य की पूजा, सत्य की शोध करना, उसी का आग्रह रखना और दक्षिण अफ्रीका में जिस पद्धति का उपयोग हम लोगों ने किया था, उसी का परिचय भारतवासियों को कराना; हमें यह भी देखाना था कि उसकी शक्ति और प्रभाव कहां तक व्यापक हो सकता है। इसलिए मैंने और साथियों ने 'सत्याग्रह-आश्रम' नाम पसंद किया। उसमें

सेवा और सेवा-पद्धति दोनों का भाव अपने-आप आ जाता था।

आश्रम के संचालन के लिए नियमावली की आवश्यकता थी। इसलिए नियमावली बनाकर उस पर जगह-जगह से राय मंगवाई गई। बहुतेरी सम्मतियों में सर गुरुदास बनर्जी की राय मुझे याद रह गई है। उन्हें नियमावली पसंद आई; परंतु उन्होंने सुझाया कि इन व्रतों में नम्रता के व्रत को भी स्थान मिलना चाहिए। उनके पत्र की ध्वनि यह थी कि हमारे युवक-वर्ग में नम्रता की कमी है। मैं भी जगह-जगह नम्रता के अभाव को अनुभव कर रहा था, मगर व्रत में स्थान देने से नम्रता के न रह जाने का आभास होता था, नम्रता का अर्थ तो है शून्यता। शून्यता प्राप्त करने के लिए दूसरे व्रत हैं ही। शून्यता मोक्ष की स्थिति है। मुमुक्षु नहीं, सेवक नहीं, वह स्वार्थी है, अहंकारी है।

आश्रम में इस समय लगभग तेरह तमिल लोग थे। मेरे साथ दक्षिण अफ्रीका से पांच तमिल बालक आये थे तथा यहां के लगभग 25 पुरुष मिलकर आश्रम का आरंभ हुआ था। बस, एक भोजनालय में भोजन करते थे और इस तरह रहने का प्रयत्न करते थे, मानो सब एक ही कुटुंब के हों।

## 55. कसौटी पर

आश्रम की स्थापना को अभी कुछ ही महीने हुए थे कि इतने में हमारी एक ऐसी कसौटी हो गई, जिसकी हमने आशा नहीं की थी। एक दिन मुझे भाई अमृतलाल ठक्कर का पत्र मिला-"एक गरीब और ईमानदार अन्त्यज कुटुंब की इच्छा आपके आश्रम में आकर रहने की है। क्या आप अपने यहां रख सकेंगे?"

चिट्ठी पढ़कर मैं चौंका तो, क्योंकि मैंने यह आशा न की थी कि ठक्कर बापा-जैसों की सिफारिश लेकर कोई अन्त्यज कुटुंब इतनी जल्दी आ जाएगा। मैंने साथियों को वह चिट्ठी दिखाई। उन लोगों ने उसका स्वागत किया। हमने अमृतलाल भाई को चिट्ठी लिखी कि यदि यह कुटुंब आश्रम के नियमों का पालन करने के लिए तैयार हो, तो हम उसे लेने के लिए तैयार हैं।

बस, दूधाभाई, उनकी पत्नी दानी बहन और दुधमुंही लक्ष्मी आश्रम में आ गई। दूधाभाई बंबई में शिक्षक थे। वह आश्रम के नियमों का पालन करने के लिए तैयार थे। इसलिए वह आश्रम में ले लिये गए।

पर इससे सहायक मित्र-मण्डल में बड़ी खलबली मची। जिस कुएं में बंगले के मालिक का भाग था, उसमें से पानी भरने में दिक्कत होने लगी। चरस हांकने वाले को भी यदि हमारे पानी के छींटे लग जाते, तो उसे छूत लगती। उसने हमें गालियां देनी शुरू कीं; दूधभाई को भी वह सताने लगा। मैंने सबसे कह रखा था कि गालियां सह लेनी चाहिए और दृढ़तापूर्वक पानी भरते रहना चाहिए। हमको चुपचाप गालियां

सुनता देखकर चरस वाला शर्मिंदा हुआ और उसने हमारा पिण्ड छोड़ दिया; परंतु इससे आर्थिक सहायता मिलनी बंद हो गई। जिन भाइयों ने पहले से ही अछूतों के प्रवेश पर भी, जो आश्रम के नियमों का पालन करते हों, शंका खड़ी की थी उन्हें तो यह आशा ही नहीं थी कि आश्रम में कोई अन्त्यज आ जायगा। इधर आर्थिक सहायता बंद हुई, उधर हम लोगों के बहिष्कार की अफवाह मेरे कान में आने लगी। मैंने अपने साथियों के साथ यह विचार कर रखा था कि यदि हमारा बहिष्कार हो जाए और हमें कहीं से सहायता न मिले तो भी हमें अहमदाबाद न छोड़ना चाहिए। हम अछूतों के मुहल्लों में जाकर बस जायेंगे और जो कुछ मिल जाएगा, उस पर अथवा मजदूरी करके गुजर कर लेंगे।

अंत में एक दिन मगनलाल ने मुझे एक नोटिस दिया कि अगले महीने आश्रम–खर्च के लिए हमारे पास रुपये न रहेंगे। मैंने धीरज के साथ जवाब दिया–"तो हम लोग अछूतों के मुहल्लों में रहने लगेंगे।"

मुझ पर यह संकट पहली ही बार नहीं आया था, परंतु हर बार आखिर में जाकर भगवान ने कहीं–न–कहीं से मदद भेज ही दी है।

मगनलाल के इस नोटिस के थोड़े ही दिन बाद एक दिन सुबह किसी बालक ने आकर खबर दी कि बाहर एक मोटर खड़ी है और एक सेठ आपको बुला रहे हैं। मैं मोटर के पास गया। सेठ ने मुझसे कहा–"मैं आश्रम को कुछ मदद देना चाहता हूं। आप लेंगे?" मैंने उत्तर दिया–"हां, आप दें, तो मैं जरूर ले लूंगा, और इस समय तो मुझे जरूरत भी है।"

"मैं कल इसी समय यहां आऊंगा, तो आप आश्रम में ही मिलेंगे न?" मैंने कहा–"हां!" और सेठ अपने घर चले गये। दूसरे दिन नियत समय पर मोटर का भोंपू बजा। बालकों ने मुझे खबर दी। वह सेठ अंदर नहीं आये। मैं ही उनसे मिलने के लिए गया। मेरे हाथ में तेरह हजार रुपये के नोट रखकर वह विदा हो गये। इस मदद की मैंने बिल्कुल आशा न की थी। मदद देने का यह तरीका भी नया देखा। उन्होंने आश्रम में इससे पहले कभी पैर न रखा था। मुझे ऐसा याद पड़ता है कि मैं उनसे एक बार पहले भी मिला था। न तो वह आश्रम के अंदर आये, न कुछ पूछा–ताछा। बाहर से ही देखकर चलते बने। इस तरह का यह पहला अनुभव मुझे था। इस मदद से अछूतों के मुहल्ले में जाने का विचार स्थगित रहा, क्योंकि लगभग एक वर्ष के खर्च का रुपया मुझे मिल गया था।

परंतु बाहर की तरह आश्रम के अंदर भी खलबली मची। यद्यपि दक्षिण अफ्रीका में अछूत वगैरा मेरे यहां आते रहते और खाते थे, परंतु यहां अछूत–कुटुंब का आना और आकर रहना मेरी पत्नी को तथा दूसरी स्त्रियों को पसंद न हुआ। दानीबहन के प्रति उनका तिरस्कार तो नहीं, पर उदासीनता मेरी सूक्ष्य आंखें और तीक्ष्ण कान, जो ऐसे विषय में खासतौर पर सतर्क रहते हैं, देखते और सुनते थे। आर्थिक सहायता के अभाव से न तो मैं भयभीत हुआ, न चिन्ताग्रस्त ही, परंतु यह भीतरी क्षोभ कठिन था।

दानीबहन मामूली स्त्री थी। दूधाभाई की पढ़ाई भी मामूली थी, पर वह ज्यादा समझदार थे। उनका जीवन मुझे पसंद आया। कभी-कभी उन्हें गुस्सा आ जाता, परंतु आमतौर पर उनकी सहनशीलता की अच्छी ही छाप मुझ पर पड़ी है। मैं दूधभाई को समझाता कि छोटे-छोटे अपमानों को हमें पी जाना चाहिए। वह समझ जाते और दानीबहन को भी सहन करने की प्रेरणा करते।

इस कुटुंब को आश्रम में रखकर आश्रम ने बहुत सबक सीखे और आरंभ काल में ही यह बात साफतौर से स्पष्ट हो जाने से कि आश्रम में अस्पृश्यता के लिए जगह नहीं है आश्रम के मर्यादा बंध गई तथा इस दिशा में उसका काम सरल हो गया। इतना होते हुए भी आश्रम का खर्चा बढ़ते जाते हुए भी, ज्यादातर सहायता उन्हीं हिन्दुओं की तरफ से मिलती आ रही है, यह बात स्पष्ट रूप से शायद इसी बात को सूचित करती है कि अस्पृश्यता की जड़ अच्छी तरह हिल गई है।

## 56. गिरमिट-प्रथा

अब इस नये बसे हुए आश्रम को छोड़कर, जो कि अब भीतरी और बाहरी तूफानों से निकल चुका था, गिरमिट की प्रथा या कुली-प्रथा पर थोड़ा-सा विचार कर लेने का समय आ गया है। गिरमिटिया उसी कुली या मजदूर को कहते हैं, जो पांच या उससे कम वर्षों के लिए मजूरी करने का लिखित इकरार करके भारत के बाहर चला गया है। नेटाल के ऐसे गिरमिटियों पर से तीन पौंड का वार्षिक कर 1914 ई. में उठा लिया गया था, परंतु यह प्रथा अभी बंद नहीं हुई थी। सन् 1916 में भारतभूषण पण्डित मालवीय जी ने इस सवाल को धारा-सभा में उठाया था और लार्ड हार्डिंग ने उनके प्रस्ताव को स्वीकार करके यह घोषणा की थी कि यह प्रथा 'समय आते ही' उठा देने का वचन मुझे सम्राट की ओर से मिला है, परंतु मेरा तो यह स्पष्ट मत हुआ था कि इस प्रथा को तत्काल बंद कर देने का निर्णय हो जाना चाहिए। हिंदुस्तान अपनी लापरवाही से इस प्रथा को बहुत वर्षों तक दरगुजर करता रहा, पर अब मैंने यह देखा कि लोगों में इतनी जागृति आ गई है कि अब यह बंद की जा सकती है, इसलिए मैं कितने ही नेताओं से इस विषय में मिला, कुछ अखबारों में इस संबंध में लिखा और मैंने देखा कि लोकमत इस प्रथा का उच्छेद कर देने के पक्ष में था। मेरे मन में प्रश्न उठा कि क्या इसमें सत्याग्रह का कुछ उपयोग हो सकता है? मुझे उपयोग के विषय में तो कुछ संदेह नहीं था, परंतु वह बात मुझे दिखाई नहीं पड़ती थी कि उपयोग किया कैसे जाये।

इस बीच वाइसराय ने 'समय आने पर' इन शब्दों का अर्थ भी स्पष्ट कर दिया। उन्होंने प्रकट किया कि दूसरी व्यवस्था करने में जितना समय लगेगा, उतने समय में यह प्रथा निर्मूल कर दी जाएगी। इस पर से फरवरी, 1917 में भारत-भूषण मालवीय

जी ने गिरमिट-प्रथा को कतई उठा देने का कानून पेश करने की इजाजत बड़ी धारा-सभा में मांगी, तो वाइसराय ने उसे मंजूर कर दिया। तब इस मामले को लेकर मैंने हिंदुस्तान में भ्रमण शुरू किया।

भ्रमण का आरंभ मैंने बंबई से किया। 'इंपीरियल सिटिजनशिप एसोसिएशन' के नाम पर सभा हुई। उसमें जो प्रस्ताव उपस्थित किये जाने वाले थे, उनका मसविदा बनाने के लिए एक समिति बनाई गई। प्रस्ताव में यह प्रार्थना की गई थी कि गिरमिट-प्रथा बंद कर दी जाए। पर यह सवाल था कि कब बंद की जाए? इसके संबंध में तीन सूचनाएं पेश हुईं-(1) 'जितनी जल्दी हो सके' (2) '31 जुलाई' और (3) तुरंत '31 जुलाई' वाली सूचना मेरी थी। मुझे तो निश्चित तारीख की जरूरत थी कि जिससे उस मियाद तक यदि कुछ न हो तो इस बात की सूझ पड़ सके कि आगे क्या किया जाए और क्या किया जा सकता है। सर लल्लूभाई की राय थी कि 'तुरंत' शब्द रखा जाए। उन्होंने कहा कि '31 जुलाई' से तो 'तुरंत' शब्द में अधिक जल्दी का भाव आता है। इस पर मैंने यह समझाने की कोशिश की कि लोग 'तुरंत' शब्द का तात्पर्य न समझ सकेंगे। लोगों से यदि कुछ काम लेना हो तो उनके सामने निश्चयात्मक शब्द रखना चाहिए। 'तुरंत' का अर्थ सब अपनी मर्जी के अनुसार कर सकते हैं। सरकार एक कर सकती है, लोग दूसरा कर सकते हैं; परंतु '31 जुलाई' का अर्थ सब एक ही करेंगे और उस तारीख तक यदि कोई और फैसला न हो तो हम यह विचार कर सकते हैं कि अब हमें क्या कार्रवाई करनी चाहिए। यह दलील डॉ. रीड को तुरंत जंच गई। अंत में सर लल्लूभाई को भी '31 जुलाई' रुचि और प्रस्ताव में वही तारीख रखी गई। सभा में यह प्रस्ताव रखा गया और सब जगह '31 जुलाई' की मर्यादा घोषित हुई।

इस समय मैं अकेला ही सफर करता, इससे सफर में अनोखे अनुभव प्राप्त होते थे। खुफिया पुलिस तो पीछे लगी ही रहती थी, पर इनके साथ झगड़ने की मुझे जरूरत नहीं थी। मेरे पास कुछ भी छिपी बात नहीं थी। इसलिए न वे मुझे सताते और न मैं उन्हें सताता था। सौभाग्य से उस समय मुझ पर 'महात्मा' की छाप नहीं लगी थी, हालांकि लोग जहां मुझे पहचान लेते, वहां इस नाम का घोष होने लगता था। एक दफा रेल में जाते हुए बहुत-से स्टेशनों पर खुफिया मेरा टिकट देखने आते और नंबर वगैरा लेते। मैं तो, वे जो सवाल पूछते, उनका जवाब तुरंत दे देता। इससे साथी मुसाफिरों ने समझा कि मैं सीधा-सादा साधु या फकीर हूं। जब दो-चार स्टेशनों पर खुफिया आये तो वे मुसाफिर बिगड़े और उस खुफिया को गाली देकर डांटने लगे, "इस बेचारे साधु को नाहक क्यों सताते हो?" और मेरी तरफ देखकर कहने लगे, "इन बदमाशों को टिकट मत दिखाओ।"

मैंने शांति से इन यात्रियों से कहा, "उनको टिकट दिखाने से मुझे कोई कष्ट नहीं होता। वे अपना फर्ज अदा करते हैं, इससे मुझे किसी तरह का दुःख नहीं है।"

उन मुसाफिरों को यह बात जंची नहीं। वे मुझ पर अधिक तरस खाने लगे और

आपस में बातें करने लगे कि देखो, निरपराध लोगों को भी ये लोग कैसे हैरान करते हैं।

लाहौर से लेकर दिल्ली तक मुझे रेल की भीड़ और तकलीफ का बहुत ही कटु अनुभव हुआ। कराची से लाहौर होकर मुझे कलकत्ता जाना था। लाहौर में गाड़ी बदलनी पड़ती थी। यहां गाड़ी पर चढ़ने में मेरी कहीं दाल नहीं गलती थी। मुसाफिर जबरदस्ती घुस पड़ते थे। दरवाजा बंद होता तो खिड़की में से अंदर घुस जाते थे, इधर मुझे नियत तिथि को कलकत्ता पहुंचना जरूरी था। यदि यह ट्रेन छूट जाती तो मैं कलकत्ता समय पर नहीं पहुंच सकता था। मैं जगह मिलने की आशा मन में छोड़ रहा था। कोई मुझे अपने डिब्बे में नहीं लेता था। आखिर मुझे जगह खोजता हुआ देखकर एक मजदूर ने कहा "मुझे बारह आने दो तो मैं जगह दिला दूंगा।" मैंने कहा, "जगह दिला दो तो मैं जरूर बारह आने दूंगा।" बेचारा मजदूर मुसाफिरों के हाथ-पांव जोड़ने लगा, पर कोई मुझे जगह देने को तैयार नहीं होता था। गाड़ी छूटने को तैयार थी। इतने में एक डिब्बे के मुसाफिर बोले, "यहां जगह नहीं है। लेकिन इसके भीतर घुसा सकते हो तो घुसा दो।' खड़ा रहना होगा। "मजदूर ने मुझसे पूछा, "क्यों जी?" मैंने कहा "हां घुसा दो।" तब उसने मुझे उठाकर खिड़की में से अंदर कर दिया। मैं अंदर घुसा और मजदूर ने बारह आने कमाये।

मेरी यह रात बड़ी मुश्किल से बीती। दूसरे मुसाफिर तो किसी तरह ज्यों-त्यों करके बैठ गये परंतु मैं ऊपर की बैठक की जंजीर पकड़कर खड़ा ही रहा। बीच-बीच में यात्री लोग मुझे डांटते जाते, "खड़ा क्यों है, बैठ क्यों नहीं जाता?" मैंने उन्हें बहुतेरा समझाया कि बैठने को जगह नहीं है; परंतु उन्हें मेरा खड़ा रहना भी बर्दाश्त नहीं होता था। हालांकि वे खुद ऊपर की बैठक में आराम से पैर ताने पड़े हुए थे, पर मुझे बार-बार दिक करते थे। ज्यों-ज्यों वे मुझे दिक करते, त्यों-त्यों मैं उन्हें शांति से जवाब देता। इससे वे कुछ शान्त हुए। मेरा नाम-ठाम पूछने लगे। जब मैंने अपना नाम बताया, तब वे बड़े शर्मिंदा हुए। मुझसे माफी मांगने लगे और तुरंत अपने पास जगह कर दी।' सबर का फल मीठा होता है'—यह कहावत मुझे याद आई। इस समय मैं बहुत थक गया था। मेरा सिर घूम रहा था। जब बैठने की जगह की सचमुच जरूरत थी, तब ईश्वर ने उसकी सुविधा कर दी।

इस तरह धक्के खाता हुआ आखिर समय पर कलकत्ता पहुंच गया। कासिम बाजार के महाराजा ने अपने यहां ठहरने का मुझे निमंत्रण दे रखा था। कलकत्ता की सभा के सभापति भी वही थे। कराची की तरह कलकत्ता में भी लोगों का उत्साह उमड़ रहा था, कुछ अंग्रेज लोग भी आये थे।

अंत में 31 जुलाई के पहले कुली-प्रथा बंद होने की घोषणा सरकार द्वारा प्रकाशित हुई। 1894 ई. में इस प्रथा का विरोध करने के लिए पहली दरखास्त मैंने बनाई थी और यह आशा रखी थी कि किसी दिन यह, अर्द्धगुलामी, जरूर रद्द हो जाएगी। 1894 में शुरू हुए इस कार्य में यद्यपि बहुतेरे लोगों की सहायता थी, परंतु

यह कहे बिना नहीं रहा जाता कि इस बार प्रयत्न के साथ शुद्ध सत्याग्रह भी सम्मिलित था।

## 57. नील का दाग

चंपारन राजा जनक की भूमि है। चंपारन में जैसे आम के वन हैं, उसी तरह 1917 में नील के खेत थे। चंपारन के किसान अपनी जमीन के 3/20 हिस्से में जमीन के असली मालिक के लिए नील की खेती करने पर कानूनन बाध्य थे। इसे वहां 'तीनकाठिया' कहते थे। 20 कट्ठे का वहां एक एकड़ था और उसमें से तीन कट्ठे नील बोना पड़ता था। इसलिए उस प्रथा का नाम था 'तीनकठिया।'

मैं यह कह देना चाहता हूं कि चंपारन में जाने के पहले मैं उसका नाम-निशान तक नहीं जानता था। यह खयाल भी प्रायः नहीं के बराबर था कि वहां नील के खेती होती है। नील की गोटियां देखी थीं परंतु मुझे यह बिल्कुल पता न था कि वे चंपारन में बचनती थीं और उनके लिए हजारों किसानों को दुःख उठाना पड़ता था।

राजकुमार शुक्ल नाम के एक किसान चंपारन में रहते थे। उन पर नील की खेती के सिलसिले में बड़ी बुरी बीती थी। वह दुःख उन्हें खल रहा था और उसी के फलस्वरूप सबके लिए इनमें नील के दाग को धो डालने का उत्साह पैदा हुआ।

जब मैं लखनऊ-कांग्रेस में गया, तब इस किसान ने मेरा पल्ला पकड़ा, "वकील बाबू आपको सब हाल बतायेंगे," —यह कहते हुए चंपारन चलने का निमंत्रण मुझे देते जाते थे।

वह वकील बाबू और कोई नहीं, मेरे चंपारन के प्रिय साथी, बिहार के सेवा-जीवन के प्राण, ब्रजकिशोर बाबू ही थे। उन्हें राजकुमार शुक्ल मेरे डेरे पर लाये। वह काले अलपाके का अचकन और पतलून वगैरा पहने हुए थे। मेरे दिल पर उनकी कोई अच्छी छाप नहीं पड़ी। मैंने समझा कि इस भोले किसान को लूटने वाले यह कोई वकील साहब ही होंगे।

मैंने उनसे चंपारन की थोड़ी-सी कथा सुन ली और अपने रिवाज के मुताबिक जवाब दिया, "जब तक मैं खुद जाकर सब हाल देख न लूं, तब तक मैं कोई राय नहीं दे सकता। आप कांग्रेस में इस विषय पर बोलें, किंतु मुझे तो अभी छोड़ ही दीजिए।" राजकुमार शुक्ल तो चाहते थे ही कि कांग्रेस की मदद मिले। चंपारन के विषय में कांग्रेस में ब्रजकिशोर बाबू बोले और सहानुभूति का एक प्रस्ताव पास हुआ।

राजकुमार शुक्ल को इससे खुशी हुई, परंतु इतने ही से उन्हें संतोष न हुआ। वह तो खुद चंपारन के किसानों के दुःख दिखाना चाहते थे। मैंने कहा, "मैं अपने भ्रमण में चंपारन को भी ले लूंगा और एक-दो दिन वहां के लिए दे दूंगा।" उन्होंने कहा, "एक दिन काफी होगा, पर अपनी नजरों से देखिए तो सही।"

लखनऊ से मैं कानपुर गया। वहां भी देखा तो राजकुमार शुक्ल मौजूद।

"यहां से चंपारन बहुत नजदीक है। एक दिन दीजियेगा?"

"अभी तो मुझे साफ कीजिए, पर मैं यह वचन देता हूं कि मैं आऊंगा जरूर, "यह कहकर वहां जाने के लिए मैं और भी बंध गया।

आश्रम पहुंचा तो वहां भी राजकुमार शुक्ल मेरे पीछे-पीछे मौजूद। मैंने कहा, "अच्छा, अमुक तारीख को मुझे कलकत्ता जाना है, वहां जाकर मुझे ले जाना।"

कहां जाना, क्या करना, क्या देखना, मुझे इसका कुछ पता न था। कलकत्ता में भूपेन बाबू के यहां पहुंचने के पहले ही राजकुमार शुक्ल का पड़ाव पड़ चुका था। अब तो इस अपढ़, अनपढ़ परंतु दृढ़-निश्चयी किसान ने मुझे जीत लिया।

1917 के आरंभ में कलकत्ता में हम दोनों रवाना हुए। हम दोनों की एक-सी जोड़ी, दोनों किसान से दिखते थे। राजकुमार शुक्ल और मैं, हम दोनों एक ही गाड़ी में बैठे। सुबह पटना उतरे।

पटना की मेरी यह पहली यात्रा थी। वहां मेरी किसी से इतनी पहचान नहीं थी कि मैं कहीं ठहर सकूं।

मैंने मन में सोचा कि राजकुमार शुक्ल हैं तो अपढ़ किसान, परंतु यहां उनका कुछ-न-कुछ जरिया जरूर होगा। ट्रेन में उनका मुझे अधिक हाल मालूम हुआ। पटने में जाकर उनकी कलई खुल गई। राजकुमार शुक्ल का भाव तो निर्दोष था; परंतु जिन वकीलों को उन्होंने मित्र माना था, वे मित्र न थे; बल्कि राजकुमार शुक्ल उनके आश्रित रहते थे। इस किसान मुवक्किल और उन वकीलों के बीच उतना ही अंतर था, जितना कि बरसात में गंगाजी का चौड़ा पाट हो जाता है।

वह मुझे राजेंद्रबाबू के यहां ले गये। राजेंद्रबाबू पुरी या कहीं और गये थे। बंगले पर एक-दो नौकर थे। खाने के लिए तो मेरे साथ था, परंतु मुझे खजूर की जरूरत थी, सो बेचारे राजकुमार शुक्ल ने बाजार से ला दी।

परंतु बिहार में छुआछूत का बड़ा सख्त रिवाज था। मेरे डोल के पानी के छींटे से नौकर को छूत लगती थी! नौकर बेचारा क्या जानता था कि मैं किस जाति का था? अंदर के पाखाने की तरफ अंगुली उठाई। मेरे लिए इसमें अचरज की या रोष की कोई बात न थी, क्योंकि ऐसे अनुभवों से मैं पक्का हो गया था। नौकर तो बेचारा अपने धर्म का पालन कर रहा था, और राजेंद्रबाबू के प्रति अपना फर्ज अदा करता था। इन मजेदार अनुभवों से राजकुमार शुक्ल के प्रति जहां एक ओर मेरा मान बढ़ा, वहां उनके संबंध में मेरा ज्ञान भी बढ़ा। अब पटना से लगाम मैंने अपने हाथ ले ली।

## 58. बिहार की सरलता

मौलाना मजरुलहक और मैं एक साथ लंदन में पढ़ते थे। उसके बाद हम बंबई में 1915 की कांग्रेस में मिले थे, उस साल वह मुस्लिम लीग के सभापति थे। उन्होंने

पुरानी पहचान निकाल कर जब कभी पटना आऊं तो अपने यहां ठहरने का निमंत्रण दिया था। इस निमंत्रण के आधार पर मैंने उन्हें चिट्ठी लिखी और अपने काम का भी परिचय दिया। वह तुरंत अपनी मोटर लेकर आये और मुझे अपने यहां चलने का इसरार करने लगे। इसके लिए मैंने उनको धन्यवाद दिया और कहा, "मुझे अपने गंतव्य स्थान पर पहली ट्रेन से रवाना कर दीजिये? रेलवे गाइड से मुकाम का मुझे कुछ पता नहीं लग सकता।" उन्होंने राजकुमार शुक्ल के साथ बात की और कहा कि पहले मुजफ्फरपुर जाना चाहिए। उसी दिन शाम को मुजफ्फपुर गाड़ी जाती थी। उसमें उन्होंने मुझे रवाना कर दिया। मुजगफ्फरपुर में उस समय आचार्य कृपालनी रहते थे। उन्हें मैं पहचानता था। जब मैं हैदराबाद गया था, तब उनके महात्याग की, उनके जीवन की और उनके द्रव्य से चलने वाले आश्रम की बात डॉक्टर चोइथराम से सुनी थी। वह मुजफ्फरपुर कालेज में प्रोफेसर थे; पर उस समय वहां से मुक्त हो गए थे। मैंने उन्हें तार दिया। ट्रेन आधी रात मुजफ्फरपुर पहुंची थी। वह अपने शिष्टमंडल को लेकर स्टेशन पर आ पहुंचे। परंतु उनके घर-बार कुछ नहीं था। वह अध्यापक मलकानी के यहां रहते थे। मुझे उनके यहां ले गये। मलकानी भी वहां के कालेज में प्रोफेसर थे और उस जमाने में सरकारी कालेज के प्रोफेसर का मुझे अपने यहां ठहराना एक असाधारण बात थी।

कृपालानी जी ने बिहार की, खासकर तिरहुत-विभाग की, दीन दशा का वर्णन किया और मुझे अपने काम की कठिनाई अंदाज बताया। कृपालानी जी ने बिहारियों के साथ गाढ़ा संबंध कर लिया था। उन्होंने मेरे काम की बात वहां के लोगों से कर रखी थी। सुबह होते ही कुछ वकील मेरे पास आये।

ब्रजकिशोर बाबू दरभंगा से और राजेंद्र बाबू पुरी से आये। यहां जो मैंने देखा, तो यह लखनऊ वाले ब्रजकिशोर प्रसाद नहीं थे। उनके अंदर एक बिहारी के नम्रता, सादगी, भलमनसी और असाधारण श्रद्धा देखकर मेरा हृदय हर्ष से फूल उठा। उनके प्रति बिहारी वकील-मण्डल का आदर-भाव देखकर आनंद और आश्चर्य दोनों हुए।

तब से इस वकील-मण्डल के और मेरे बीच जन्म-भर के लिए स्नेह-गांठ बंध गई। ब्रजकिशोर बाबू ने सब बातों से वाकिफ कर दिया। वह गरीब किसानों की तरफ से मुकदमे लड़ते थे। ऐसे मुकदमे उस समय भी चल रहे थे। ऐसा करके वह कुछ व्यक्तियों को राहत दिलाते थे; पर कभी-कभी इसमें भी असफल हो जाते थे। इन भोले-भोले किसानों से वह फीस लिया करते थे। त्यागी होते हुए भी ब्रजकिशोर बाबू या राजेंद्र बाबू फीस लेने में संकोच न करते थे। "पेशे के कामों में अगर फीस न लें तो हमारा घर-खर्च नहीं चल सकता और हम लोगों की मदद भी नहीं कर सकते।" यह उनकी दलील थी। उनकी तथा बंगाल-बिहार के बैरिस्टरों की फीस के कल्पनातीत अंक सुनकर मैं चकित रह गया। "..... को हमने 'ओपीनियन' के लिए दस हजार रुपये दिये।" हजारों के सिवा तो मैंने बात नहीं सुनी।

इस मित्र-मण्डल ने इस विषय में मेरा भी उलाहना प्रेम के साथ सुना। उन्होंने

उसका उलटा अर्थ नहीं लगाया।

मैंने कहा, "इन मुकदमों की मिसलें देखने के बाद मेरी तो यह राय होती है कि हम यह मुकदमेबाजी अब छोड़ दें। ऐसे मुकदमों से बहुत कम लाभ होता है। जहां प्रजा इतनी कुचली जाती है, जहां सब लोग इतने भयभीत रहते हैं, वहां अदालतों के द्वारा बहुत कम राहत मिल सकती है। इसका सच्चा इलाज तो है लोगों के दिल से डर को निकाल देना। इसलिए अब जब तक यह 'तीनकठिया' प्रथा मिट नहीं जाती, तब तक हम आराम से नहीं बैठ सकते। मैं तो अभी दो दिन में जितना देख सकूं, देखने के लिए आया हूं, परंतु मैंने देखा है कि इस काम में दो वर्ष भी लग सकते हैं। परंतु इतने समय की भी जरूरत हो, तो मैं देने के लिए तैयार हूं। मुझे यह तो सूझ रहा है कि मुझे क्या करना चाहिए; परंतु आपकी मदद की जरूरत है।"

मैंने देखा कि ब्रजकिशोर बाबू निश्चित विचार के आदमी हैं। उन्होंने शांति के साथ उत्तर दिया, "हमसे जो-कुछ बन पड़ेगी, वह मदद हम जरूर करेंगें।"

"हम इतने लोग तो, आप जो काम सौपेंगे, करने के लिए तैयार रहेंगे। इनमें से जितनों को आप जिस समय चाहें, आपके पास हाजिर रहेंगे। जेल जाने की बात अलबत्ता हमारे लिए नई है; पर उसकी भी हिम्मत करने की हम कोशिश जरूर करेंगे।"

"हम इतने लोग तो, आप जो काम सौंपेंगे, करने के लिए तैयार रहेंगे। इनमें से जितनों को आप जिस समय चाहें, आपके पास हाजिर रहेंगे। जेल जाने की बात अलबत्ता हमारे लिए नई है; पर उसकी भी हिम्मत करने की हम कोशिश करेंगे।"

## 59. अहिंसा-देवी का साक्षात्कार

मुझे तो किसानों की जांच करनी थी। यह देखना था कि नील के मालिकों की जो शिकायत किसानों की थी, उसमें कितनी सच्चाई है। इसमें हजारों किसानों से मिलने की जरूरत थी; परंतु इस तरह आमतौर पर उनसे मिलने-जुलने के पहले, निलहे मालिकों की बात सुन लेने और कमिश्नर से मिलने की आवश्यकता मुझे दिखाई दी। मैंने दोनों को चिट्ठी लिखी।

मालिकों के मण्डल के मंत्री से मिला तो उन्होंने मुझसे साफ कह दिया, "आप तो बाहरी आदमी हैं। आपको हमारे और किसानों के झगड़े में न पड़ना चाहिए। फिर भी यदि आपको कुछ कहना हो, तो लिखकर भेज दीजियेगा।" मैंने मंत्री से सौजन्य के साथ कहा, "मैं अपने को बाहरी आदमी नहीं समझता और किसान यदि चाहते हों तो उनकी स्थिति की जांच करने का मुझे पूरा अधिकार है।" कमिश्नर साहब से मिला तो उन्होंने मुझे धमकाने से शुरुआत की और आगे कोई कार्रवाई न कर मुझे तिरहुत छोड़ने की सलाह दी।

मैंने साथियों से सब बातें करके कहा कि संभव है, सरकार जांच करने से मुझे

रोके और जेल-यात्रा का समय शायद मेरे अंदाज से पहले ही आ जाए। यदि पकड़े जाने का ही मौका आये, तो मुझे मोतीहारी और हो सके तो बेतिया में गिरफ्तार होना चाहिए। इसलिए जितनी जल्दी हो सके, मुझे वहां पहुंच जाना चाहिए।

हम आधे रास्ते ही पहुंचें होंगे कि पुलिस सुपरिण्टेण्डेण्ट का सिपाही आ पहुंचा और उसने मुझसे कहा, "सुपरिण्टेण्डेण्ट साहब ने आपको सलाम भेजा है।" मैं उसका मतलब समझ गया। धरणीधर बाबू से मैंने कहा, "आप आगे चलिए," और मैं उस जासूस के साथ गाड़ी में बैठा, जो वह किराये पर लाया था। उसने मुझे चंपारन छोड़ देने का नोटिस दिया। घर ले जाकर उसने उस पर मेरे दस्तखत मांगे। मैंने जवाब लिख दिया-"चंपारन छोड़ना नहीं चाहता। आज मुफस्सिल में जाकर जांच करनी है।" इस हुक्म का अनादर करने के अपराध में दूसरे दिन मुझे अदालत में हाजिर होने का समन मिला।

सारी रात जागकर मैंने जगह-जगह चिट्ठियां लिखीं और जो-जो आवश्यक बातें थीं, उन्हें ब्रजकिशोर बाबू को समझा दिया।

साथियों के साथ कुछ सलाह करके मैंने यह निश्चय किया था कि कांग्रेस के नाम पर कुछ भी काम यहां न किया जाए। नाम से नहीं बल्कि हमको काम से मतलब है। कथनी की नहीं, करनी की जरूरत है। कांग्रेस का नाम यहां लोगों को खलता है। इसलिए कांग्रेस की तरफ से किसी छिपे या प्रकट दूतों द्वारा कोई जमीन तैयार नहीं कराई थी, कोई पेशबंदी नहीं की गई थी। राजकुमार शुक्ल में हजारों के बीच प्रवेश करने का सामर्थ्य न था। वहां लोगों के अंदर किसी ने भी आज तक कोई राजनैतिक काम नहीं किया था। चंपारन के सिवा बाहर की दुनिया को वे जानते ही न थे। फिर भी उनका और मेरा मिलाप किसी पुराने मित्र के मिलाप-सा था। अतएव यह कहने में मुझे कोई अयुक्ति नहीं मालूम होती, बल्कि यह अक्षरशः सत्य है कि मैंने वहां ईश्वर का और सत्य का साक्षात्कार किया। जब साक्षात्कार विषयक अपने इस अधिकार पर विचार करता हूं तो मुझे उसमें प्रेम के सिवा और कोई बात नहीं दिखाई पड़ती और यह प्रेम अथवा अहिंसा के प्रति मेरी अचल श्रद्धा के सिवा और कुछ नहीं है।

चंपारन का यह दिन मेरे जीवन में ऐसा था, जिसे मैं कभी नहीं भूल सकता। यह मेरे तथा किसानों के लिए उत्सव का दिन था, मुझ पर सरकारी कानून के मुताबिक मुकदमा चलाया जाने वाला था; परंतु सच पूछा जाए तो मुकदमा सरकार पर चल रहा था। कमिश्नर ने जो जाल मेरे लिए फैलाया था उसमें उसने सरकार को ही फंसा लिया था।

मुकदमा चला। सरकारी वकील मजिस्ट्रेट वगैरा चिंतित हो रहे थे। उन्हें सूझ नहीं पड़ता था कि क्या करें। सरकारी वकील तारीख बढ़ाने की कोशिश कर रहा था। मैं बीच में पड़ा और मैंने अर्ज की, "तारीख बढ़ाने की कोई जरूरत नहीं है; क्योंकि मैं अपना यह अपराध कबूल करना चाहता हूं कि मैंने चंपारन छोड़ने के नोटिस का

अनादर किया है।" यह कहकर मैंने जो अपना छोटा-सा वक्तव्य तैयार किया था, वह पढ़ सुनाया। वह इस प्रकार था-

"अदालत की आज्ञा लेकर मैं संक्षेप में यह बतलाना चाहता हूं कि नोटिस द्वारा मुझे जो आज्ञा दी गई है, उसकी अवज्ञा मैंने क्यों की। मेरी समझ में यह स्थानीय, अधिकारियों और मेरे बीच मतभेद का प्रश्न है। मैं इस प्रश्न में राष्ट्रीय तथा मानव-सेवा करने के विचार से आया हूं। यहां आकर उन रैयतों की सहायता करने के लिए मुझसे बहुत आग्रह किया गया था, जिनके साथ, कहा जाता है कि निलहे साहब अच्छा व्यवहार नहीं करते; पर जब तक मैं सब बातें अच्छी तरह जान न लेता, तब तक उन लोगों की कोई सहायता नहीं कर सकता था। इसलिए यदि हो सके तो अधिकारियों और निलहे साहबों की सहायता से मैं सब बातें जानने के लिए आया हूं। मैं किसी दूसरे उद्देश्य से यहां नहीं आया हूं, मुझे यह विश्वास नहीं होता है कि मेरे यहां आने से किसी प्रकार शांति-भंग या प्राणहानि हो सकती है। मैं कह सकता हूं कि मुझे ऐसी बातों का बहुत अनुभव है। अधिकारियों को जो कठिनाइयां होती हैं, उनको मैं समझता हूं, और यह भी मानता हूं कि उन्हें जो सूचना मिलती है, वे केवल उसी के अनुसार काम कर सकते हैं। कानून मानने वाले व्यक्ति की तरह मेरी प्रवृत्ति यही होनी चाहिए थी और ऐसी प्रवृत्ति हुई भी कि मैं इस आज्ञा का पालन करूं, पर मैं उन लोगों के प्रति, जिनके लिए मैं यहां आया हूं, अपने कर्त्तव्य का उल्लंघन नहीं कर सकता था। मैं समझता हूं कि मैं उन लोगों के बीच रहकर ही उनकी भलाई कर सकता हूं। इस कारण मैं स्वेच्छा से इस स्थान से नहीं जा सकता था। दो कर्त्तव्यों के परस्पर विरोध की दशा में मैं केवल यही कर सकता था कि अपने को हटाने की सारी जिम्मेदारी शासकों पर छोड़ दूं। मैं भली-भांति जानता हूं कि भारत के सार्वजनिक जीवन में मेरी-जैसी स्थिति वाले लोगों को आदर्श उपस्थित करने में बहुत ही सचेत रहना पड़ता है। मेरा दृढ़ विश्वास है कि जस स्थिति में मैं हूं, उस स्थिति में प्रत्येक प्रतिष्ठित व्यक्ति को वही काम करना सबसे अच्छा है, जो इस समय मैंने करना निश्चित किया है, और वह यह है कि बिना किसी प्रकार का विरोध किये सरकारी आज्ञा न मानने का दण्ड सहने के लिए तैयार हो जाऊं। मैंने जो बयान दिया है, वह इसलिए नहीं कि जो दण्ड मुझे मिलने वाला है, वह कम किया जाए, बल्कि इस बात को दिखलाने के लिए मैंने सरकारी आज्ञा की अवज्ञा इस कारण नहीं कि मुझे सरकार के प्रति विश्वास नहीं है, बल्कि इस कारण से कि मैंने उससे भी उच्चतर आज्ञा-अपनी विवेक-बुद्धि की आज्ञा का पालन करना उचित समझा है।"

अब मुकदमे की सुनवाई मुल्तवी रखने का तो कुछ कारण ही नहीं रह गया था, परंतु मजिस्ट्रेट या सरकारी वकील इस परिणाम की आशा नहीं रखते थे। अतएव सजा के लिए अदालत ने फैसला मुल्तवी रखा। मैंने वाइसराय को तार द्वारा सारी हालत की सूचना दे दी थी, पटना भी तार दे दिया था। भारतभूषण पण्डित मालवीय जी वगैरा को भी तार द्वारा समाचार भेज दिया था। अब सजा सुनने के लिए अदालत में

जाने का समय आने के पहले ही मुझे मजिस्ट्रेट का हुक्म मिला कि लाट साहब के हुक्म से मुकदमा उठा लिया गया है और कलक्टर की चिट्ठी मिली कि आप जो कुछ जांच करना चाहें, शौक से करें और उसमें जो कुछ मदद सरकारी कर्मचारियों की लेना चाहें, लें। ऐसे तत्काल और शुभ परिणाम की आशा हममें से किसी को नहीं था।

## 60. कार्य-पद्धति

चंपारन की जांच का विवरण देना मानो चंपारन में किसानों का इतिहास देना है। यह सारा इतिहास इन अध्यायों में नहीं दिया जा सकता। फिर चंपारन की जांच क्या थी, अहिंसा और सत्य का बड़ा प्रयोग ही था।

सार्वजनिक काम के लिए लोगों से रुपया मांगने की प्रजा आज तक न थी। ब्रजकिशोर बाबू का यह मण्डल मुख्यतः वकील मण्डल था। इसलिए जब कभी आवश्यकता होती तो या तो वह अपनी जेब से रुपया देते या कुछ मित्रों से मांग लेते। उनका ख़याल यह था कि जो लोग खुद रुपये-पैसे से सुखी हैं, वे सर्वसाधारण से धन की भिक्षा कैसे मांग सकते हैं? और मेरा यह दृढ़ निश्चय था कि चंपारन की रैयत से एक कौड़ी न लेनी चाहिए। यदि ऐसा करते तो उसका उल्टा अर्थ होता। यह भी निश्चय था कि इस जांच के लिए भारतवर्ष में भी आम लोगों से चंदा न करना चाहिए। ऐसा करने से इस जांच को राष्ट्रीय और राजनैतिक स्वरूप प्राप्त हो जाता। बंबई के मित्रों ने 15,000 रुपये सहायता भेजने का तार दिया मगर गरीबी के साथ भरसक कम खर्च करके यह आंदोलन चलाना था। इसलिए बहुत रुपये की तो आवश्यकता भी नहीं थी और दरहकीकत जरूरत पड़ी भी नहीं। मेरा खयाल है कि सब मिलाकर दो-तीन हजार से ज्यादा खर्च न हुआ होगा। और मुझे याद है कि जितना रुपया इकट्ठा किया था, उसमें से भी पांच सौ या हजार बच गया था।

शुरू में वहां हमारा रहन-सहन बड़ा विचित्र था। मेरे लिए तो वह रोज हंसी-मजाक का विषय हो गया था। इस वकील-मण्डल में हरेक के पास एक नौकर रसोइया होता, हरेक की अलग रसोई बनती। रात को बारह बजे तक भी वे लोग खाना खाते। वे लोग खर्च वगैरा तो सब अपना ही करते थे, फिर भी मेरे लिए यह रहन-सहन एक आफत थी। अपने इन साथियों के साथ मेरी स्नेह-गांठ ऐसी मजबूत हो गई थी कि हमारे दरम्यान कभी गलतफहमी न होने पाती थी। मेरे शब्द-बाणों को वे प्रेम से झेलते। अंत में यह तय पाया कि नौकरों को छुट्टी दे दी जाए, सब एक साथ खाना खायें और भोजन के नियमों का पालन करें। उसमें सभी निरामिषाहारी न थे और तरह-तरह की अलग-अलग रसोई बनाने का इंतजाम करने से खर्च बढ़ता था। इससे यही निश्चय किया कि निरामिष भोजन ही पकाया जाए और एक ही जगह सब की रसोइ बनाई जाए। भोजन भी सादा ही रचाने पर जोर दिया जाता था। इससे खर्च बहुत कम पड़ा, हम लोगों के काम करने की सामर्थ्य बढ़ी और समय बच गया।

हमें अधिक शक्ति की आवश्यकता भी थी, क्योंकि किसानों के झुण्ड-के-झुण्ड अपनी कहानी लिखाने के लिए आने लगे थे। कहानी लेखक हमेशा पांच-सात रहते थे। फिर भी शाम तक सब के बयान पूरे न हो पाते थे। कहानी-लेखकों को कुछ नियम पालन करने पड़ते थे। वे ये थे–"प्रत्येक किसान से जिरह करनी चाहिए। जिरह में जो गिर जाए, उसका बयान न लिखा जाए। जो बात शुरू से ही कमजोर पाई जाए, वह न लिखी जाय।" इन नियमों के पालन के यद्यपि कुछ समय अधिक जाता था, फिर भी उससे सच्चे और साबित होने लायक बयान ही लिखे जाते थे।

जब ये बयान लिखे जाते तो खुफिया पुलिस के कोई-न-कोई कर्मचारी वहां मौजूद रहते। इन कर्मचारियों को हम रोक सकते थे; परंतु हमने शुरू से यह निश्चय किया था कि उन्हें न रोका जाए। यही नहीं, बल्कि उनके प्रति सौजन्य रखा जाए और जो खबरें उन्हें दी जा सकती हों, दी जाएं। जो बयान लिखे जाते, उनको वे देखते और सुनते थे। इससे लाभ यह हुआ कि लोगों में अधिक निर्भयता आ गई। और बयान उनके सामने लिये जाने से अत्युक्ति का भय कम रहता था। इस डर से कि झूठ बोलेंगे तो पुलिस वाले फंसा देंगे, उन्हें सोच-समझकर बोलना पड़ता था।

मैं निलहे मालिकों को चिढ़ाना नहीं चाहता था; बल्कि अपने सौजन्य से उन्हें जीतने का प्रयत्न करता था। इसलिए जिनके बारे में विशेष शिकायतें होतीं, उन्हें मैं चिट्ठी लिखता और मिलने की कोशिश भी करता। उनके मण्डल से भी मैं मिलता और रैयत की शिकायतें उनके सामने पेश की थीं और उनका कहना भी सुन लिया था। उनमें से कितने ही तो मेरा तिरस्कार करते थे, कितने ही उदासीन थे और बाज-बाज सौजन्य भी दिखाते थे।

एक तरफ तो समाज-सेवा के काम चल रहे थे और दूसरी ओर लोगों के दुःख की कथाएं लिखते रहने का काम दिन-दिन बढ़ रहा था। जब हजारों लोगों की कहानियां लिखी गईं तो मुझ पर भला इसका असर हुए बिना कैसे रह सकता था। मेरे मुकाम पर लोगों की ज्यों-ज्यों आमदरफ्त बढ़ती गई, त्यों-त्यों निलहे साहबों का क्रोध भी बढ़ता गया। मेरी जांच बंद कराने की उनकी कोशिशें उनकी ओर से दिन-दिन अधिकाधिक होने लगीं। एक दिन मुझे बिहार-सरकार का पत्र मिला, जिसका भावार्थ यह था–"आपकी जांच में काफी दिन लग गये हैं। आपको अब अपना काम खत्म करके बिहार छोड़ देना चाहिए।" पत्र यद्यपि सौजन्य से युक्त था, परंतु उसका अर्थ स्पष्ट था। मैंने लिखा , "जांच में तो अभी और दिन लगेंगे और जांच के बाद भी जब तक लोगों का दुःख दूर न होगा, इरादा बिहार छोड़ने का नहीं है।"

मेरी जांच बंद करने का एक ही अच्छा इलाज सरकार के पास था। लोगों की शिकायतों को सच मानकर उन्हें दूर करना अथवा उनकी शिकायतों पर ध्यान दकर अपनी तरफ से एक जांच-समिति नियुक्त कर देना। गवर्नर सर एडवर्ड गेट ने मुझे बुलाया और कहा कि मैं जांच-समिति नियुक्त करने के लिए तैयार हूं, और उसका सदस्य बनने के लिए मुझे निमंत्रण दिया। देसरे सदस्यों के नाम देखकर और अपने

साथियों से सलाह करके इस शर्त पर मैंने सदस्य होना स्वीकार किया कि मुझे अपने साथियों के साथ सलाह-मशविरा करने की छुट्टी रहनी चाहिए और सरकार को समझ लेना चाहिए कि सदस्य बन जाने से किसानों का हिमायती रहने का मेरा अधिकार नहीं जाता रहेगा एवं जांच होने के बाद यदि मुझे संतोष न हो तो किसानों की रहनुमाई करने की मेरी स्वतंत्रता जाती न रहेगी।

सर एडवर्ड गेट ने इन शर्तों को वांछित समझ कर मंजूर किया। स्वर्गीय सर फ्रेंक स्लाई उसके अध्यक्ष बनाए गए। जांच-समिति ने किसानों की तमाम शिकायतों को सच्चा बताया और यह सिफारिश की कि निलहे लोग अनुचित रीति से प्राप्त किये रुपयों का कुछ भाग वापस कर दें और 'तीनकठिया' का कायदा रद्द कर दिया जाए।

इस रिपोर्ट के सांगोपांग होने पर सर एडवर्ड गेट का बड़ा हाथ था। वह यदि मजबूत न रहे होते और पूरी-पूरी कुशलता से काम न लिया होता, तो जो रिपोर्ट एक मत से लिखी गई, वह नहीं लिखी जा सकती और अंत में जो कानून बना, वह न बन पाता। निलहों की सत्ता बहुत प्रबल थी। रिपोर्ट पास हो जाने के बाद भी कितनों ही ने बिल का घोर विरोध किया था, परंतु सर एडवर्ड गेट अंत तक दृढ़ रहे और समिति की तमाम सिफारिशों का पूरा-पूरा पालन उन्होंने कराया।

इस तरह सौ वर्ष का पुराना यह तीनकठिया कानून रद्द हुआ और उसके साथ-ही-साथ निलहों का राज्य भी अस्त हो गया। रैयत ने, जो दबी हुई थी, अपने बल को कुछ पहचाना और उसका यह वहम दूर हो गया कि नील का दाग तो धोये नहीं धुलता।

## 61 मजदूरों से संबंध

चंपारन जांच-समिति के काम से जरा फुरसत मिली ही थी कि अहमदाबाद से श्रीमती अनसूया बहन की चिट्ठी उनके 'मजूदर संघ' के संबंध में मिली। मजदूरों का वेतन कम था। बहुत दिनों से उनकी मांग थी कि वेतन बढ़ाया जाए। इस संबंध में उनका पथ-प्रदर्शन करने का उत्साह मुझे था। यह काम यों तो छोटा-सा था, परंतु मैं उसे दूर बैठकर नहीं कर सकता था। इससे मैं तुरंत अहमदाबाद पहुंचा।

इसमें मेरी स्थिति बड़ी नाजुक थी। मजदूरों का पक्ष मुझे मजबूत मालूम हुआ। श्रीमती अनसूया बहन को अपने सगे भाई के साथ लड़ने का प्रसंग आ गया था। मजदूरों और मालिकों के इस दारुण युद्ध में श्री अंबालाल साराभाई ने मुख्य भाग लिया था। मिल-मालिकों के साथ मेरा मधुर संबंध था। उनके साथ लड़ना मेरे लिए विषम काम था। मैंने उनसे आपस में बातचीत करके अनुरोध किया कि पंच बनाकर मजूदरी की मांग का फैसला कर लीजिये, परंतु मालिकों ने अपने और मजदूरों के बीच पंच की मध्यस्थता को पसंद न किया।

तब मजूदरों को मैंने हड़ताल की सलाह दी। यह सलाह देने के पहले मैंने मजदूरों

और उनके नेताओं से काफी पहचान और बातचीत कर ली थी। उन्हें मैंने हड़ताल की नीचे लिखी बातें समझाईं :

1. किसी हालत में शांति भंग न करना।

2. जो काम पर जाना चाहें, उनके साथ किसी किस्म की ज्यादती या जबरदस्ती न करना।

3. मजूदर भिक्षान्न न खायें।

4. हड़ताल चाहे जब तक करनी पड़े, वे दृढ़ रहें और जब रुपया न रहे, तो दूसरी मजदूरी करके पेट पालें।

अगुआ लोग इन शर्तों को समझ गये, और उन्हें ये पसंद भी आईं। अब मजदूरों ने एक आम सभा की और उसमें प्रस्ताव पास किया कि जब तक हमारी मां स्वीकार न की जाए अथवा उस पर विचार करने के लिए पंच मुकर्रर न हों, तब तक हम काम पर न जायंगे।

इस हड़ताल में मेरा परिचय श्री वल्लभभाई और श्री कन्हैयालाल बैंकर से बहुत अच्दी तरह हो गया। श्रीमती अनसूया बहन से तो मेरा परिचय पहले ही खूब हो चुका था।

हड़तालियों की सभा रोज साबरमती के किनारे एक पेड़ के नीचे होने लगी। वे सैकड़ों की संख्या में आते। मैं रोज उन्हें अपनी प्रतिज्ञा का स्मरण कराता, शांति रखने और स्व-मान की रक्षा करने की आवश्यकता उन्हें समझाता था। वे अपना 'एक टेक' का झण्डा लेकर रोज शहर में जुलूस निकालते और सभा में आते।

यह हड़ताल इक्कीस दिनों तक चली। इस बीच में समय-समय पर मालिकों से बातचीत करता और उन्हें इंसाफ करने के लिए समझाता। "हमें भी तो अपनी टेक रखनी है। हमारा और मजदूरों का बाप-बेटों का संबंध है—उसके बीच में यदि कोई पड़ना चाहे तो इसे हम कैसे सहन कर सकते हैं? बाप-बेटों में पंच की क्या जरूरत है?" यह जवाब मुझे मिलता।

मजदूरों ने पहले दो हफ्ते बड़ी हिम्मत दिखलाई। शांति भी खूब रखी। रोज की सभाओं में भी वे बड़ी संख्या में आते थे। मैं उन्हें रोज ही प्रतिज्ञा का स्मरण कराता। वे रोज पुकार-पुकार कर कहते—"हम मर जायेंगे, पर अपनी टेक कभी न छोड़ेंगे।"

किंतु अंत में वे ढीले पड़ने लगे। और जैसे कि निर्बल आदमी हिंसक होता है, वैसे ही निर्बल पड़ते ही मिल में जाने वाले, मजदूरों से द्वेष करने लगे और मुझे डर लगा कि शायद कहीं उन पर ये बलात्कार न कर बैठें। रोज की सभा में आदमियों की हाजिरी कम होने लगी। जो आते भी, उनके चेहरों पर उदासी छाई रहती थी। मुझे, खबर मिली कि मजदूर बिगड़ने लगे हैं। मैं तरद्दुद में पड़ा। सोचने लगा ऐसे समय में मेरा क्या कर्त्तव्य हो सकता है। दक्षिण अफ्रीका के मजदूरों की हड़ताल का अनुभव मुझे था, मगर यह अनुभव मेरे लिए नया था। जिस प्रतिज्ञा के कराने में मेरी प्रेरणा थी, जिसका साक्षी मैं रोज ही बनता था, वह प्रतिज्ञा कैसे टूटे? यह विचार अभिमान

कहा जाएगा या मजूदरों के और सत्य के प्रति प्रेम समझा जाएगा?

सवेरे का समय था। मैं सभा में था। मुझे कुछ पता नहीं था कि क्या करना है, मगर सभा में ही मेरे मुंह से निकल गया—"अगर मजदूर फिर से तैयार न हो जाएं और जब तक कोई फैसला न हो जाए, जब तक हड़ताल न निभा सकें, तो मैं तब तक उपवास करूंगा।" यहां पर जो मजदूर थे, वे हैरत में आ गये। अनसूया बहन की आंखों से आंसू निकल पड़े। मजदूर बोल उठे- "आप नहीं, हम उपवास करेंगे। आपको उपवास नहीं करने देंगे। हमे माफ कीजिये। हम अपनी प्रतिज्ञा पालेंगे।"

मैंने कहा—"तुम्हारे उपवास करने की जरूरत नहीं है। तुम अपनी प्रतिज्ञा का ही पालन करो, तो बस है। हमारे पास द्रव्य नहीं है। मजदूरों को भिक्षान्न खिलाकर हमें हड़ताल नहीं करनी है। तुम कहीं कुछ मजदूरी करके अपना पेट भरने लायक कमा लो, तो चाहे हड़ताल कितनी ही लंबी क्यों न हो, तुम निश्चित रह सकते हो। और मेरा उपवास तो कुछ-न-कुछ फैसला करने के पहले टूटने वाला नहीं है।"

वल्लभभाई मजदूरों के लिए म्युनिसिपैलिटी मे कार्य ढूंढ़ते थे, मगर वहां पर कुछ मिलने लायक नहीं था। आश्रम के बुनाई घर में बालू भरनी थी। मगनलाल ने सूचना दी कि उसमें बहुत-से मजदूरों को काम दिया जा सकता है। मजदूर काम करने को तैयार हुए। अनसूया बहन ने पहली टोकरी उठाई और नदी में से बालू की टोकरियां उठाकर लाने वाले मजदूरों का ठठ लग गया। वह दृश्य देखने लायक था। मजदूरों में नया जोश आया। उन्हें पैस चुकाने वाले चुकाते-चुकाते थक जाते।

इस उपवास में एक दोष था। मैं यह लिख चुका हूं कि मिल-मालिकों के साथ मेरा मधुर संबंध था। इसलिए यह उपवास उन्हें स्पर्श किये बिना रह नहीं सकता था। मैं जानता था कि बतौर सत्याग्रही के उनके विरुद्ध मैं उपवास नहीं कर सकता। उनके ऊपर जो कुछ असर पड़े, वह मजदूरों की हड़ताल का ही पड़ना चाहिए। मेरा प्रायश्चित उनके दोष के लिए न था, किंतु मजदूरों के दोष के लिए था। मैं मजदूरों का प्रतिनिधि था, इसलिए इनके दोष से दूषित होता था। मालिकों से तो मैं सिर्फ विनय ही कर सकता था। उनके विरुद्ध उपवास करना तो बलात्कार गिना जाएगा। यह भी तो मैं जानता था कि मेरे उपवास का असर उन पर पड़े बिना नहीं रह सकता। पड़ा भी सही, किंतु मैं अपने को रोक नहीं सकता था। मैंने ऐसा दोषमय उपवास करने का अपना धर्म प्रत्यक्ष देखा।

मालिकों को मैंने समझाया—"मेरे उपवास से आपको अपना मार्ग जरा भी छोड़ने की जरूरत नहीं।" उन्होंने मुझ पर कड़ुए-मीठे ताने भी मारे। उन्हें इसका अधिकार था, परंतु वे केवल दया की ही खातिर समझौता करके रास्ते ढूंढ़ने लगे। अनुसया बहन के यहां उनकी सभाएं होने लगीं। आनंदशंकर ध्रुव भी बीच में पड़े। अंत में वह पंच चुने गये और हड़ताल टूटी। मुझे तीन ही दिन उपवास करना पड़ा। मालिकों ने मजदूरों को मिठाई बांटी। इक्कीसवें दिन समझौता हुआ और समझौते का सम्मेलन हुआ। उसमें मिल-मालिक और कमिश्नर हाजिर था। कमिश्नर ने मजदूरों को सलाह दी थी कि

"तुम्हें हमेशा मि. गांधी की बात माननी चाहिए।" इन्हीं कमिश्नर साहब से इस घटना के कुछ दिनों बाद, तुरंत ही मुझे एक लड़ाई लड़नी पड़ी थी। समय बदला, इसलिए वह भी बदले और खेड़ा के पाटीदरों को मेरी सलाह न मानने को कहने लगे।

## 62. रौलेट-एक्ट और मेरा धर्म-संकट

खेड़ा जिले के किसानों के सत्याग्रह की बात यहां छोड़ दी जाती है। जिस सरकार ने इच्छा या अनच्छिा से भी किसानों की मांग कबूल कर ली, उसी सरकार की अब मदद करने का मौका आ गया। यूरोप में महायुद्ध चल रहा था। दिल्ली में होने वाली युद्ध-परिषदों में मुझे बुलाया गया। मेरे सामने धर्म-संकट था। इंग्लैंड के दूसरे राज्यों के साथ की हुई गुप्त संधियां बड़ी चर्चा का विषय हो रही थीं। मैंने अपना एतराज पेश किया। वाइसराय चेम्सफोर्ड साहब ने मुझे चर्चा के लिए बुलाया। चर्चा के बाद मैंने शरीक होना मंजूर किया और पत्र लिखकर अपना मंतव्य प्रकट किया। लोकमान्य तिलक और अली भाई आदि नेताओं की गैरहाजिरी के बारे में अपना खेद प्रकट किया और लोगों की राजनीतिक मांगों और लड़ाई से उत्पन्न होने वाली मुसलमानों की मांगों का उल्लेख किया।

इसके बाद रंगरूट भरती करने का काम था। खेड़ा के किसानों ने यह बात पसंद नहीं की। फिर भी हमको काफी नाम मिलने लगे। मेरे इस कार्य की काफी टीका हुई है? परंतु उसको शांति से सुनना मैंने अपना धर्म माना। जिस सल्तनत में हम भविष्य में संपूर्ण हिस्सेदार बनने की आशा करते थे, उसके आपत्ति काल में मदद करना हमारा धर्म ही था। मेरे लिए यह वफादारी का भी प्रश्न था। मैं तो अंग्रेजों की जैसी वफादारी प्रत्येक भारतवासी में प्रकट करना चाहता था।

परंतु मेरी लंबी बीमारी ने और थोड़े दिनों में समाप्त होने वाले युद्ध ने मेरे मनोरथ को अधूरा ही रहने दिया। मैं स्वास्थ्य-लाभ के लिए माथेरान गया।

मित्रों से ऐसी सलाह पाकर कि माथेरान जाने से शरीर जल्द ही स्वस्थ हो जाएगा, मैं माथेरान गया; परंतु वहां का पानी भारी था, इसलिए मेरे - जैसे बीमार का वहां रहना मुश्किल हो गया। पेचिश के कारण गुदा-द्वार बहुत ही नाजुक पड़ गया था और वहां घाव हो जाने से मल-त्याग के समय बड़ा दर्द होता था। इसलिए कुछ भी खाने में डर लगता था। एक सप्ताह में माथेरान से लौटा। मेरे स्वास्थ्य की रखवली करने का काम श्री शंकरलाल ने अपने हाथ में ले लिया। उन्होंने डॉ. दलाल से सलाह लेने का मुझे बहुत आग्रह किया। डॉ. दलाल आये। उनकी तत्काल निर्णय करने की शक्ति ने मुझे मोह लिया। उन्होंने कहा-"जब तक आप दूध न लेंगे, तब तक आपका शरीर नहीं सुधरेगा। शरीर सुधारने के लिए तो आपको दूध लेना चाहिए और लोहे व संखिया के इंजेक्शन लेने चाहिए। आप इतना करें तो मैं आपका शरीर फिर से पुष्ट करने की गारण्टी देता हूं।"

"आप इंजेक्शन दें, लेकिन मैं दूध नही लूंगा" मैंने जवाब दिया।

"आपकी दूधवाली प्रतिज्ञा क्या है?" –डॉक्टर ने पूछा।

"गाय–भैंस के फुंका लगाकर दूध निकालने की क्रिया की जाती है। यह जानने पर मुझे दूध के प्रति तिरस्कार हो आया और यह तो सदा मानता ही था कि वह मनुष्य की खुराक नहीं है, इसलिए मैंने दूध छोड़ दिया।" मैंने कहा।

"तब तो बकरी का दूध लिया जा सकता है," कस्तूरबाई, जो मेरी खाट के पास ही खड़ी थी, बोल उठी।

"बकरी का दूध लो, तो मेरा काम चल जाएगा।"–डॉक्टर दलाल बीच ही में बोल उठे।

मैं झुका। सत्याग्रह की लड़ाई के मोह ने मुझमें जीवन का लोभ पैदा किया और मैंने प्रतिज्ञा के अक्षरों के पालन से संतोष मानकर उसकी आत्मा का हनन किया। दूध –घी की प्रतिज्ञा लेते समय यद्यपि मेरी दृष्टि के सामने गाय–भैंस का ही विचार था, फिर भी मेरी प्रतिज्ञा दूध–मात्र के लिए समझी जानी चाहिए और जब तक मैं पशु के दूध–मात्र को मनुष्य की खुराक के लिए निषिद्ध मानता हूं, तब तक मुझे खाने में उसके उपयोग करने का अधिकार नहीं है। यह जानते हुए भी बकरी का दूध लेने को मैं तैयार हो गया। सत्य के पुजारी ने सत्याग्रह की लड़ाई के लिए जीवित रहने की इच्छा रखकर अपने सत्य को कलंक लगाया।

मेरे इस कार्य का डंक अब तक नहीं मिटा है और बकरी का दूध छोड़ने के लिए सदा विचार करता रहा हूं। बकरी का दूध पीते वक्त रोज मैं कष्ट अनुभव करता हूं, परंतु सेवा करने का महासूक्ष्म मोह, जो मेरे पीछे लगा है छोड़ता ही नहीं। अहिंसा की दृष्टि से खुराक के अपने प्रयोग मुझे बड़े प्रिय हैं। उनमें आनंद आता है और यही मेरा विनोद भी है; परंतु बकरी का दूध मुझे इस दृष्टिकोण के कारण नहीं अखरता, यह मुझे सत्य की दृष्टि के कारण अखरता है।अहिंसा को जितना मैं पहचान सका हूं, उसकी बनिस्बत मैं सत्य को अधिक पहचानता हूं, ऐसा मेरा खयाल है और यदि मैं सत्य को छोड़ दूं, तो अहिंसा की बड़ी उलझन में कभी न सुलझा सकूंगा, ऐसा मेरा अनुभव है। सत्य का पालन है–लिये गए व्रतों के शरीर और आत्मा की रक्षा–शब्दार्थ और भावार्थ का पान यहां पर मैंने आत्मा का–भावार्थ का नाश सदा किया है। यह मुझे सदा ही अखरता है। यह जानने पर भी व्रत के संबंध में मेरा क्या धर्म है, यह मैं नहीं जान सका हूं; अथवा यों कहो कि मुझमें उसका पालन करने की हिम्मत नहीं है। दोनों एक ही बात हैं; क्योंकि शंका के मूल में श्रद्धा का अभाव होता है। ईश्वर मुझे श्रद्धा दे।

बकरी का दूध शुरू करने के थोड़े दिन बाद डॉ. दलाल ने गुदा द्वार में नश्तर लगाया, जिसमें उन्हें बड़ी कामयाबी हुई।

अभी यों मैं बीमारी से उठने की आशा बांध ही रहा था और अखबार पढ़ना शुरू किया ही था कि इतने में रौलेट–कमेटी की रिपोर्ट मेरे हाथ लगी। उसमें जो सिफारिशें

की गई थीं, उन्हें देखकर मैं चौंक उठा। भाई उमर और शंकरलाल ने कहा कि इसके लिए कुछ करना चाहिए। एकाध महीने में अहमदाबाद गया। श्री वल्लभभाई मेरे स्वास्थ्य का हाल-चाल पूछने के लिए करीब-करीब रोज आते थे। मैंने इस बारे में उनसे बातचीत की और यह भी सूचित किया कि कुछ करना चाहिए। उन्होंने पूछा-"क्या किया जा सकता है?" जवाब में मैंने कहा-"अगर कूटी की सिफारिशों के अनुसार कानून बनाया जाए, तो इसके लिए प्रतिज्ञा लेने वाले थोड़े-से मनुष्यों के मिल जाने पर हमें सत्याग्रह करना चाहिए। अगर मैं बीमार न होता, तो मैं अकेला ही लड़ता और यह आशा रखता कि पीछे से और लोग भी इसमें आ मिलेंगे। अपनी इस लाचारी की हालत में अकेले लड़ने की मुझमें बिल्कुल शक्ति नहीं है।"

इस बातचीत के फलस्वरूप ऐसे लोगों की एक छोटी-सी सभा करने का निश्चय हुआ, जो मेरे संपर्क में ठीक-ठीक आये थे।

रौलेट-कमेटी का मिली गवाही से मुझे यह तो स्प्ष्ट लगता था कि उसने जैसी सिफारिशें की हैं; वैसे कानून की जरूरत नहीं है और मेरे नजदीक यह बात भी उतनी स्पष्ट थी कि ऐसे कानूनों को कोई भी स्वाभिमानी राष्ट्र या जनता स्वीकार नहीं कर सकती है।

सभा हुई। उसमें कोई लगभग बीस मनुष्यों को निमंत्रण दिया गया होगा। मुझे जहां तक स्मरण है, उसमें वल्लभभाई के अलावा श्रीमती सरोजनी नायडू, मि. हानिमैन, स्व. उमर सुभानी, श्री शंकरलाल बैंकर, श्रीमती अनसूया बहन इत्यादि थीं।

प्रतिज्ञा-पत्र तैयार किया गया और मुझे ऐसा स्मरण है कि जितने लोग वहां मौजूद थे, सभी ने उस पर दस्तख्त किये। इस समय मैं कोई अखबार नहीं चलाता था, परंतु समय-समय पर अखबारों में लिखता रहता था। इस समय भी मैंने अखबारों में लिखना शुरू किया और शंकरलाल बैंकर ने अच्छी हलचल शुरू कर दी। उनकी काम करने की और संगठन करने की शक्ति का उस समय मुझे अच्छा अनुभव हुआ।

मुझे यह असंभव प्रतीत हुआ कि उस समय कोई भी मौजूदा संस्था सत्याग्रह जैसे शस्त्र को उठा सके, इसलिए सत्याग्रह-सभा की स्थापना की गई। उसमें मुख्यत: बंबई से नाम मिले और उसका केंद्र भी बंबई में ही रखा गया। प्रतिज्ञा-पत्र पर दस्तख्त होने लगे और जैसा कि खेड़ा की लड़ाई में हुआ था, इसमें भी पत्रिकाएं निकलीं और जगह-जगह सभाएं हुईं।

इस सभा का अध्यक्ष मैं बना था। मैंने देखा कि शिक्षित वर्ग और मेरे बीच अधिक मेल न हो सकेगा। सभा में गुजराती भाषा का ही उपयोग करने का मेरा आग्रह और मेरी दूसरी कार्य-पद्धति को देखकर वे विस्मित्र हुए; मगर मुझे यह स्वीकार करना चाहिए कि बहुतेरों ने मेरी कार्य-पद्धति को निभा लेने की उदारता दिखाई, परंतु आरंभ ही में मैंने यह देख लिया कि यह सभा दीर्घकाल तक नहीं चलेगी। फिर सत्य और अहिंसा पर जो मैं जोर देता था, वह भी कुछ लोगों को अप्रिय लगता था। फिर भी शुरू में तो यह काम बड़े जोरों से चल निकला।

# 63. एक अद्भुत दृश्य

रौलेट-एक्ट की रिपोर्ट के विरूद्ध एक ओर आंदोलन बढ़ता गया और दूसरी ओर सरकार उसकी सिफारिशों को अमल में लाने के लिए कमर कसती गई। रौलेट-बिल प्रकाशित हुआ। मैं धारासभा की बैठक में एक ही बार गया हूं। रौलेट-बिल की चर्चा सुनने गया था। शास्त्री जी ने अपना बहुत ही जोरदार भाषण दिया और सरकार को चेतावनी दी। जब शास्त्री जी की वाग्धारा चल रही थी, उस समय वाइसराय शास्त्री जी की ओर ताक रहे थे। मुझे तो ऐसा लगा कि शास्त्री जी के भाषण का असर उनके मन पर पड़ा होगा। शास्त्री जी में जोश उमड़ पड़ता था।

किन्तु सोये हुए को जगाया जा सकता है, जागता हुआ सोने का ढोंग करे, तो उसके कान में ढोल बजाने से भी क्या होगा? धारासभा के बिलों की चर्चा करने का प्रहसन करना ही चाहिए, इसलिए सरकार ने वह प्रहसन खेला, किंतु उसे जो काम करना था, उसका निश्चय तो हो ही चुका था, इसलिए शास्त्री जी की चेतावनी बेकार साबित हुई।

मरी तूती की आवाज तो सुनता ही कौन! मैंने वाइसराय से मिलकर खूब विनय की, खानगी पत्र लिखे, खुली चिट्ठयां लिखीं। उनमें यह स्पष्ट बतलाया कि सत्याग्रह के सिवा, मेरे पास दूसरा रास्ता नहीं है, किंतु सब बेकार गया।

अभी बिज गजट में प्रकाशित नहीं हुआ था। मेरा शरीर निर्बल था, किंतु मैंने लंबे सफर की जोखिम उठाई। मुझमें ऊंची आवाज से बोलने की शक्ति अभी नहीं थी। खड़े होकर बोलने की शक्ति जो गई, सो अब तक नहीं आई। खड़े होकर बोलते ही थोड़ी देर में सारा शरीर कांपने लगता और छाती में और पेट में दर्द होने लगता था, किंतु मुझे ऐसा लगा कि मद्रास से आये हुए निमंत्रण को स्वीकार करना ही चाहिए; दक्षिण अफ्रीका के संबंध के कारण मैं मानता आया हूं कि तमिल तेलुगू आदि दक्षिण प्रांत के लोगों पर मेरा कुछ हक है और अब तक ऐसा नहीं लगा है कि मैंने इस मान्यता में जरा-भी भूल की है। आमंत्रण स्वर्गीय श्री कस्तूरीरंगा आयंगर की ओर से आया था। मद्रास जाते ही मुझे जान पड़ा कि इस आमंत्रण के पीछे श्री राजगोपालाचार्य थे। श्री राजगोपालाचार्य के साथ मेरा यह पहला परिचय माना जा सकता है। इस बार सिर्फ इतना परिचय हुआ कि मैं उन्हें देखते ही पहचान सकूं।

सार्वजनिक कामों में ज्यादा भाग लेने के इरादे और श्री कस्तूरीरंगा आयंगर आदि मित्रों की इच्छा से वह सेलम छोड़कर मद्रास में वकालत करने वाले थे। मुझे उन्हीं के यहां ठहराने की व्यवस्था की गई थी। मुझे तो दो दिन बाद मालूम हुआ कि मैं

उन्हीं के घर ठहरा हूं। वह बंगला श्री कस्तूरीरंगा आयंगर का होने के कारण मैंने यही मान लिया था कि मैं उन्हीं का अतिथि हूं। महादेव देसाई ने मेरी भूल सुधारी। राजगोपालचार्य दूर-ही-दूर रहते थे; किंतु महादेव ने उनसे भली-भांति परिचय कर लिया था। महादेव ने मुझे चेताया-"आपको श्री राजगोपालचार्य से परिचय कर लेना चाहिए।"

मैंने परिचय किया। उनके साथ रोज ही लड़ाई की व्यवस्था करने की सलाह किया करता था। सभाओं के सिवा मुझे और कुछ सूझता ही नहीं था। रौलेट-बिल अगर कानून बन जाए, तो उसका सविनय भंग कैसे हो? उसका सविनय भंग करने का अवसर तो तभी मिल सकता था, जब सरकार देती। दूसरे दिन कानूनों का सविनय भंग हो सकता है, उसकी मर्यादा कहां निश्चित हो? ऐसी ही चर्चाएं होती थीं।

श्री कस्तूरीरंगा आयंगर ने नेताओं की एक छोटी-सी सभा भी की। उसमें भी खूब चर्चा हुई। उसमें श्री राघवाचार्य खूब हाथ बंटाते थे। उन्होंने यह सूचना दी कि बारीक-से-बारीक सूचनाएं लिखकर मुझे सत्याग्रह का शास्त्र प्रकाशित करना चाहिए। मैंने कहा कि यह काम मेरी शक्ति के बाहर है।

यों सलाह-मशविरा हो रहा था। इसी बीच खबर आई कि बिल कानूनों के रूप में गजट में प्रकाशित हुआ है। जिस दिन यह खबर मिली, उस रात को मैं विचार करता हुआ सो गया। दूसरे दिन सुबह मैं बहुत सवेरे उठ खड़ा हुआ। अर्द्धनिद्रा होगी और मुझे स्वप्न में विचार सूझा। सवेरे ही मैंने श्री राजगोपालाचार्य को बुलाया और बात की।

मुझे रात को स्वप्न में विचार आया कि इस कानून के जवाब में हमें सारे देश से हड़ताल करने के लिए कहना चाहिए। सत्यांग्रह आत्म-शुद्धि की लड़ाई है। धार्मिक लड़ाई है। धर्म-कार्य शुद्धि से शुरू करना ठीक लगता है। एक दिन सभी कोई उपवास करें और काम धंधा बंद रखें। मुसलमान भाई रोजे के अलावा और उपवास नहीं रखते, इसलिए चौबीस घण्टे का उपवास रखने की सलाह देनी चाहिए। यह तो नहीं कहा जा सकता कि इसमें सभी प्रांत शामिल होंगे या नहीं। बंबई, मद्रास, बिहार और सिंध की आशा तो मुझे है ही। इतनी जगहों में अगर ठीक हड़ताल हो तो हमें संतोष मानना चाहिए।

यह सूचना श्री राजगोपालाचार्य को पसंद आई। पीछे तुरंत दूसरे मित्रों से कहा। सबने इसे खुशी से स्वीकार कर लिया। मैंने एक छोटा-सा नोटिस तैयार करके प्रकाशित किया। पहले सन् 1919 मार्च की 30 तारीख रखी गई थी। किंतु बाद में 6 अप्रैल की गई। लोगों को बहुत थोड़े दिनों का नोटिस मिला। कार्य तुरंत करने की आवश्यकता थी, इसलिए लंबी मुद्दत देने का समय न था।

पर कौन जाने कैसे सारा संगठन हो गया! सारे हिंदुस्तान में-शहरों में और गांवों में-हड़ताल हुई। यह दृश्य भव्य था।

# 64. वह सप्ताह!–1

दक्षिण में थोड़ा भ्रमण करते हुए करके में चौथी अप्रैल को बंबई पहुंचा। श्री शंकरलाल बैंकर का ऐसा तार था कि छठी तारीख का कार्यक्रम पूरा करने के लिए मुझे बंबई में रहना चाहिए।

किंतु उससे पहले दिल्ली में तो 30 तारीख को ही हड़ताल मनाई जा चुकी थी। उन दिनों दिल्ली में स्व. स्वामी श्रद्धानंदजी तथा स्वर्गीय हकीम अजमल खां साहब की हुकूमत चलती थी। हड़ताल छठी तारीख के लिए स्थगित कर दी जाने की खबर दिल्ली में देर से पहुंची थी। दिल्ली में उस दिन जैसी हड़ताल हुई, वैसी पहले कभी न हुई थी। हिंदू और मुसलमान दोनों एक दिल हुए-से जान पड़े। श्रद्धानंदजी को जमा मस्जिद में नियंत्रण दिया गया था और वहां उन्हें भाषण करने दिया गया था। ये सब बातें सरकारी अफसर सहन नहीं कर सकते थे। जुलूस स्टेशन की ओर चला जा रहा था। उसे पुलिस ने रोका। पुलिस ने गोली चलाई। कितने ही आदमी जख्मी हुए और कई खून हुए। दिल्ली में दमन–नीति शुरू हुई। श्रद्धानंदजी ने मुझे दिल्ली बुलाया। मैंने तार दिया–बंबई में छठी तारीख बिताकर मैं तुरंत दिल्ली रवाना होऊंगा।

जैसा दिल्ली में हुआ, वैसा ही लाहौर और अमृतसर में भी हुआ था। अमृतसर से डॉ. सत्यपाल और डॉ. किचलू के तार मुझे तुरंत ही बुला रहे थे। उस समय मैं इन दो भाइयों को जरा भी नहीं पहचानता था। दिल्ली से होकर अमृतसर जाने का निश्चय मैंने उन्हें बतलाया था।

छठी को सवेरे बंबई में हजारों आदमी चौपाटी में स्नान करने गये और वहां से ठाकुरद्वारा जाने के लिए जुलूस निकाला। उसमें स्त्रियां और बच्चे भी थे। जुलूस में मुसलमान भाई एक मस्जिद में ले गये। वहां श्रीमती सरोजनी देवी से तथा मुझसे भाषण कराये। यहां श्री विट्ठलदास जेराजनी ने स्वदेशी की तथा हिंदू–मुसलमान–ऐक्य की प्रतिज्ञा लिवाने की सूचना दी। मैंने ऐसी उतावली में प्रतिज्ञा लिवाने से इंकार किया। जितना हो रहा था, उतने से ही संतोष मानने की सलाह दी। प्रतिज्ञा लेने के बाद वह टूट नहीं सकती। हमें स्वदेशी का अर्थ समझना चाहिए। हिंदू–मुसलमान–ऐक्य की जिम्मेदारी वगैरा पर भी कहा और सुझाया कि जिन्हें प्रतिज्ञा लेने का विचार हो, वे कल सबेरे भले ही चौपाटी के मैदान में जाए।

बंबई की हड़ताल पूरी–पूरी रही।

कानून के सविनय–भंग की तैयारी कर डाली गई थी। भंग हो सकने लायक दो–तीन वस्तुएं थीं। ये कानून ऐसे थे, जो रद्द होने लायक थे और इनको कोई सहज ही भंग कर सकते थे। इनमें से एक का ही उपयोग करने का निश्चय हुआ था। नमक पर लगने वाला कर बहुत ही अखरता था। उस कर को उठवाने के लिए बहुत आदमी प्रयत्न कर रहे थे। इसलिए एक सुझाव मैंने यह रखा कि सब कोई अपने घर में बिना परवान के नमक बनायें। दूसरा कानून सरकार की जब्त की हुई पुस्तकें बेचने के संबंध

में था। ऐसी दो पुस्तकें मेरी ही थीं। वे थीं 'हिंदी-स्वराज्य' और 'सर्वोदय'। इन पुस्तकों को छापना और बेचना सबसे सहज सविनय भंग जान पड़ा। इसलिए उन्हें छपाया और सांझ का उपवास टूटने और चौपाटी की विराट सभा विसर्जित होने के बाद उन्हें बेचने का प्रबंध हुआ।

सांझ को बहुत से स्वयंसेवक ये पुस्तकें बेचने को निकल पड़े। एक मोटर में मैं निकला और एक में श्रीमती सरोजनी नायडू निकलीं। जितनी प्रतियां छपवाई थीं, सब बिक गईं। इनकी जो कीमत वसूल हो, वह लड़ाई के खर्च में ही डाली जाने वाली थी। एक प्रति की कीमत चार आने रखी गई थी, किंतु मेरे या सरोजिनी देवी के हाथ में शायद ही किसी ने चार आने रखे हो। अपनी जेब में से जो कुछ निकल जाए, सभी देकर पुस्तकें लेने वाले बहुत आदमी निकल पड़े। कोई दस रुपये का तो कोई पांच रुपये का नोट भी देते थे। मुझे याद है कि एक प्रति के लिए जो 50 रुपये का भी नोट मिला था। लोगों को समझाया गया था कि लेने वालों को भी जेल की जोखिम है; किंतु घड़ी-भर के लिए लोगों ने जेल का भय छोड़ दिया।

सातवीं तारीख को मालूम हुआ कि जो किताबें बेचने की मनाही सरकार ने की थी, सरकारी दृष्टि से वे बिकी हुई नहीं मानी जा सकतीं। जो बिकीं, वे तो उसकी दूसरी आवृत्ति गिनी जाएगी—जब्त की गई किताबों में से नहीं। इसलिए यह नई आवृत्ति छापने और खरीदने में कोई गुनाह नहीं माना जाएगा। लोग यह खबर सुनकर निराश हुए।

इस दिन सबेरे चौपाटी पर लोगों को स्वदेशी-व्रत तथा हिंदू-मुस्लिम-ऐक्य के व्रत के लिए इकट्ठा होना था। विट्ठलदास जेराजनी को यह पहला अनुभव हुआ कि उजला रंग होने से ही सब कुछ दूध नहीं हो जाता। लोग बहुत कम इकट्ठे हुए थे। इनमें दो-चार बहनों का नाम मुझे याद आता है। पुरुष भी थोड़े थे। मैंने व्रत बना रखे थे। उनका अर्थ उपस्थित लोगों को खूब समझाकर उनसे प्रतिज्ञा करवाई। थोड़ी हाजिरी से मुझे आश्चर्य न हुआ, दुःख भी न हुआ, किंतु धांधली के काम और ध ीमे रचनात्मक काम के बीच का भेद और लोगों में पहले का पक्षपात तथा दूसरे की अरुचि का अनुभव मैं तब से बराबर करता आया हूं।

सातवीं तारीख की रात को मैं दिल्ली-अमृतसर जाने को निकला। आठवीं को मथुरा पहुंचते ही कुछ भनक मिली कि शायद मुझे पकड़ेंगे। मथुरा के बाद एक स्टेशन पर गाड़ी खड़ी थी। वहां पर मुझे आचार्य गिडवानी मिले। उन्होंने विश्वस्त खबर दी कि "आपको जरूर पकड़ेंगे और मेरी सेवा की जरूरत हो, तो मैं हाजिर हूं।" मैंने उनका उपकार माना और कहा कि जरूरत पड़ने पर सेवा लेना नहीं भूलूंगा।

पलवल स्टेशन आने के पहले ही पुलिस-अफसर ने मेरे हाथ में यह हुक्म रखा—"तुम्हारे पंजाब में प्रवेश करने से अशांति बढ़ने का भय है, इसलिए तुम्हें हुक्म दिया जाता है कि पंजाब की सीमा में दाखिल मत होओ।" पुलिस ने हुक्म देकर मुझे उतर जाने को कहा। मैंने उतरने से इंकार किया और कहा—"मैं अशांति बढ़ाने नहीं,

किंतु आमंत्रण मिलने से अशांति घटाने के लिए जाना चाहता हूं। इसलिए मुझे खेद है कि मैं इस हुक्म को नहीं मान सकता।''

महोदव देसाई मेरे साथ थे। उन्हें दिल्ली जाकर श्रद्धानंद जी को खबर देने और लोगों को शांत रहने को कहने के लिए कहा। हुक्म का अनादर करने से जो सजा हो; उसे सहने का मैंने निश्चय किया है तथा सजा होने पर भी शांत रहने में ही हमारी जीत है यह समझाने को भी कहा।

पलवल आया; स्टेशन पर मुझे उतार कर पुलिस के हवाले किया गया। दिल्ली से आने वाली किसी ट्रेन के तीसरे दर्जे के डिब्बे में मुझे बैठाया। साथ पुलिस की पार्टी बैठी। मथुरा पहुंचने पर मुझे पुलिस बैरक में ले गये। कोई अफसर यह न बता सका कि मेरा क्या होगा और मुझे कहां ले जाना है। सवेरे 4 बजे मुझे उठाया और एक बैलगाड़ी में ले गये। दोपहर को सवाई माधोपुर में उतार दिया। वहां बंबई मेल ट्रेन में लाहौर से इंस्पेक्टर बोरिंग आये। उन्होंने मेरा कब्जा लिया और बंबई में ले जाकर छोड़ दिया।

मेरे घर पहुंचते ही उमर सुभानी और अनसूया बहन मोटर से आये और मुझे पायधुनी चलने को कहा–''लोग अधीर हो गये हैं और उत्तेजित हो रहे हैं। हममें से किसी के किये वे शांत नहीं रह सकते। आपकी ही देखने पर शांत होंगे।''

मैं मोटर में बैठ गया। पायधुनी पहुंचते ही रास्ते में बहुत बड़ी भीड़ दिखी। मुझे देखकर लोग हर्षोन्मत हो गये। अब जुलूस बना। 'वंदेमातरम्', 'अल्लाहो अकबर' की आवाजों से आसमान फटने लगा। पायधुनी पर घुड़सवारी को देखा। ऊपर से ईंटों की वर्षा होती थी। मैं लोगों को शांत होने के लिए हाथ जोड़कर प्रार्थना करता था। ऐसा जान पड़ा कि हम भी ईंटों की इस वर्षा से न बच सकेंगे।

अब्दुलरहमान गली में से क्राफर्ड मार्केट की ओर जाते हुए जुलूसों को रोकने के लिए घुड़सवारों को एक टुकड़ी सामने आ खड़ी हुई। जुलूस को फोर्ट की ओर जाने से रोकने के लिए वे महाप्रयत्न कर रहे थे। लोग समाते न थे। लोगों ने पुलिस की लाइन को चीर कर आगे बढ़ना शुरू किया। हालत ऐसी न थी कि मेरी आवाज सुनाई पड़े। इस पर घुड़सवारों की टुकड़ी के अफसर ने भीड़ को तितर-बितर करने का हुक्म दिया और इस टुकड़ी ने भाले तानकर घोड़ों को एकदम छोड़ दिया। मुझे भय हुआ कि उनमें से कोई इस भय के लिए कोई आधार नहीं था। बगल से होकर सभी भाले रेलगाड़ी की चाल से चले जाते थे। लोगों के झण्डे टूट गये! भगदड़ मच गई, कई दब गये, कई घायल हुए। घुड़सवारों के निकलने के लिए रास्ता न था। लोगों के आसपास हटने की जगह न थी। वे अगर पीछे भी फिरें, तो उधर भी हजारों ही उन्मत्त-जैसे लगे। घुड़सवार न कुछ देखते और न कुछ देख ही सकते थे। वे तो आंख मूंदकर घोड़ों को सरपट दौड़ा रहे थे। जितने क्षण इस हजारों के झुण्ड को चीरने में लगे, उतने क्षण तक मैंने देखा कि वे कुछ देख रही नहीं सकते थे।

लोगों को यों बिखेरा और रोका। हमारी मोटर को आगे जाने दिया। मैंने कमिश्नर

के दफ्तर के आगे मोटर रुकवाई और उनके पास पुलिस के व्यवहार के लिए फरियाद करने उतरा।

## 65. वह सप्ताह!–2

मैं कमिश्नर ग्रिफिथ के दफ्तर में गया। उनकी सीढ़ी के पास जाते ही देखा कि हथियारबंद सैनिक तैयार बैठे थे, मानो किसी लड़ाई के लिए ही न तैयार हो रहे हों। बरामदे में भी हलचल मच रही थी। मैं खबर भेजकर दफ्तर में घुसा, तो कमिश्नर के पास मि. बोरिंग को बैठे हुए देखा।

मैंने जो कुछ देखा था, उसका वर्णन कमिश्नर से किया। उसने संक्षेप में जवाब दिया–''जुलूस को हम फोर्ट की ओर जाने देना नहीं चाहते थे। वहां जुलूस जाता, तो हुल्लड़ हुए बिना नहीं रह सकता था। मैंने देखा कि लोग केवल कहने से लौटने वाले नहीं थे, इसलिए हमला करने के सिवा और रास्ता नहीं था।''

मैं बोला–''मगर उनका परिणाम तो आप जानते थे न? लोग घोड़ों के नीचे जरूर ही कुचलते। मुझे तो ऐसा जान पड़ता है कि घुड़सवारों की टुकड़ी को भेजने की जरूरत न थी।''

साहब ने जवाब दिया–''इसका पता आपको नहीं चल सकता। लोगों पर आपके शिक्षण का कैसे असर पड़ता है, इसका आपके बजाय हम पुलिसवालों को अधिक नुकसान हो सकता है। मैं आपसे कहता हूं कि लोग तो आपके कहने में रहने वाले नहीं है। कानून-भंग की बात वे समझेंगे, मगर शांति की बात समझना उनके बूते के बाहर है। आपका हेतु अच्छा है, मगर लोग आपका हित नहीं समझते। वे तो अपने ही स्वभाव के अनुसार काम करेंगे।''

मैं बोला–''यही तो आपके और मेरे बीच मतभेद है। लोग स्वभाव से ही लड़ाई नहीं है, किंतु शांतिप्रिय हैं।''

हम दलील में उतरे।

अंत में साहब बोले–''खैर, अगर आपको विश्वास हो जाए कि लोगों ने आपको नहीं समझा तो आप क्या करेंगे?''

मैंने जवाब दिया–''अगर मुझे ऐसा विश्वास हो जाए, तो यह लड़ाई मुल्तवी रखूंगा।''

''मुल्तवी रखने के क्या मानी? आपने तो मि. बोरिंग से कहा है कि छूटते ही तुरंत पंजाब लौटना चाहता हूं।''

''हां, मेरा इरादा तो दूसरी ही ट्रेन से लौटने का था, किंतु यह आज तो नहीं हो सकता।''

''आप धीरज रखेंगे तो आपको अधिक बातें मालूम होंगी। क्या आपको खुद पता है कि अभी अहमदाबाद में क्या चल रहा है? अमृतसर में क्या हुआ? लोग तो सभी

जगह पागल-से हो गये हैं। मुझे भी पूरी खबर नहीं है। कितनी जगह तो तार भी टूटे हैं। मैं तो आपसे कहता हूं कि इन सब दंगों की जिम्मेदारी आपके सिर है।''

मैं बोला-''मेरी जिम्मेदारी जहां होगी, वहां उसे मैं अपने सिर ओढ़े बिना न रहूंगा। अहमदाबाद में लोग अगर कुछ करें, तो मुझे आश्चर्य और दुःख होगा। अमृतसर के बारे में मैं कुछ नहीं जानता। वहां तो कभी नहीं गया हूं, मुझे कोई जानता भी नहीं हैं, किंतु मैं इतना जानता हूं कि यदि पंजाब की सरकार ने मुझे वहां जाने से रोका न होता, तो मैं शांति बनाए रखने में बहुत हिस्सा ले सकता था। मुझे रोककर सरकार ने लोगों को उत्तेजित कर दिया है।''

इस तरह हमारी बातें चलीं। हमारे मत में मेल मिलने की संभावना नहीं थी।

चौपटी पर सभा करने और लोगों को शांति-पालन करने के लिए समझाने का अपना इरादा जाहिर करके मैंने उनसे छुट्टी ली।

चौपाटी पर सभा हुई। मैंने लोगों को शांति और सत्याग्रह की मर्यादा के बारे में समझाया और कहा-''सत्याग्रह सच्चे का खेल है। लोग अगर शांति-पालन न करें, तो मुझसे सत्याग्रह की लड़ाई न लड़ी जाएगी।''

अहमदाबाद से श्रीमती अनसूया बहन को भी खबर मिल चुकी थी कि वहां हुल्लड़ हुआ है। किसी ने अफवाह उड़ा दी थी कि वह भी पकड़ी गई है। इससे मजदूर पागल से बन गये। उन्होंने हड़ताल की और हुल्लड़ भी किया। एक सिपाही का खून भी हुआ।

मैं अहमदाबाद गया। नाडियाद के पास रेल की पटरी उखाड़ डालने का भी प्रयत्न हुआ था। वीरमगाम में खून हुआ था। जब मैं अहमदाबाद पहुंचा, तब तो वहां मार्शल-ला जारी था। लोग भयभीत हो रहे थे। लोगों ने जैसा किया, वैसा भोगा और सो भी ब्याज-सहित।

कमिश्नर मि. प्रट के पास मुझे ले जाने के लिए स्टेशन पर आदमी खड़ा था। मैं उनके पास गया। वह खूब गुस्से में थे। मैंने उन्हें शांति से उत्तर दिया। जो खून हुआ था, उसके लिए अपन खेद प्रकट किया। मार्शल-ला की अनावश्यकता भी बतलाई और जिन उपायों से फिर से शांति स्थापित हो, उन्हें करने की अपनी तैयारी बतलाई। मैंने सार्वजनिक सभा करने की इजाजत मांगी और यह सभा आश्रम की जमीन पर करने की अपनी इच्छा बतलाई। वह बात उन्हें पसंद आई। मुझे याद है कि इसके अनुसार तेरहवीं मई को रविवार के दिन सभा हुई थी। मार्शल-ला भी उसी दिन या उसके दूसरे दिन रद्द हुआ था। इस सभा में मैंने लोगों को उनके दोष बताने का प्रयत्न किया। मैंने प्रायश्चित्त के रूप में तीन दिन का उपवास भी किया और लोगों को एक दिन का उपवास करने की सलाह दी। जो खून वगैराह में शामिल हुए हों, उन्हें अपना गुनाह कबूल कर लेने की भी सलाह दी।

अपना धर्म मैंने स्पष्ट देखा। जिन मजदूरों वगैरा के बीच मैंने इतना समय बिताया था, जिनकी मैंने सेवा की थी और जिनसे में भले की ही आशा रखता था, उनका

हुल्लड़ में शामिल होना मुझे असह्य लगा और अपने-आपको उनके दोष में हिस्सेदार माना। सत्याग्रह तुरंत ही मुल्तवी रखने का निश्चय मैंने प्रकट किया।

## 66. 'हिमालय-जैसी भूल'

अहमदाबाद की सभी के बाद मैं नाडियाद गया। 'हिमालय-जैसी भूल' के नाम का जो शब्द-प्रयोग प्रचलित हुआ, उसका प्रयोग मैंने पहले-पहल नाडियाद में किया था। अहमदाबाद में ही मुझे अपनी भूल जान पड़ने लगी थी; किंतु नाडियाद में वहां की स्थिति का विचार करते हुए, खेड़ा जिले के बहुत-से आदमियों के गिरफ्तार होने की बात सुनते हुए, जिस सभा में मैं इन घटनाओं पर भाषण कर रहा था, वहीं पर मुझे एकाएक खयाल हुआ कि खेड़ा जिले के तथा ऐसे ही दूसरे लोगों को सविनय-भंग करने के लिए निमंत्रण देने में उतावली करने की मैंने भूल की थी और वह भूल मुझे हिमालय-जैसी जान पड़ी।

मैंने इसे स्वीकार किया। इसलिए मेरी खूब ही हंसी उड़ी थी। तो भी मुझे यह स्वीकार करने के लिए पश्चात्ताप नहीं हुआ है। मैंने यह हमेशा माना है कि जब हम दूसरे के गज-बराबर दोष को रजसमान देखेंगे और अपने राई-जैसे जान पड़ने वाले दोष को पर्वत-जैसी देखना सीखेंगे, तभी हमें अपने और दूसरे के दोषों का ठीक परिमाण मिल सकेगा। मैंने यह भी माना है किस सत्याग्रही बनने के इच्छुक को तो इस सामान्य नियम का पालन बहुत ही सूक्ष्मता से करना चाहिए।

अब यह देखें कि यह हिमालय-जैसी दिखाई पड़ने वाली भूल थी क्या? कानून का सविनय-भंग उन्हीं लोगों से हो सकता है, जिन्होंने कानून को विनयपूर्वक स्वेच्छा से मान लिया हो, उसका पालन किया हो। बहुतांश में हम कानून के भंग होने वाली सजा के डर से उसका पालन करते हैं। इसके अलावा यह बात विशेषकर उन कानूनों पर लागू होती है, जिसमें नीति-अनीति का सवाल नहीं होता। कानून हो या न हो, सज्जन माने जाने वाले लोग एकाएक चोरी नहीं करेंगे, मगर तो भी रात में बाइसिकिल की बत्ती जलाने के नियमों से भटक जाने में भले आदमी को भी क्षोभ नहीं होता और ऐसे नियम पालने की कोई सलाह भी दे, तो भलेमानस उसका पालन करने को झट तैयार नहीं होते; किंतु जब यह कानून बन जाता है, उसको भंग करने में जुर्माने का डर लगता है, तब जुर्माना देने से बचने के लिए ही वह बत्ती जलायेगा, यह नियम का पालन नहीं गिना जाएगा।

किंतु सत्याग्रही तो समान के कानूनों का पालन समझ-बूझ कर स्वेच्छा से और धर्म समझ कर करेगा। इस प्रकार जिसने समाज के नियमों का जान-बूझकर पालन किया है, उसी में समाज के नियमों की नीति-अनीति को भंग करने की शक्ति आती है और उसे मर्यादित परिस्थिति में अमुक नियमों के भंग करने का अधिकार प्राप्त होता है। ऐसा अधिकार प्राप्त करने के पहले ही सविनय-भंग के लिए न्यौता देने की

भूल मुझको हिमालय-जैसी लगी और खेड़ा जिले में प्रवेश करते ही मुझे वहां की लड़ाई याद हो आई। मुझे जान पड़ा कि मैंने सामने दीवार को देखे बिना ही, आंख मूंदकर, सरपट दौड़ लगाई।

ऐसा लगा कि उसके पहले कि लोग सविनय-भंग करने के लायक हों, उन्हें उसके गंभीर रहस्य का भान होना चाहिए। जिन्होंने रोज ही इच्छा से कानून को तोड़ा हो, तो छिपकर अनेक बार कानून का भंग करते हों, वे भला एकाएक कैसे सविनय के भंग को पहचान सकते हैं! उसकी मर्यादा का पालन कैसे कर सकते हैं!

यह बात सहज ही समझ में आ सकती है कि इस आदर्श का पालन हजारों-लाखों आदमी नहीं कर सकते, किंतु बात अगर ऐसी ही हो, तो सविनय-भंग कराने के पहले लोगों को समझाने वाले और प्रतिक्षण उन्हें रास्ता बतलाने वाले शुद्ध स्वयंसेवकों का दल खड़ा होना चाहिए और ऐसे दल को सविनय-भंग और उसकी मर्यादा की पूरी-पूरी समझ होनी चाहिए।

ऐसे विचारों से भरा हुआ मैं बंबई पहुंचा और सत्याग्रह-सभा के द्वारा मैंने सत्याग्रही स्वयंसेवकों का दल खड़ा किया। उनके जरिये लोगों को सविनय-कानून भंग की तालीम देनी शुरू की और सत्याग्रह का रहस्य बतलाने वाली पत्रिकाएं निकालीं।

यह काम चला तो सही, मगर मैंने देखा कि इसमें लोगों की बहुत दिलचस्पी पैदा न कर सका। स्वयं सेवक काफी नहीं मिले। यह नहीं कहा जा सकता कि जो भर्ती हुए, उन सभी ने तालीम भी पूरी ली। भर्ती में नाम लिखाने वाले भी, जैसे-जैसे दिन बीतने लगे, वैसे-वैसे दृढ़ होने के बदले खिसकने लगे। मैंने समझा कि सविनय-भंग की गाड़ी के जिस चाल से चलने की मैं आशा रखता था, वह उससे कहीं धीमी चलेगी।

## 67. पंजाब में

पंजाब में जो कुछ हुआ, उसके लिए सर माइकेल ओड्वायर ने मुझे गुनहगार ठहराया था। उधर वहां के कई नौजवान फौजी कानून के लिए भी मुझ गुनहगार ठहराने में हिचकते न थे। क्रोध के आवेश में वे यह दलील देते थे कि यदि मैंने सविनय कानून-भंग मुल्तवी न किया होता, तो जलियांवाला बाग में यह कत्ल न हुआ होता, न फौजी कानून ही जारी हो पाता। कुछ लोगों ने धमकियां भी दी थीं कि अब आपने पंजाब में पैर रखा, तो आपका खून कर डाला जाएगा।

पर मैं तो मान रहा था कि मैंने जो कुछ किया है, वह इतना उचित और ठीक था कि उसमें समझदार आदमियों को गलतफहमी होने की संभावना ही न थी। मैं

पंजाब जाने के लिए अधीर हो रहा था। इससे पहले मैंने पंजाब नहीं देखा था; पर अपनी आंखों से कुछ देख सकूं, देखने की तीव्र इच्छा थी और मुझे बुलाने वाले डॉ. सत्यपाल, डॉ. किचलू, पं. राजभजदत्त चौधरी आदि से मिलने की अभिलाषा हो रही थी। वे थे तो जेल में, पर मुझे पूरा विश्वास था कि उन्हें सरकार अधिक दिनों तक जेल में नहीं रख सकेगी। जब-जब मैं बंबई जाता, तब-तब कितने ही पंजाबी मिलने आ जाते थे। उन्हें मैं प्रोत्साहन देता और वे प्रसन्न होकर जाते। उस समय मेरा आत्मविश्वास बहुत था।

पर मेरे पंजाब जाने का दिन दूर-ही-दूर होता जाता था। वाइसराय भी यह कहकर कि अभी समय नहीं है।, उसे दूर ढकेलते जाते थे।

इस बीच हण्टर-कमेटी आई। वह फौजी कानून की जांच करने के लिए नियुक्त हुई थी। दीनबंधु एण्ड्रयूज वहां पहुंच गये थे। उनकी चिट्ठियों में वहां का हृदयद्रावक वर्णन होता था। उनके पत्रों से यह ध्वनि निकलती थी कि अखबारों में जो कुछ बातें प्रकाशित हो चुकी हैं, उनसे भी अधिक जुल्म फौजी कानून का था। वह भी पंजाब आने का आग्रह कर रहे थे। दूसरी ओर मालवीय जी आदि के तार आ रहे थे कि आपको पंजाब अवश्य पहुंच जाना चाहिए। तब मैंने फिर वाइसराय को तार दिया। उनका जवाब आया कि फलां तारीख को आप जा सकते हैं। अब तारीख ठीक-ठीक याद नहीं पड़ती, पर बहुत करके वह 17 अक्टूबर थी।

लाहौर पहुंचने पर मैंने जो दृश्य देखा, वह भुलाया नहीं जा सकता। स्टेशन पर मुझे लिवाने के लिए ऐसी भीड़ इकट्ठी हुई थी, मानो किसी बहुत दिन के बिछड़े प्रियजन से मिलने के लिए उसके सगे-संबंधी आये हों। लोग हर्ष से पागल हो रहे थे। पण्डित रामभजदत्त चौधरी के यहां मैं ठहराया गया। श्रीमती सरलादेवी चौधरी मेरा से पहले का परिचय था। मेरे आतिथ्य का भार उन पर आ पड़ा था। 'आतिथ्य का भार' शब्द का प्रयोग मैं जान-बूझकर कर रहा हूं, क्योंकि आज ही की तरह तब भी मैं जहां ठहरता, वह घर एक धर्मशाला ही हो जाता था।

पंजाब में मैंने देखा कि वहां के पंजाबी नेताओं के जेल में होने के कारण पण्डित मालवीयजी, पण्डित मोतीलाल और स्वर्गीय स्वामी श्रद्धानंदजी ने उनका स्थान ग्रहण कर लिया था। मालवीय जी और श्रद्धानंदजी के संपर्क में तो मैं अच्छी तरह आ चुका था, पर पण्डित मोतीलालजी के निकट-संपर्क में तो मैं लाहौर ही में आया। इन तथा दूसरे स्थानीय नेताओं ने, जिन्हें जेल जाने का गौरव प्राप्त नहीं हुआ था, तुरंत मुझे अपना बना लिया कहीं भी मुझे यह न मालूम हुआ कि मैं कोई अजनबी हूं।

हम सब लोगों ने एकमत होकर हण्टर-कमेटी के सामने गवाही न देने का निश्चय किया। इसके कारण उसी समय प्रकट कर दिये गए। अतएव यहां इनका उल्लेख छोड़ देता हूं। वे कारण सीधे ही थे और आज भी मेरा यही मत है कि कमेटी का बहिष्कार जो हमने किया, वह उचित ही था।

पर यदि हण्टर-कमेटी का बहिष्कार किया जाए, तो फिर लोगों की तरफ से

अर्थात कांग्रेस की ओर से कोई जांच-कमेटी नियुक्त होनी चाहिए, इस निर्णय पर हम लोग पहुंचे। पण्डित मोतीलाल नेहरू, स्व. चितरंजनदास, श्री अब्बास तैयबजी, श्री जयकर और मैं, इतने सदस्य नियुक्त हुए। हम जांच के लिए अलग-अलग स्थानों में बंट गये। इस कमेटी की व्यवस्था का बोझ सहज ही मुझ पर आ पड़ा था और मेरे हिस्से में अधिक-से-अधिक गांवों की जांच का काम आ जाने के कारण मुझे पंजाब को और पंजाब के देहातों को देखने का अलभ्य लाभ मिला।

इस जांच के दिनों में पंजाब की स्त्रियां तो मुझे ऐसी मालूम हुईं, मानो मैं उन्हें युगों से पहचानता हूं। मैं जहां जाता, वहां झुण्ड-की-झुण्ड स्त्रियां आ जातीं और अपने कते सूत का ढेर मेरे सामने रख देतीं। इस जांच के साथ ही मैं अनायास इस बात को भी देख सका कि पंजाब खादी का एक महान क्षेत्र हो सकता है।

ज्यों-ज्यों मैं लोगों पर हुए जुल्मों की जांच अधिकाधिक गहराई से करने लगा, त्यों-त्यों मेरे अनुमान से परे सरकारी, अराजकता, हाकिमों की नादिरशाही और उनकी मनमानी अंधाधुंधी की बातें सुन-सुन कर आश्चर्य और दुःख हुआ करता। वह पंजाब की जहां से सरकार को ज्यादा-से-ज्यादा सैनिक मिलते हैं, वहां लोग क्यों इतना बड़ा जुल्म सहन कर सके, इस बात से मुझे विस्मय हुआ और आज भी होता है।

इस कमेटी की रिपोर्ट तैयार करने का काम मेरे सुपर्द किया गया था। जो जानना चाहते हैं कि पंजाब में कैसे-कैसे अत्याचार हुए, उन्हें यह रिपोर्ट अवश्य पढ़नी चाहिए। इस रिपोर्ट के बारे में मैं तो इतनी कह सकता हूं कि इसमें जान-बूझकर कहीं भी अत्यक्ति से काम नहीं लिया गया है। जितनी बातें लिखी गई हैं, सबके लिए रिपोर्ट में प्रमाण मौजूद हैं। रिपोर्ट में जो प्रमाण पेश किये गए हैं, उनसे बहुत अधिक प्रमाण कमेटी के पास थे। ऐसी एक भी बात रिपोर्ट में दर्ज नहीं की है, जिसके बारे में थोड़ा भी शक था। इस प्रकार बिल्कुल सत्य को ही सामने रखकर लिखी गई रिपोर्ट में पाठक देख सकेंगे कि ब्रिटिश-राज अपनी सत्ता कायम रखने के लिए क्रिस हद तक जा सकता है और कैसे अमानुषिक कार्य कर सकता है। जहां तक मुझे पता है, इस रिपोर्ट की एक बात भी आज तक असत्य साबित नहीं हुई है।

## 68. कांग्रेस में प्रवेश

कांग्रेस में जो मुझे भाग लेना पड़े, इसे मैं कांग्रेस में अपना प्रवेश नहीं मानता। इसके लिए पहले की कांग्रेस की बैठकों में जो मैं गया, सो तो केवल वफादारी की निशानी के तौर पर। छोटे-से-छोटे सिपाही के सिवा वहां मेरा दूसरा कुछ काम होगा, ऐसा आभास भी मुझे दूसरी पिछली सभाओं के संबंध में नहीं हुआ औन न ऐसी इच्छा ही हुई।

अमृतसर के अनुभव ने बताया कि मेरी एक शक्ति का उपयोग कांग्रेस के लिए है। पंजाब-समिति के मेरे काम से लोकमान्य, मालवीयजी, मोतीलालजी, देशबंधू

इत्यादि खुश हुए थे, यह मैं देख सका था। इस कारण उन्होंने मुझे अपनी बैठकों और सलाह-मशवरे में बुलाया। इतना तो मैंने देखा था कि विषय समिति का असली काम ऐसी पाठकों में होता था और ऐसे मशवरों में खासकर वे लोग होते, जिन पर नेताओं का खास विश्वास था या आधार होता, पर दूसरे लोग भी किसी-न-किसी बहाने घुस जाते थे।

आगामी वर्ष में किये जाने वाले दो कामों में मेरी दिलचस्पी थी, क्योंकि उसमें मेरा चंचुपात हो चुका था।

एक था जलियांवाला बाग के कत्ल का स्मारक। इसके लिए कांग्रेस ने बड़ी धूमधाम के साथ प्रस्ताव पास किया। इसके लिए कोई पांच लाख रुपये की रकम एकत्र करनी थी। उसके ट्रस्टियों में मेरा भी नाम था। देश के सार्वजनिक कार्यों के लिए भिक्षा मांगने की भारी सामर्थ्य जिन लोगों में है, उनमें मालवीयजी का नंबर पहला था और मैं जानता था कि मेरा दर्जा उनसे बहुत घटकर होगा। अपनी इस शक्ति का आभास मुझे दक्षिण अफ्रीका में मिला था। राजा-महाराजाओं पर जादू फेरकर लाखों रुपये पाने का सामर्थ्य मुझमें न था। आज भी नहीं है। इस बात में मालवीयजी के साथ प्रतिस्पर्धा करने वाला मैंने किसी को नहीं देखा, पर जलियांवाला बाग के काम में उन लोगों से द्रव्य नहीं इकट्ठा किया जा सकता था, यह मैं जानता था। अतएव इस स्मारक के लिए धन जुटाने का भार मुझ पर पड़ेगा, यह बात मैं ट्रस्टी का पद स्वीकार करते समय समझ गया था और हुआ भी ऐसा ही। इसी स्मारक के लिए बंबई के उदार नागरिकों ने पेट-भर कर द्रव्य दिया और आज भी लोगों के पास उनके लिए जितना चाहिए द्रव्य है; परंतु इस हिंदू, मुसलमान और सिक्खों के मिश्रित खून से पवित्र हुई भूमि पर किस तरह का स्मारक बनाया जाए, यह विकट प्रश्न हो गया है, क्योंकि तीनों के बीच दोस्ती के बदले आज दुश्मनी का आभास हो रहा है।

मेरी दूसरी शक्ति मंत्री का काम करने की थी, जिसका उपयोग कांग्रेस के लिए हो सकता था। बहुत दिनों के अनुभव से कहां, कैसे और कितने कम शब्दों में अविनय-रहित भाषा में लिखना मैं जान सका हूं—यह बात नेता लोग समझ गये थे। उस समय कांग्रेस का जो विधान था, वह गोखले की रखी हुई थी। उन्होंने कितने ही नियम बना रखे थे। उनके आधार पर कांग्रेस का काम चलता था। वे नियम किस प्रकार बने, इसका मधुर इतिहास मैंने उन्हीं के मुख से सुना था, पर अब सब मानते थे कि केवल उन्हीं नियमों के बल पर काम नहीं चल सकता। विधान बनाने की चर्चा भी प्रतिवर्ष चला करती। कांग्रेस के पास ऐसी व्यवस्था ही नहीं थी कि जिससे वर्ष-भर उसका काम चलता रहे अथवा कोई भविष्य के विषय में विचार करे। मंत्री उसके तीन रहते, पर वास्तव में तो मंत्री एक ही रहता। वह भी ऐसा नहीं कि चौबीसों घण्टे उसके लिए दे सके। मंत्री दफ्तर का काम करता या भविष्य विचार करता था, या भूतकाल में ली हुई जिम्मेदारियां चालू वर्ष में पूरी करता। इसलिए यह प्रश्न इस वर्ष सबकी दृष्टि में अधिक आवश्यक हो गया। कांग्रेस में तो हजारों की भीड़ होती

है, उसमें प्रजा का कार्य कैसे चलता? प्रतिनिधियों की संख्या की हद नहीं थी। हर किसी प्रांत से चाहे जितने प्रतिनिधि आ सकते थे। हर कोई प्रतिनिधि हो सकता था, इसलिए इसका कुछ प्रबंध होने की आवश्यकता सबको मालूम हुई। कांग्रेस का नया विधान बनाने का भार मैंने अपने सिर पर लिया। पर मेरी एक शर्त थी। जनता पर मैं दो नेताओं का अधिकार देख रहा था। इसलिए मैंने उसके प्रतिनिधियों की मांग अपने साथ की। मैं जानता था कि नेता लोग खुद शांति के साथ बैठकर विधान की रचना नही कर सकते थे। अतएव लोकमान्य तथा देशबंधु के पास से उनके दो विश्वासपात्र नान मैंने मांगे। इसके अतिरिक्त दूसरा कोई विधान-समिति में न होना चाहिए, यह मैंने समझाया। यह सूचना स्वीकृत हुई। लोकमान्य ने श्री केलकर का और देशबंधु ने श्री आई. बी. सेन का नाम दिया। यह विधान-समिति एक दिन भी साथ मिलकर न बैठी। फिर भी हमने अपना काम चला लिया। इस विधान के संबंध में मुझे कुछ अभिमान है। मैं मानता हूं कि इसके अनुसार काम लिया जा सके तो आज हमारा बेड़ा पार हो सकता है। यह तो जब कभी हो, परंतु यह जवाबदेही लेने के बाद ही मैंने सचमुच प्रवेश किया, ऐसी मेरी मान्यता है।

हाथ-करघे के कपड़े का तो मैं 1908 से हिमायती था, परंतु चर्खा मुझे हाथ नहीं लगा था। 1915 में आश्रम-स्थापना के बाद हाथ-कते सूत का विचार होने लगा, क्योंकि मैंने देखा कि मिल के कते हुए सूत के कपड़े का उपयोग हमको सूत कातने वाले मिल का बिना तनख्वाह एजेंट बना रहा है। इस बंधन से मुक्ति ही तब मिल सकती है, जबकि हम अपने पुराने चर्खें का पुनरुद्धार कर सकें। इस पुनरुद्धार के काम में लग गया। स्व. गंगाबहन मजूमदार ने, जिससे मेरा परिचय भड़ोंच में हुआ था, चर्खें की खोज में घूमने की प्रतिज्ञा की–जिस तरह दमयंती नल की खोज में घूमी थी। खूब खोज करने के बाद गंगा बहन को गायकवाड़ के बीजापुर गांव में चर्खा मिल गया। इसके बाद मैंने गंगा बहन को सुझाया कि वह पूनिया बनाने वाले को ढूंढ़ें। उन्होंने यह काम अपने सिर लिया, धुनिया को ढूंढ़ निकाला। उसे हर महीने पैंतीस रुपये या इससे भी अधिक वेतन पर नियुक्त किया। उसने बालकों को पूनी बनाना सिखाया। मैंने रुई की भीख मांगी।

अब आश्रम में भी चर्खे दाखिल करने में देर न लगी। मगनलाल गांधी ने अपनी अन्वेषण शक्ति से चर्खे में सुधार किये और चर्खे तथा तकुए आश्रम में तैयार हुए। आश्रम की खादी के पहले थान पर फी गज 1 रु. खर्च आया। मैंने मित्रों के पास से मोटी कच्चे सूत की खादी के एक गज टुकड़े के 1 रु. वसूल किये, जो उन्होंने खुशी-खुशी दिये।

अब मैं एकदम खादीमय होने के लिए अधीर हो उठा। मेरी धोती देशी मिल के कपड़े की थी। बीजापुर में और आश्रम में जो खादी बनता था, वह बहुत मोटी और 10 इंच अर्ज की होती थी। मैंने गंगा बहन को चेताया कि अगर वह 45 इंच अर्ज की धोती एक महीने के भीतर न दे सकेंगी, तो मुझे मोटी खादी का टुकड़ा पहन

कर काम चलाना पड़ेगा। गंगा बहन घबराईं, उन्हें अवधि कम मालूम हुई; लेकिन वह हिम्मत नहीं हारीं। उन्होंने एक महीने के भीतर ही मुझे 50 इंच अर्ज की धोती-जोड़ा ला दिया और मेरी दरिद्रता दूर की।

इसी बीच भाई लक्ष्मीदास लाठी गांव से एक अन्य भाई रामजी और उनकी पत्नी गंगा बहन को आश्रम में लाये और उनके द्वारा लंबे अर्ज की खादी बुनवाई। खादी के प्रचार में इस दंपती का हिस्सा ऐसा-वैसा नहीं कहा जा सकता। इन्होंने गुजरात में और गुजरात के बाहर हांथ के सूत को बुनने की कला दूसरों को सिखाई है। यह निरक्षर लेकिन सुसंस्कृत बहन जब करघा चलाने बैठती, तो उसमें तल्लीन हो जाती और इधर-उधर देखने की या किसी के साथ बात करने की आवश्यकता तक अपने लिए महसूस नहीं करती थी।

## 69. एक संवाद

जिस समय स्वदेशी के नाम पर यह प्रवृत्ति शुरू हुई, उस समय मिल-मालिकों की ओर से मेरी खूब टीका होने लगी। भाई उमर सुभानी होशियार और सावधान मिल-मालिक थे, इसलिए वह अपने ज्ञान से मुझे फायदा पहुंचाते थे; लेकिन साथ ही वह दूसरों के मत भी मुझे सुनाते थे। उनमें से एक मिल-मालिक की दलीलों का असर भाई उमरा सुभानी पर भी पड़ा और उन्होंने मुझे उनके पास ले चलने की बात कही। मैंने उनकी इस बात का स्वागत किया और हम उन मिल-मालिक के पास गये। वह कहने लगे-

''यह तो आप जानते हैं न कि आपका स्वदेशी-आंदोलन कोई पहला आंदोलन नहीं है?''

मैंने जवाब दिया-''जी हां।''

''आप यह भी जानते हैं कि बंग-भंग दिनों में स्वदेशी आंदोलन ने खूब जोर पकड़ा था। इस आंदोलन से हमारी मिलों ने खूब लाभ उठाया था और कपड़े की कीमत बढ़ा दी थी। जो काम नहीं करना चाहिए, वह भी किया था?''

''मैंने यह सब सुना है और सुनकर दुःखी हुआ हूं।''

''मैं आपके दुःख को समझता हूं, लेकिन उसका कोई कारण नहीं है। हम परोपकार के लिए अपना व्यापार नहीं करते हैं। हमें तो नफा कमाना है। अपने मिल के हिस्सेदारों (शेयर होल्डरों) को जवाब देना है, कीमत का आधार तो किसी चीज की मांग है। इस नियम के खिलाफ कोई क्या कर सकता है? बंगालियों को यह अवश्य ही जान लेना चाहिए था कि उनके आंदोलन से स्वदेशी कपड़े की कीमत जरूर बढ़ेगी।''

''वे तो बेचारे मेरे समान शीघ्र ही विश्वास कर लेने वाले ठहरे, इसलिए उन्होंने

यह मान लिया था कि मिल-मालिक एकदम स्वार्थी नहीं बन जाएंगे, दगा तो कभी देंगे ही नहीं और न कभी स्वदेशी के नाम पर विदेशी वस्त्र ही बेचेंगे।''

''मुझे यह मालूम था कि आप इस तरह का विश्वास रखते हैं। यही कारण था कि मैंने आपको सावधान कर देने का विचार किया और यहां तक आने का कष्ट दिया, जिससे भोले-भाले बंगालियों की भांति आप भी भूल में न रह जाएं।''

इतना कह चुकने पर सेठ ने अपने एक गुमाश्ते को नमूने लाने के लिए इशारा किया। नमूने रद्दी सूत के बने हुए कंबल के थे। उन्हें लेकर उन्होंने कहा-

''देखिये, यह नया माल हमने तैयार किया है। इसकी बाजार में अच्छी खपत है। रद्दी से बनी है, इस कारण सस्ता तो पड़ता ही है, इस माल को हम ठेठ उत्तर तक पहुंचाते हैं। हमारे एजेंट चारों ओर फैले हुए हैं। इससे आप यह तो समझ सकते हैं कि हमें आप-सरीखे एजेण्टों की जरूरत नहीं रहती। सच बात तो यह है कि जहां आप-जैसे लोगों की आवाज तक नहीं पहुंचती, वहां हमारे एजेण्ट और हमारा माल पहुंच जाता है। हां, आपको यह भी जान लेना चाहिए कि भारत को जितने माल की जरूरत रहती है, उतना तो हम बनाते भी नहीं। इसलिए स्वदेशी का सवाल तो खासकर उत्पत्ति का सवाल है। जब हम आवश्यक परिणाम में कपड़ा तैयार कर सकेंगे और जब उसकी किस्म में सुधार कर सकेंगे, तब परदेशी कपड़ा आना अपने-आप बंद हो जाएगा। इसलिए मेरी तो यह सलाह है कि आप जिस ढंग से स्वेदशी आंदोलन का काम कर रहे हैं, उस ढंग से मत कीजिए और नई मिलें खड़ी करने की तरफ अपना ध्यान लगाइये। हमारे यहां स्वदेशी माल को खपाने का आंदोलन आवश्यक नहीं है। आवश्यकता तो स्वदेशी माल उत्पन्न करने की है।''

''अगर मैं यही काम करता हूं, तो आप मुझे आशीर्वाद देंगे?''-मैंने कहा।

''यह कैसे ! अगर आप मिल खड़ी करने की कोशिश करते हों, तो आप धन्यवाद के पात्र हैं।''

''मैं यह तो नहीं करता हूं। हां, चर्खे के उद्धार-कार्य में अवश्य लगा हुआ हूं।''

''यह कौन-सा काम है!''

मैंने चर्खे की बात सुनाई और कहा-

''मैं आपके विचार से सहमत होता जा रहा हूं। मुझे मिलों की एजेंसी नहीं लेनी चाहिए। उससे तो लाभ के बदले हानि ही है। मिलों का माल यों ही पड़ा नहीं रहता। मुझे तो कपड़ा उत्पन्न करने में और तैयार कपड़े को खपाने में लगना चाहिए। अभी तो मैं केवल उत्पत्ति के काम में लगा हूं। मैं स्वदेशी में विश्वास रखता हूं, क्योंकि उसके द्वारा भारत की भूखों मरने वाली आधी बेकार स्त्रियों को काम दिया जा सकता है। वे जो सूत कातें, उसे बुनवाना और इस तरह तैयार खादी लोगों को पहनाना ही मेरी प्रवृत्ति है और यही मेरा आंदोलन है। चरखा-आंदोलन कितना सफल होगा, यह तो मैं नहीं कह सकता। अभी तो उसका श्रीगणेश-मात्र हुआ है, लेकिन मुझे उसमें पूरा विश्वास है। चाहे जो हो यह तो निर्विवाद है कि इस आंदोलन से कोई हानि नहीं

होगी। इस आंदोलन के कारण हिंदुस्तान में तैयार होने वाले कपड़े में जितनी वृद्धि होगी उतना ही लाभ होगा। इसलिए इस कोशिश में आपका बतलाया हुआ दोष तो नहीं है।''

''अगर आप इस तरह आंदोलन का संचालन करते हों, तो मुझे कुछ भी नहीं कहना है। यह एक जुदी बात है कि इस यंत्र-युग में चर्खा टिकेगा या नहीं। फिर भी मैं तो आपकी सफलता चाहता हूं।''

# 70. पूर्णाहुति

अब इन अध्यायों को बंद करने का समय आ पहुंचा। इससे आगे का मेरा जीवन इतना अधिक सार्वजनिक हो गया है कि जनता उसके विषय में कुछ भी न जानती हो, यह संभव नहीं। असहयोग आंदोलन का जन्म और नागपुर-कांग्रेस में खिलाफत के सवाल लेकर असहयोग-प्रयोग का और हिंदू-मुस्लिम एकता साधने का प्रयत्न-इन सब बातों का यहां निदेश-मात्र किये देता हूं, और सन् 1921 के साल से तो मैं कांग्रेस के नेताओं के साथ इतना हिल-मिल कर रहा हूं कि कोई बात ऐसी नहीं है कि जिसका यथार्थ वर्णन मैं उनका जिक्र किये बिना कर सकूं। इन बातों के स्मरण अभी ताजा ही है। श्रद्धानंदजी, देशबंधु, लालाजी और हकीम साहब आज हमारे बीच नहीं है; फिर भी सौभाग्य से दूसरे बहुत-से नेता अभी मौजूद हैं। कांग्रेस के महापरिवर्तन के बाद इतिहास तो अभी तैयार हो रहा है। मेरे मुख्य प्रयोग कांग्रेस के द्वारा ही हुए हैं, इसलिए उन प्रयोगों का वर्णन करते समय नेताओं का उल्लेख करना अनिवार्य है। औचित्य की दृष्टि से भी इन बातों का वर्णन मुझे अभी नहीं करना चाहिए और जो प्रयोग हो रहे हैं उनके संबंध में मेरे निर्णय निश्चयात्मक नहीं कहे जा सकते, इसलिए भी इन अध्यायों को फिलहाल बंद कर देना ही मैं अपना कर्त्तव्य समझता हूं। अगर यह कहूं कि मेरी लेखनी ही आगे बढ़ने से इंकार करती है, तो भी अत्युक्ति न होगी।

पाठकों से विदा मांगते हुए मुझे दुःख होता है। मेरी दृष्टि में मेरे प्रयोग अभी बहुत कीमती हैं। मुझे पता नहीं मैं उनका यथार्थ वर्णन कर सकता हूं या नहीं। मैंने अपनी ओर से तो ठीक-ठीक वर्णन करने में कुछ उठा नहीं रखा है। मैंने सत्य को जिस रूप में देखा है और जिस राह से देखा है उसे उसी रूप में, उसी राह से बताने की हमेशा कोशिश की है और साथ ही पाठकों के सम्मुख उन वर्णनों को रखकर मैंने अपने चित्त में शांति का अनुभव किया है, क्योंकि मुझे उनसे यह आशा रही है कि उनके पढ़ने से पाठकों के हृदय में सत्य और अहिंसा के प्रति अधिक श्रद्धा उत्पन्न होगी।

मैं सत्य को ही परमेश्वर मानता आया हूं। अगर पाठकों को इन अध्यायों के पन्ने-पन्ने में यह प्रतीति न हुई हो कि सत्यमय बनने के लिए अहिंसा ही एक राजमार्ग है, तो मैं अपने इस प्रयत्न को व्यर्थ समझूंगा। प्रयत्न भले ही व्यर्थ हो, लेकिन सिद्धांत

तो निरर्थक नहीं है। मेरी अहिंसा सच्ची होते हुए भी कच्ची है, अपूर्ण है। इसलिए मेरे सत्य की झलक उस सत्य-रूपी सूर्य के तेज की एक किरण-मात्र के दर्शन के समान है, जिसके तेज का माप हजारों साधारण सूर्यों को इकट्ठा करने पर भी नहीं हो सकता। अतः अब तक के अपने प्रयोगों के आधार पर इतना तो मैं अवश्य कह सकता हूं कि इस सत्य का संपूर्ण दर्शन अहिंसा के अभाव में अशक्य है।

ऐसे व्यापक सत्यनारायण के प्रत्यक्ष दर्शन के लिए प्राणिमात्र के प्रति आत्मवत् (अपने समान) प्रेम की बड़ी भारी जरूरत है। इस सत्य को पाने की इच्छा करने वाला मनुष्य जीवन के एक भी क्षेत्र से बाहर नहीं रह सकता। यही कारण है कि मेरी सत्य-पूजा मुझे राजनीतिक क्षेत्र में घसीट ले गई। जो यह कहते हैं कि राजनीति से धक का कोई संबंध नहीं है; मैं निःसंकोच होकर कहता हूं कि वे धर्म को नहीं जानते-और मेरा विश्वास है कि यह बात कहकर मैं किसी तरह की विनय की सीमा को लांघ नहीं रहा हूं।

बिना आत्म-शुद्धि के प्राणि-मात्र के साथ एकता का अनुभव नहीं किया जा सकता और आत्म-शुद्धि के अभावों में अहिंसा-धर्म का पालन करना भी हर तरह नामुमकिन है। चूंकि अशुद्धात्मा परमात्मा के दर्शन करने में असमर्थ रहता है, इसलिए जीवन-रथ के सारे क्षेत्रों में शुद्धि की जरूरत रहती है। इस तरह की शुद्धि साध्य है, क्योंकि व्यष्टि और समष्टि के बीच इतना निकट का संबंध है कि एक की शुद्धि अनेकी की शुद्धि का कारण बन जाती है और व्यक्तिगत कोशिश करने की ताकत तो सत्यनारायण ने सब किसी को जन्म ही से दी है।

लेकिन मैं तो पल-पल इस बात का अनुभव करता हूं कि शुद्धि का यह मार्ग विकट है। शुद्ध होने का मतलब तो मन से, वचन से और काया से निर्विकार होना, राग-द्वेषादि से रहित होना है। इस निर्विकार स्थिति तक पहुंचने के लिए प्रतिपल प्रयत्न करने पर भी मैं उस तक पहुंचने के लिए प्रतिफल प्रयत्न करने पर भी मैं उस तक पहुँच नहीं सका हूं। इस कारण लोगों की प्रशंसा मुझे भुला नहीं सकती, उल्टे बहुधा वह मेरे दुःख का कारण बन जाती है। मैं तो मन के विकारों को जीतना सारे संसार को शस्त्र-युद्ध करके जीतने से भी कठिन समझता हूं। भारत में आने के बाद मैंने अपने में छिपे हुए विकारों को देखा है, देखकर शर्मिंदा हुआ हूं; लेकिन हिम्मत नहीं हारी है। सत्य के प्रयोग करते हुए मैंने सुख का अनुभव किया है, आज भी उनका अनुभव कर रहा हूं। लेकिन मैं जानता हूं कि अभी मुझे बीहड़ रास्ता तय करना है। इसके लिए मुझे शून्यवत् बनना पड़ेगा। जब तक मनुष्य स्वतः अपने-आपको सबसे छोटा नहीं मानता है तब तक मुक्ति उससे दूर रहती है। अहिंसा नम्रता की पराकाष्ठा है, उसकी हद है और यह अनुभव-सिद्ध बात है कि इस तरह की नम्रता के बिना मुक्ति कभी नहीं मिल सकती। इसलिए अभी तो ऐसी अहिंसक नम्रता पाने की प्रार्थना करते हुए और उसमें संसार की सहायता की याचना करते हुए मैं उन अध्यायों को समाप्त करता हूं।